ドーナツを穴だけ残して食べる方法

大阪大学ショセキカプロジェクト=編

nbb
日経ビジネス人文庫

はじめに

「ドーナツを穴だけ残して食べるには？」

それは、ちょっと面食らうような問いかけです。

ドーナツを一つまるごと食べてしまったら、穴どころかなにも残らないのではないか？なのに、穴だけ残して食べるって、いったいどういうことなのだろうか？

読者のみなさんは、そんな疑問からこの本を手に取ったのではないかと思います。

冒頭の問いに対して、一般的な反応はおそらくこういうものでしょう。

「ドーナツを穴だけ残して食べるなんて、そもそも不可能だし、馬鹿げている。ドーナツは食べてしまったら、あとかたもなくなる。穴だけ残して食べるなんてことは不可能であり、そのような問い自体がそもそも不適切である。以上。」

これはきわめて常識的な回答です。でも、本当にそうなのでしょうか？　ドーナツを穴だけ残して食べることは、本当に不可能なのでしょうか？

「ドーナツを穴だけ残して食べることは不可能である。」

そんな常識を疑ってみようではないか。やり方によってはドーナツを穴だけ残して食べることができるかもしれない。少なくとも、はなから無理とあきらめないで、どうやったら穴だけ残して食べられるのか、ちょっと考えてみようではないか。

そんなことを考えた大阪大学の教員たちが、「ドーナツの穴」について、結構本気で取り組んでみた。その成果が、みなさんの手に取っているこの本です。

「あたりまえ」を疑え

常識を疑う。

それは、大学教員が研究者として取り組んでいる学問にとって、もっとも根本にある姿勢です。

世界中のだれもが天動説を信じていて、地球のまわりを太陽やほかの天体がまわっているとかたくなに信じていた時代。そんな時代に、コペルニクスは地動説を提唱し、地球やほかの天体は実は太陽を中心にして回転しているのだと主張しました。地動説はいまではあたりまえの考え方ですが、当時は馬鹿げた考えとしてなかなか受け入れられませんでした。考えてもみてください。みなさんは普段、地球がものすごい速度で自転しながら、さらに太陽のまわりを公転していることを実感しているでしょうか？　もし地動説を学校などで教えられていなかったとしたら、みなさんの足下にあるこの大地が、ものすごい速度（自転だけ考えても時速1700キロになります）で移動していることを信じられるでしょうか？　そんな馬鹿な、と思うのではないでしょうか。そんな常識を疑うところから、地動説は生まれました。

また、20世紀の物理学者アインシュタインの提唱した相対性理論では、時間や空間がゆがみます。光速に近い速度で動く物質では、時間の流れが遅くなります。たとえば、20歳の双子の兄弟がいて、兄が光速級の宇宙船に乗って宇宙に飛び立ったとします。地球の時間で60年後に兄が帰ってきたときには、地球にいた弟は80歳になっているのに、兄のほうはまだ50歳。そんな不可思議な事態も起こりえます。時間はだれにとっても均等に流れるという常識が、相対性理論では覆されるのです。

常識を疑うこと。だれもがあたりまえだと思っていることを、本当にそうだろうかと突き詰めて考えてみること。それは学問に携わる人々にとって基本的な姿勢です。これまでだれもがあたりまえだと考えてきたことを覆していく点に、学問の醍醐味があります。学問はそのようにして発展してきたのです。

そう考えてみると、「ドーナツを穴だけ残して食べる方法」という、一見したところ常識はずれの問題も、「馬鹿げている」と一蹴することはできないかもしれない。そんな気がしてきます。それは、一見、馬鹿げた問いに見えるけれども、だからこそ、ものすごく大事な問いなのかもしれません。

だとすると、これは実は学問の力の見せどころではないのか。「ドーナツを穴だけ残して食べるには?」という問いに、学問の立場から取り組んだらどうなるのだろうか。「ドーナツの穴」について考えることで、あたらしい可能性が生まれてきたり、これまで見えなかったような世界が見えてきたりはしないだろうか。

本書は、ちょっとした遊び心と、もう一方でそんなまじめな動機のもとで企画されました。

「ドーナツの穴」からのぞく学問の世界

ただし本書が扱うのは、「ドーナツを穴だけ残して食べる方法」だけではありません。

穴だけ残すかどうかはさておき、「ドーナツの穴」だったり、あるいは「ドーナツ」それ自体を学問の世界から眺めるとなにが見えてくるのか。そんな問題に大阪大学の教員たちが挑戦する姿を、みなさんは本書で目にすることでしょう。

ガクモンというと、ちょっと堅苦しくて小難しいもの。そんなイメージをみなさんは抱かれているかもしれません。「ドーナツを穴だけ残して食べる方法」について真剣に取り組むなんて、なんて変な人たちなんだろう。そんなふうに考えている読者も少なくないかもしれません。

実際、本書を読み進めていくと、「ドーナツの穴」を目の前にした研究者たちは、「そもそもドーナツに穴なんてあるんだろうか?」なんてことを考え始めたり、「ドーナツは近代国家そのものなんじゃないか」なんて言い出したりします。「ドーナツ」について語りながら、私たちが普段ドーナツについて考えることとはまったく違ったことが語られていく様子に、はじめは面食らうかもしれません。

でも、本書で「ドーナツの穴」に取り組んでいる教員たちは、べつに奇をてらってそんなことを言っているわけではありません。むしろ、学問の世界からドーナツを眺めてみるとどう見えるのか、そんな問題に本気で取り組んだ結果なのです。

そして同時に、「ドーナツの穴」をめぐって格闘する姿を通して、学問とはどういうものかを伝えたい。実はそれがこの本の著者たちの共通する想いでもあります。「越境する学問――穴からのぞく大学講義」というサブタイトルは、本書に込められたそのような想いを表現したものなのです。

「ドーナツの穴」からのぞく学問の世界。ぜひ読者のみなさんには、その一端に触れていただければと思います。

ショセキカプロジェクト

この本では、第一部で「ドーナツを穴だけ残して食べる方法」について、第二部ではより広く「ドーナツの穴」をめぐって、理系・文系を問わずいろいろな学部・分野の教員たちが論じています。また、世界のドーナツ事情について、大阪大学の外国語学部の教員へのインタビューをもとにしたコラム記事がところどころに挿入されています。読者のみなさんは本書で、普段、世界と勝負しながら第一線で研究を行っている大阪大学の教員が、まじめにドーナツ問題に取り組む姿を目にすることでしょう。

クトです。

このような舞台をアレンジしたのが、大阪大学の学生を中心とするショセキカプロジェクトです。

ショセキカプロジェクトは、2012年の春に生まれました。大阪大学の学生と大阪大学の教員、大阪大学出版会の三者が一緒になって、大阪大学の知を世の中に魅力的にプロデュースする本を作りたい。そんな想いのもとで、まずは有志の学生が中心となって走り始めました。基本的なコンセプトは、大阪大学の知を、学生が中心になってショセキカ（書籍化）すること。しかも、書籍の企画・提案から編集作業、装丁、広報、販売まですべてのプロセスに、学生が全面的に関わっていくという、かなり珍しいプロジェクトです。

その年の秋には授業「本をつくる」を開講し、約30名の学生が受講しました。毎週火曜日の授業では、夕方の6時から8時すぎまで、しばしば9時近くまで議論が白熱しました。11月には出版企画を決めるためのコンペを実施。4つの企画が提案され、コンペを勝ち抜いたのが、今回の「ドーナツを穴だけ残して食べる方法」の企画でした。一見、馬鹿げているように見えるけれども、学問的にまじめに論じようとしてみるとものすごく面白いものになりそうだ。担当教員としてそんな予感を感じたのを、昨日のことのように思い出します。

その後、大阪大学出版会の出版委員会などでのプレゼンを経て、2013年3月に出版が決定。授業終了後は、授業の受講生の有志を母体に、活動に共鳴した新規メンバーも加わってプロジェクトを継続してきました。そしてようやく今回、本書の出版に至ったのです。

「ドーナツを穴だけ残して食べる方法」という難問に、大阪大学の誇る各分野の頭脳はどう応えるのか。「ドーナツの穴」を学問するとどうなるのか。なるほどと驚かされるもの、納得できないものなど、いろいろな出会いがあるものと思います。

「ドーナツを穴だけ残して食べる方法」は、本書を読んでいただければ分かるように、答えは一つではありません。本書を読みながらぜひ自分なりの「ドーナツを穴だけ残して食べる方法」について考えてみてください。

さあ、「ドーナツの穴」の世界にようこそ。

大阪大学ショセキカプロジェクト
大阪大学全学教育推進機構 准教授
中村 征樹

目次

第2部　ドーナツの穴に学ぶこと

世界のドーナツコラム

＊本書は２０１４年2月に大阪大学出版会から刊行された『ドーナツを穴だけ残して食べる方法 越境する学問――穴からのぞく大学講義』（大阪大学ショセキカプロジェクト編）を文庫化したものです。
＊本書では、編者の判断によって、各章本文の要点を太字で表示しております。
＊著者の所属、プロフィール等は、単行本発行時のものです。現在の所属等については、巻末の著者・協力者リストをご覧下さい。

第0章

ドーナツの穴談義のインターネット生態学的考察

松村　真宏（まつむら　なおひろ）

大阪大学大学院経済学研究科・准教授

1975年中河内生まれ。1993年大阪府立八尾高等学校卒業。1998年大阪大学基礎工学部卒業。2000年同大大学院基礎工学研究科修士課程修了。2003年東京大学大学院工学系研究科博士課程修了。博士（工学）。2004年イリノイ大学アーバナ・シャンペーン校、2012～2013年スタンフォード大学客員研究員。

人々の言動や社会現象の分析とモデル化を通して「影響力」のメカニズムを明らかにすることに取り組んでいる。

計算機を用いて社会現象の因果関係をモデル化し、将来の動向を予測したり諸問題を科学的に解決することに加え、人の意識や行動を変える「仕掛け」のメカニズム体系化、および仕掛けデザインプロセスの研究に取り組んでいる。

好きな言葉は「Stop and smell the roses.」。

1　ドーナツの穴談義というブーム

最初に学生さんから「ドーナツの穴だけ残して食べる方法」について専門分野からのコメントを頂けますかと打診されたときにまず思ったのは、どこかで聞いたことのあるネタやな、ということだった。**Google**[1]**で「〝ドーナツの穴だけ残して食べる方法〟**[2]**」で検索してみると約７４４０件の検索結果が返ってきた**ので[3]、案の定このフレーズはインターネット上で一定の認知を得ている、ある種の定番ネタであることが分かった。そこで学生さんに「このネタはかつてインターネット上で流行ったことがあり、有名なコピペ[4]までありますす。それでもいいのですか？」というコメントを返信した。このコピペはなかなか秀逸なので、以下に抜粋して紹介する。

物理派——巨大なドーナツを光速で回転させることにより穴が空間的に閉じ（ｒｙ[5]
化学派——穴に空気とは違う気体をつめれば？
数学派——非ユークリッド幾何学的には可能
統計派——１００万回食べれば１回くらい穴だけ残ってるかもしれない

地学派――半減期を調べれば穴の存在を証明できるかもしれない
合理派――ドーナッツ食べた後に穴の存在を証明すればいいんじゃね？
芸術派――私が存在しない穴を写実することでなんとかできないだろうか？
言語派――問いかけが漠然としていて厳密な対策が不可能
哲学派――穴は形而上的な存在の定義外にあり、超空間的な（ｒｙ
懐疑派――そもそもドーナッツの時点で怪しい……
報道派――まずはドーナツに穴が空いているか世論調査すべき
政府派――真に遺憾であり今後このような事態が起こらぬよう最大限の努力を（ｒｙ
外交派――食べてやってもいいけど代わりに援助基金を増設しろ
一休派――では穴だけ残しますからまずは穴の存在を証明してください

＊1　https://www.google.com
＊2　ダブルクォーテーションで挟んでいるのはフレーズ検索を行うため。
＊3　この検索結果は2013年2月9日現在の検索結果。
＊4　文章やデータなどをコピーし、別の場所に貼り付け（ペースト）する行為によって出回っている2ちゃんねるなどの電子掲示板への書き込み。
＊5　『以下略』を意味するネットスラング。

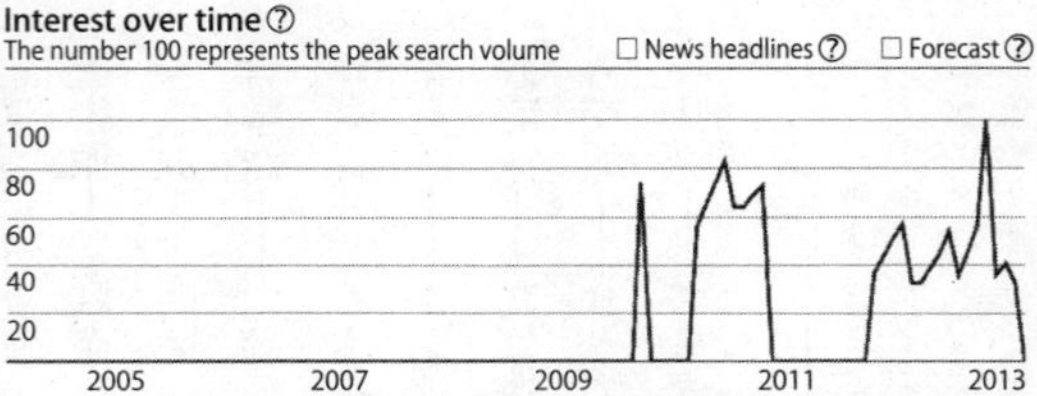

図1　「ドーナツの穴」に対するGoogle Trendsの検索結果
（2013年2月9日時点）

（「ドーナツの穴だけ残して食べる方法：2ｃｈコピペ保存道場」[*6]より抜粋）

正直なところこのコピペがなかなか秀逸で、それを上回るウィットの効いた回答が思いつかなかったので上記コメントで執筆依頼を回避できればと思っていたのだが、**学生さんから「ネットでなぜ流行ったのか興味があるので、それについてコメントを頂けないでしょうか。」と返ってきた。**なかなか鋭い学生さんである。そういう視点でもいいのならと執筆を引き受けた次第である。

そういうわけで、ネットで流行ったきっかけを知るために、手始めにニュースサイトで話題になったかどうかを調べてみよう。Googleで検索対象を新聞社や報道社などの各種報道機関のウェブサイトに限定して検索[*7]してみると0件であったことから、報道機関に取り上げられたことはなさそうである。

したがって、個人的なウェブサイトやソーシャルメディアに端を発したものと考えられる。

では次に、いつ頃流行ったのかを調べるためにGoogle Trends[*8]を使ってみよう。Google Trendsで「〝ドーナツの穴だけ残して食べる方法〟」を検索すると「検索ボリュームが十分でないためグラフを表示できません。」と表示されるので、代わりに「ドーナツの穴」で検索してみると図1の結果が得られる。これを見ると、2009年より前には全く検索結果が見当たらないが、**2009年に最初の検索結果が立ち現れ、この原稿を書いている2013年2月までに大きく3度ブームが来ていることがわかる。**もう少し詳しく見てみると、最初のピークは2009年9月、2度目のピークは2010年3月～10月、3度目のピークは2011年10月～2013年1月（2012年10月に過去最大のピーク）まで続いている。それぞれを第一期ブーム、第二期ブーム、第三期ブームとし、各ブームの起点になったウェブページを探ってみよう。

＊6　http://2chcopipe.com/archives/51438064.html
＊7　検索キーワード欄の下にある「もっと見る」のプルダウンメニューから「ニュース」を選べばよい。
＊8　http://www.google.com/trends/

第一期ブーム（2009年9月）

Google の検索対象期間を[*9]2009年9月に設定して「〝ドーナツの穴だけ残して食べる方法〟」で検索してみると、それらしいウェブサイトはヒットしない。そこで「ドーナツの穴」で検索してみると人気サイト「デイリーポータルZ」の2009年9月28日の記事「ドーナツに穴のある理由はこれに違いない[*10]」が引っかかる。第一期ブームかと思われたこの期間の盛り上がりはおそらくこのウェブサイトが他のウェブサイトを巻き込んで起こしたものであり[*11]、ドーナツの穴だけ残して食べる方法については言及されていないので、この時にはブームはまだ来ていなかったと思われる。このように**検索キーワードは別の文脈で用いられることも多いので、サーチエンジンを利用するときには注意が必要である。**

第二期ブーム（2010年3月〜10月）

次に Google の検索対象期間を2010年3月〜10月に設定して「〝ドーナツの穴だけ残して食べる方法〟」で検索してみると、複数のウェブページがヒットする。発端となるのは２０１０年３月24日に「2ちゃんねる」に投稿された、本章の冒頭に引用したコピペであり、この投稿が複数のサイトに転載されている。例えば、人気サイト「ロケットニュース24」（２０１０年３月25日）の「ドーナツの穴だけ残して食べる方法」[*12]では「インターネット上に書き込まれた、『ドーナツの穴だけ残して食べる方法』が面白いと評判だ。」との書き出しから始まっており、この段階で既に話題になっていたことが分かる。このサイトの当時の影響力は分からないが、２０１３年６月５日現在、ページビュー（閲覧される回数）は約２１００万回／月、Twitter のフォロワー数は10・5万人、Facebook の「いいね！」数は３１６３１件もあり、２０１０年３月25日当時も多くの人の目についたと考えられる。2ちゃんねるに投稿されたコピペはロケットニュース24以外のウェブサイトにも引用されて広がり、これが第二期ブーム（実際にはこれが第一期ブーム）を引き起こしたと考えられる。

＊9　検索キーワード欄の下にある「検索ツール」のプルダウンメニューから「期間指定なし」を選び、そのプルダウンメニューにある「期間を指定」から設定できる。
＊10　http://portal.nifty.com/2009/09/28/b/
＊11　例えば公開当日に「はてなブックマーク」に22件登録されている。
＊12　http://rocketnews24.com/2010/03/25/ドーナツの穴だけ残して食べる方法/

第三期ブーム（２０１１年10月〜２０１３年１月）

最後に検索対象期間を２０１１年10月〜２０１３年１月にして「〝ドーナツの穴だけ残して食べる方法〟」で検索してみたところ多くのウェブページがヒットしたことから、持続的に話題に上った様子が伺える。また、**ＮＨＫの連続テレビ小説「梅ちゃん先生」の２０１２年６月22日、23日の放送において以下のようなドーナツの穴だけ残して食べることについてのやり取りが繰り広げられていたこともわかった。**


今考えているのは、ドーナツの穴をどうやって食べるかということなんだ。

なーに言ってるの？ 穴を食べられるわけがないでしょう？

じゃあ、逆にドーナツの穴だけを残して食べることができますか？

同じ事です。ドーナツの穴はただの穴。揚げるときに熱が通りやすいように出来ているんです。

それと今の命題とは関係がない。存在と意味についての哲学的考察なんだ。

松岡さんたら、いっつもこんなことばかり言ってるのよ〜

（「梅ちゃん先生まとめｗｉｋｉ」[*13]より引用）

平均視聴率20・7％の高視聴率を記録した番組で取り上げられたことは、この話題の認知度を高め、ネタとして定着することに大きく貢献したと考えられる。

2　コピペの起源

ここまでは2009年9月以降のブームに限定して考察したが、それ以前にこの話題は本当に現れなかったのだろうか、またコピペはいつどのようにして生まれたのだろうかという新たな疑問が浮かんでくる。実はGoogle Trendsはある程度の検索件数がないと反映されないので、2009年以前にインターネット上に現れていた可能性は十分にある。そこでGoogleで調べてみるとやはり色々と見つかったので、筆者が見つけたウェブページの該当箇所を日付の古いものから順に以下に紹介しよう。

＊13　http://w.livedoor.jp/umechan/

「ちょうど、ドーナツの穴がドーナツの「穴以外」の部分を食べ終わった瞬間に消滅するように、『ブレア・ウィッチ・プロジェクト』撮影プロジェクトの「主体」は『ブレア・ウィッチ・プロジェクト』という作品の完成と同時に消滅する。」

（2000年10月10日「おとぼけ映画批評その5[*14]」）

「すると、権造はドーナツの穴を食べたことがあるか？と、なつみに問いかけた。」

（2002年8月5日「フジテレビ「ランチの女王」第6回放送[*15]」）

「しかしながら、それは確かにあるのだけど、つかみ所がない。つまりは、ドーナッツの穴のようなものなのです。穴だけ残してドーナッツを食べることはできません。ドーナッツを食べると同時に穴も消えてしまうからです。しかしながら、ドーナッツをドーナッツならしめているのは、穴なのであって穴なくしてドーナッツは成立しないわけです。老子はこれを「道は冲（むな）しきも、これを用うれば或たたず。淵として万物の宗たるに似たり」（老子4章）と述べています。」

（2003年8月10日「老荘思想（老子・荘子）入門篇／第四講 からっぽの働き」[*16]）

「あまりにもお腹が減っていたので、ドーナツの穴まで食べちゃったよ。」

（2004年8月14日「アメリカンジョーク」[*17]）

このように、**少なくとも2000年10月10日以降にはインターネット上に「ドーナツの穴」にまつわるウェブページが幾つか存在していたことが確認できた。**しかし、まだ「ドーナツの穴だけ残して食べる方法」という定型文は生まれていないし、コピペも生まれていない。

ここまでは個人もしくは特定の管理人が作成しているウェブページであったが、2005年以降の検索結果を眺めてみると、インターネット上の巨大な匿名掲示板である

＊14　http://www.geocities.co.jp/CollegeLife/3949/movie/otoboke5.html
＊15　http://www.fujitv.co.jp/b_hp/lunch/story4_6.html
＊16　http://www.geocities.co.jp/HeartLand-Tachibana/8318/roushi_4.html
＊17　http://yellow.ribbon.to/~joke/0001.html

「2ちゃんねる」[*18]のスレッドで「ドーナツの穴だけ残して食べる方法」に近い名前のスレッドが立つようになったことに気付く。一部だけであるが、参考までに日付の古い順からスレッド名を列挙すると以下のようになる。2ちゃんねる以外のウェブページについてはここの主題から逸れるので省略する。

「ドーナツを穴だけ残して食べる方法を考える」（2005年4月10日）
「はっきり言うけど、ドーナツに穴なんてないから」（2005年4月11日）
「ドーナツを穴だけ残して食べる方法」（2005年8月9日）
「ドーナツの穴を食べる方法」（2005年12月27日）
「ドーナッツの真ん中の穴ってなにで出来てるの？」（2006年3月20日）
「◎ドーナツを穴だけ残して食べる方法を考える◯」（2006年4月3日）
「◎ドーナツを穴だけ残して食べる方法を考える◯」（2006年4月5日）
「◎ドーナツを穴だけ残して食べる方法を考える◯」（2006年4月9日）
「ドーナツの穴だけ残して食べたい」（2006年5月27日）
「ドーナツの穴だけ残して食べたい」（2006年5月30日）

「ドーナツの穴だけ食べる方法」（2006年5月31日）
「ついに発見！ドーナツの穴だけ残して食べる方法」（2006年6月29日）
「ドーナツの穴だけ残して食べる方法教えて」（2006年7月26日）
「ドーナツの穴だけ残して食べる方法教えて」（2006年10月9日）
「ドーナツの真ん中だけ残して食うことに成功した。」（2006年10月13日）
「ドーナッツの穴だけ残して食べる方法思いついた」（2006年11月21日）
「ドーナッツの穴だけを残して食べる方法を知ってしまった」（2006年12月1日）
「ドーナッツの穴は空洞か存在か？」（2007年2月3日）
「ドーナツじゃなくてドーナッツだろ」（2007年2月6日）
「ドーナッツの穴だけ残して食べる方法」（2007年10月13日）
「ドーナツの穴を残して食べる方法を決定しよう」（2008年6月2日）
「ドーナツの穴だけ残して食べる方法」（2008年10月1日）

＊18　http://2ch.net

このように、2005年以降は2ちゃんねるの定番ネタの一つとして繰り返し登場していることが分かる。面白いことに最初は「ドーナツを穴だけ残して食べる方法」が繰り返し用いられていたが、2006年6月29日に用いられたスレッド名「**ドーナツの穴だけ残して食べる方法**」**がそれ以降定型文として定着**しており、ここで（少なくとも2ちゃんねるの中では）一定の認知度を得て使い回される表現になったと考えられる。

著者が調べた限りでは[*19]、冒頭で紹介したコピペが最初に誕生したのは「5：キャプテン（東京都）：2007/05/20(日)15:19:09 ID:n5+kcj5S0」による投稿[*20]であり、これ以降、定型文とコピペというスタイルが脈々と受け継がれるようになっている。2ちゃんねるの過去のスレッドの一部しか調べていないので推測になってしまうが、上述したように2ちゃんねるでのやり取りを通して表現や言い回しが受け継がれていくうちに定型文やコピペとして定着したのだと考えられる。

3　生態系としてのインターネット

インターネットは情報の進化と淘汰が起こる一つの生態系であり、我々もその中で生きている。**インターネットは玉石混交の情報で溢れているが、この中から有用な情報を見つけたいという我々の欲望がこの生態系の原動力となっている。**特に、ユーザ同士がインターネット上で交流できるソーシャルメディアの登場によってこの生態系に革新的な変化が起こり、情報の進化と淘汰が加速されるようになったことは特筆に値する出来事である。したがって、**定型文やコピペが不特定多数の人が投稿できるソーシャルな場である2ちゃんねるから生まれたことは、単なる偶然ではなく必然であったと筆者は考えている。**人びとの興味をひいたトピックは、繰り返し話題に上る中でよりよい表現があればそれに置き換えられながら継承される。この過程を通して表現が洗練されていき、２００７年５月[*21]にコピペが完成したことで引用されやすくなり、この話題にオチをつけやすくなったことが更なる拡散に貢献したと考えられる。上述したドーナツの穴談義の第二期ブーム、第三期ブームが生まれた背景には、２００５年以降に2ちゃんねる上で行われていた定型文とコ

＊19　2ちゃんねるの過去ログの検索には「ログ速」(http://www.logsoku.com)、「みみずん検索」(http://mimizun.com)、unkar (http://unkar.org) を利用した。
＊20　http://mimizun.com/log/2ch/news/1179640948/
＊21　前節で述べたように、この時期は筆者の調べた推定値である。

ピペの精錬が重要な要因になっていたのである。

ソーシャルメディアは我々一人一人がインターネットによって相互接続された世界であり、我々の意思決定は相互に影響を及ぼし合っている。本書のテーマとして「ドーナツの穴だけ残して食べる方法」が選ばれたのは、手続き上は本書の編者（ショセキカプロジェクト）と大阪大学出版会が面白いテーマだと判断したからであるが、実のところは**インターネットを介して繋がった人類の総意によって導かれた、選ばれるべくして選ばれたテーマなのかもしれないのである。**

4　ミームとモードとクチコミ

文化を構成する要素として人から人に受け継がれる情報は「ミーム」と呼ばれている。[*22] 「ドーナツの穴だけ残して食べる方法」という定型文や冒頭で紹介したコピペも、進化と淘汰の末に生まれた一種のミームと見なすことができる。**ミームが生まれたということは、見方を変えればそこに我々が共有するに値する新たな価値観が見出されたということでもある。**定型文やコピペのような言葉として表出するミームは観測可能であるため、実は恰好の研究テーマになりうる。

というわけで、手前味噌だが筆者らが行った研究事例を簡単に紹介しよう［松村04］。2ちゃんねるには2ちゃんねる語[*23]と呼ばれる独自の言葉（ジャーゴン）やアスキーアート[*24]を使ってコミュニケーションを行う文化が根づいている。これらの共通言語は一種のミームであり、2ちゃんねるのユーザーはこれらの表現を使い分けながらコミュニケーションのモードを切り替えている。図2は2ちゃんねるの30の板のトップページに現れる5748スレッドから2ちゃんねる語やアスキーアートやメッセージの投稿間隔や返信の割合などを算出し、共分散構造分析によって相関関係をモデル化したものである。要点だけ簡単に説明すると、「定型的表現傾向」は2ちゃんねる語やアスキーアートを使う傾向

＊22　リチャード・ドーキンス『利己的な遺伝子』紀伊國屋書店、1991年

＊23　電子掲示板『2ちゃんねる』において使用される独特の表現。「おわた」、「無理ぽ」等。

＊24　コンピュータのテキスト上で文字・記号を用いてイラストのように表現すること。ＡＡと略すこともある。顔文字も含まれる。

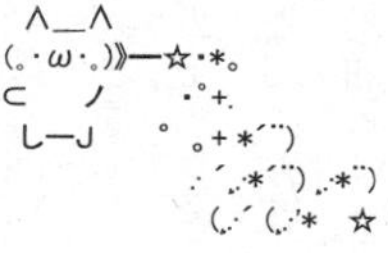

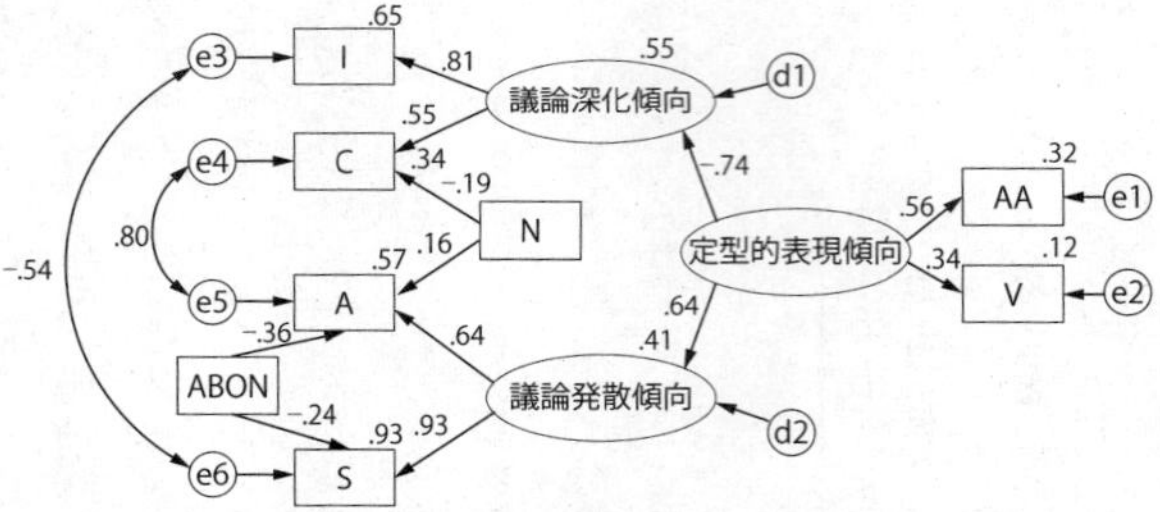

図２　2ちゃんねるが盛り上がるダイナミズム

のことであり、その傾向が強いほど「議論発散傾向」、弱いほど「議論深化傾向」と相関関係があることを示している。[*25] 2ちゃんねるでは混沌としたコミュニケーションが行われていてその場を支配している法則なんて存在しないように見えるが、実は2ちゃんねるの参加者はうまく表現を使い分けることでコミュニケーションのモードを切り替えているのである。

インターネット上を拡散するミームはまた、見方を変えればクチコミで広まる話題と見なすことができる。上述したようにインターネット生態系においてはよく拡散した話題はよく精錬されたクチコミとなるので、商品やサービスに対する人びとの評判や要望や不満を知る手がかりになる。

そこで、筆者らが取り組んだ事例をもう一つ紹介しよう［松村11］。あるシャンプーTのどのような特徴が消費者に受け入れられたのかを知るために、シャンプーTに関する半年間分のブログ記事10864件を分析した結果を図3に示す。分析手法には語の再帰的な伝播量に基づいて語の影響量を計量するアルゴリズムを用いた。図3を見ると、製品の利用経験に基づかないと書けないような語、たとえば「香り」「サラサラ」「弾力」といったものが出現する。また、広告で使われた「女性」を「応援」し、自信を持たせようとするコミュニケーションメッセージも含まれている。「サラサラ」、「クセ」をなくす、「コーティング」効果がある、「ゴワゴワ」を補修するといった機能ベネフィットを表す語も見られる。こうした結果は、製品特徴や機能ベネフィットといったマーケティング要素がターゲットの顧客に届

＊25　少しだけ補足すると、図中の四角ノードは観測変数であり、2ちゃんねるを特徴づけるC、A、I、S、V、AA、N、ABONの8指標からなる。また楕円ノードは潜在変数、e1～e6の丸ノードは観測変数の誤差項、d1～d2の丸ノードは潜在変数の撹乱変数、単方向矢印は変数間の因果関係、双方向矢印は変数間の共変動を表す。図中には標準解（観測変数の分散を全て1に標準化したときの推定値）が出力されているので、単方向矢印の数値はパス係数（標準化された偏回帰係数）、双方向矢印の数値は相関係数を表している。また、ノードの右肩の数字は決定係数であり、1に近いほど誤差による影響を除いたときの予測が正確であることを示している。これらを理解するためには、共分散構造分析、潜在因子、相関係数、回帰残差などの知識が必要になり本書の趣旨を大幅に外れるのでここでは割愛するが、興味のある方は元論文［松村　2004］や共分散構造分析に関する教科書を参照されたい。

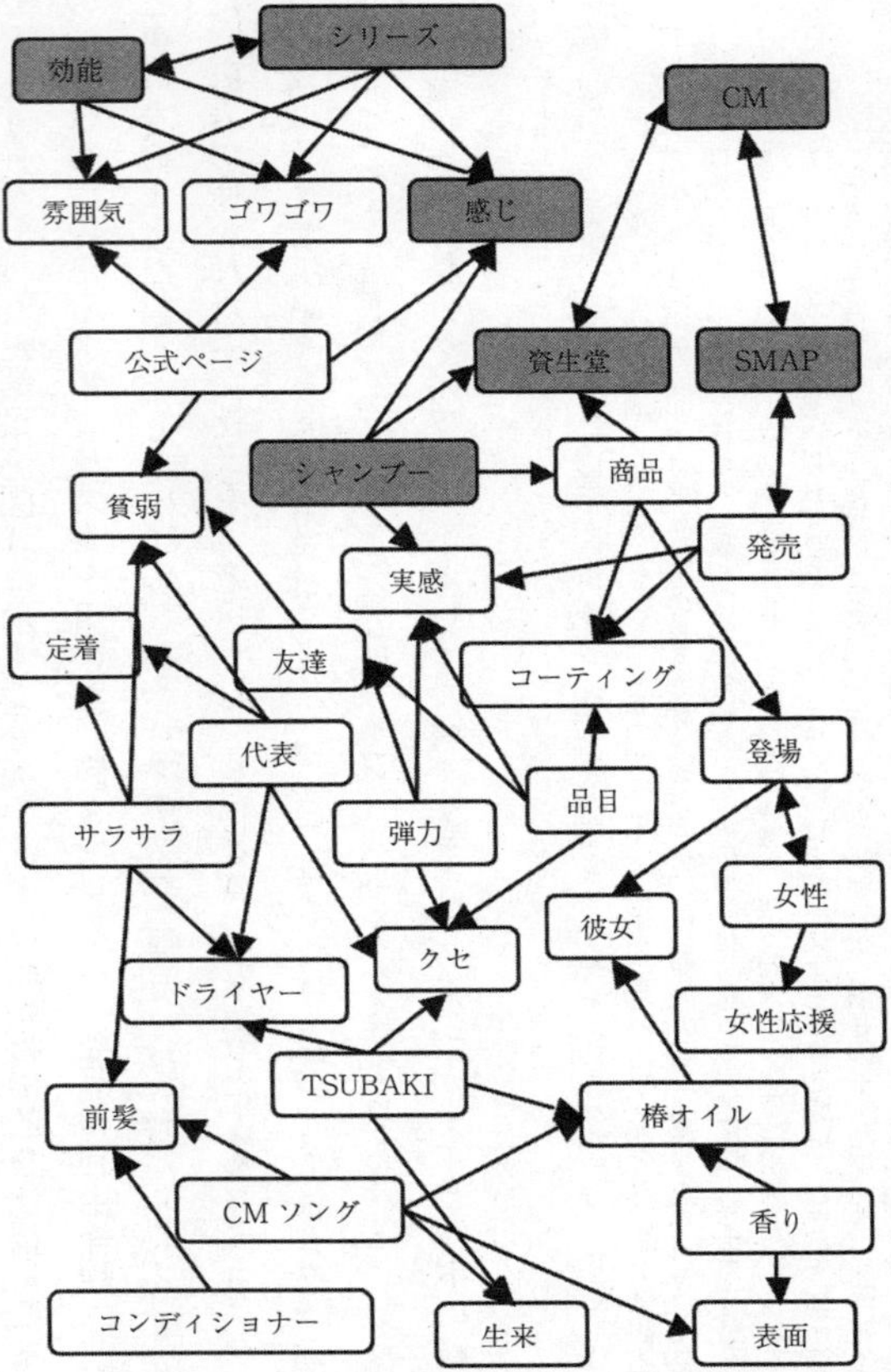

図3　シャンプーTに関するクチコミの伝播過程

いており、クチコミを通じてブログ空間に広がっていることを示唆している。本製品はシャンプーカテゴリにおいて1位の座を占めたのであるが、上記の考察よりマーケティングコミュニケーションの成功と望ましいクチコミの伝播が功を奏したと考えられる。このように、**クチコミの伝播過程を解釈することでマーケティングの効果測定などにも活用できるのである。**

5　まとめ

本章では、インターネット上に残された手がかりを辿ることで、ドーナツの穴談義がどのような進化と淘汰を経て定着したのかを考察した。また、そこから派生して、インターネットという生態系のダイナミクスやミーム、コミュニケーションのモードやクチコミの事例についても紹介した。**本書は大阪大学の様々な研究者が自らの専門分野の視点からドーナツの穴談義の本質を掘り下げており、このような身近なトピックの背後に様々な研究テーマが見え隠れするところに面白さの妙がある。本書を通して、たったひとつの答えなんて存在しない問いに真摯に向き合う学問の面白さが読者に伝わることを願っている。**

なお、「"eat a donut hole"」で検索すると約65100件ヒットするが、こちらについてはまた別のダイナミクスが働いていると思われる。英語圏におけるドーナツの穴談義の拡散については読者への宿題としたい。[*26]

参考文献

松村真宏、三浦麻子、柴内康文、大澤幸生、石塚満「2ちゃんねるが盛り上がるダイナミズム」『情報処理学会』45巻3号、1053－1061頁、2004年
松村真宏、山本晶「ブログ空間におけるインフルエンサーおよび消費者インサイトの発見」『季刊マーケティングジャーナル』119号（Vol.30）、No.3、82－94頁、2011年

＊26　答えは用意していません。念のため。

第1部
穴だけ残して食べるには

第1章

ドーナツを削る
——工学としての切削の限界

高田　孝（たかた　たかし）

大阪大学大学院工学研究科環境・エネルギー工学専攻・准教授
1994年、東京工業大学理工学研究科生産機械工学専攻博士前期課程卒業、1994年川崎重工業株式会社 原子力本部 入社、1999年核燃料サイクル開発機構（現日本原子力研究開発機構）大洗工学センター出向、2003年フランス原子力庁グルノーブル研究所派遣（1年）、2005年川崎重工業株式会社　技術研究所、大阪大学大学院工学研究科　環境・エネルギー工学専攻、2007年大阪大学大学院工学研究科学位取得（工学博士）。
専門は原子炉システムにおける伝熱流動、安全工学。特にコンピュータを用いた数値解析（CFD）に関する研究および確率論的安全評価（PRA）に関する研究に従事。

1　はじめに

とある日の午後、実験を始める前に学生を待っていたら、少し早めに来た学生から、「先生ならドーナツの穴だけ残して食べる方法をどう考えますか？」と聞かれた。最近特に世情に疎い筆者は、正直「この学生、どこかおかしいのかしら？」と思いつつ、「歯か？手か？それとも何か道具を使ってもいいのか？」と馬鹿正直に質問を受け取ってしまった。このことがきっかけで本章を執筆することになったのだが、筆者の専門分野は伝熱流動や安全工学なので、必ずしも「切る」だの「削る」だのが専門ではない。なるべく間違いがないように執筆したつもりではあるが、この分野に興味を持った読者は自分でもう一度しっかりと勉強してもらいたい。

社会で成功する人たちは色々な発想ができることが重要で、この問題（ドーナツの穴だけ残して食べる方法）も、この問題を起点に様々な新たな発想、考えを掘り起こすものだと後で学生に聞いた（さすがにその時は正直に質問を受け取った自分が恥ずかしかった）。しかし社会で生活する全ての人に色々な発想ができるわけもなく（そんな社会はシステムとして成り立たないのでは？）、多くの人は**問題を正面から受け取り、それに対する答え**

を考えていく。特に工学ではそういった一見地道に見える作業が、よりよい生活の貢献に重要な役割を果たすものである。本章では、そういった多くの人たちの代表として地道にドーナツの穴を残す努力について記すことにする。

地道に穴を残すと言っても工学的には様々な手法や努力が必要となる。本章ではそれらを教科書的に記述するのではなく、あくまで読者に色々と考えてもらえる（啓発）ことを意識して記した。**「好きこそ物の上手なれ」**が学問を究める大きなモチベーションとなるのである。なお執筆の関係上、文章構成を「である」調としており、少し上から目線に聞こえがちになるが、その点はご容赦頂きたい。

2　「切る」、「削る」

ドーナツの場合、「食べる」と言う方が正しいかもしれないが、穴の部分が最後となるようにドーナツを「削る」作業を口（歯）または手で行うことになる。あるいは、はじめにケーキナイフ等である程度「切って」残りを調節することとなる（この章ではこれらに加え、機械加工などで用いられる機器を使ってドーナツを「削る」話にも触れる）。人は

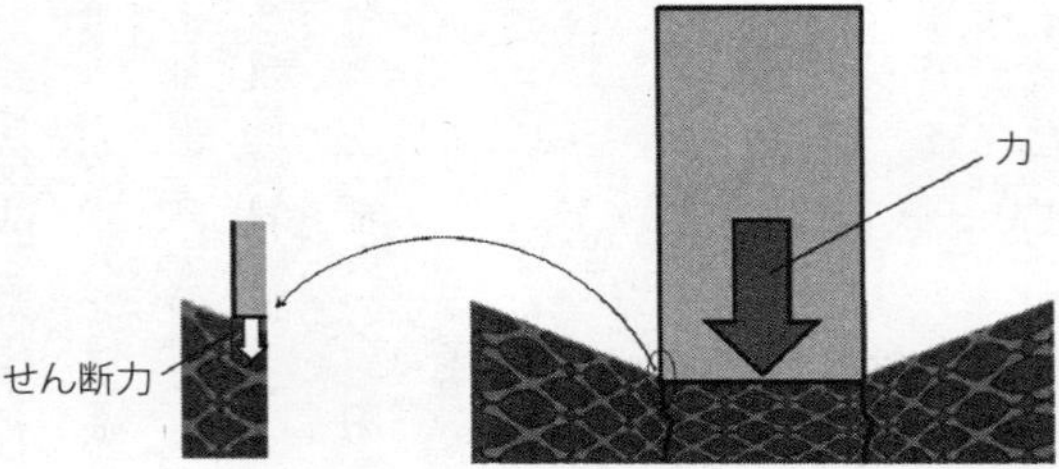

図1-1　「切る」メカニズム

状況により、「切る」、「削る」を使い分けているが、物理現象的に両者は同じである。図1－1に「切る」メカニズムの概略を示す。

図に示すように、刃が押し付けられることで力が対象物に伝わる。この時、図左に示したように刃に触れている部分にのみ力が加わり、触れていない部分には力が加わらないため、**対象物の内部に上下（図の場合）に引き裂く力（せん断力とよぶ）が働く。この力が対象物を維持する力（例えば分子間力など）よりも大きい場合、対象物は引き裂かれることになる。**これが刃の進行方向に連続的に発生することで対象物が「切れる」ことになる。なお、工学的には力そのものではなく、単位面積あたりにかかる力である応力[*1]が重要となる。同じ力でも力がかかる面積が小さくなる（刃が鋭利になる）ことで応力は大きくなり、より「切れやすく」なる。

次に「削る」メカニズムを見てみる。図1－2に示すように、「削る」場合は（一般に）刃が水平方向に移動する。この場合も「切る」と同様に、**刃の進行方向**（正確には刃と対象物の当たっている面に垂直な方向となる。なお進行方向に垂直な面と刃が当たる面との角度をすくい角と呼ぶ）**にそってせん断力が働くことで対象物が引き裂かれることで「削られる」**。

なおもう少し厳密な話をすると、図1-1左のように力が働いた場合、先ほど説明したせん断力に加え対象物を曲げようとする力（曲げモーメント[*2]と呼ばれる）が働く。特にやわらかい対象物では、この曲げモーメントのためせん断力による引き裂きよりも先に対象物が曲がってしまう。ちなみに、彫刻刀で木を薄く削ると削りくずがカールする経験を読者は持っているかと思うが、これも「削る」際に発生した曲げモーメントで切りくずが変

＊1　応力は一般には対象物内部に働く単位面積あたりの力として定義される。一方、同じ単位を持つ圧力は対象物の表面に垂直に働く応力の一種として取り扱う。したがって図1-1の場合、厳密には刃からの圧力を対象物が受けた結果、対象物内部にせん断応力が働くという。

＊2　モーメントは能率《のうりつ》とも呼ばれる。単位は［力×長さ］であり、回転モーメント（力のモーメントとも呼ばれる）は、文字通り力がかかることによって物体を回転させようとする大きさを示す。イメージとして、重いもの（鉄アレイなど）を肩の近くで持つのと、肩から遠く（腕を伸ばして）持つ場合では、どちらかキツイか自明であろう。これは鉄アレイが地面に落ちようとする力は同じでも肩（支点）からの距離が遠くなるほど回転させようとする大きさ（回転モーメント）が大きくなるためである。

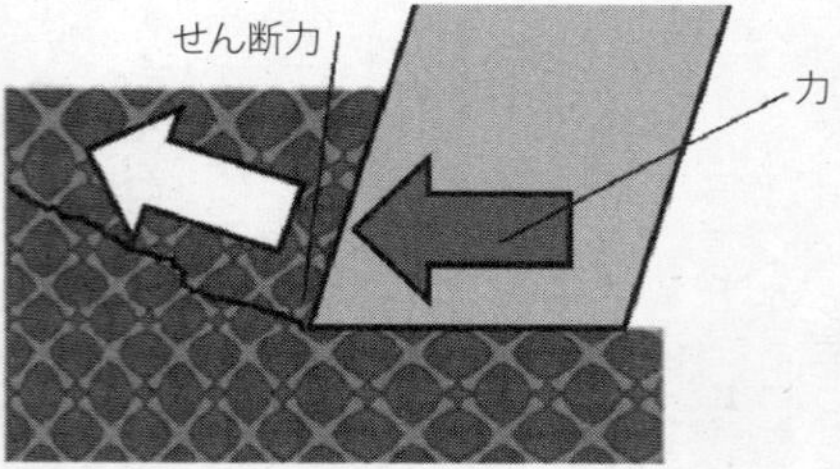

図1–2　「削る」メカニズム

形したものである（図1－2では左回りに曲げモーメントが発生する）。

以上、一般的な「切る」、「削る」メカニズムについて述べてきたが、これらは**対象物に力を加える方法である。**特に「切る」場合では、レーザー加工のように熱エネルギーを与えることによって対象物を溶かして分離するという方法もある。もっとも簡単な例では、ニクロム線を使って発泡スチロールを「切る」というものである。

3　削られる「ドーナツ」とは？

1・2ではまず「切る」、「削る」メカニズムについて述べてきた。次に必要なことは、「切られる」、「削られる」対象のドーナツが（加工される材料として）どのようなものかであ

表1-1　ドーナツ成分表

単位はg

	水分	タンパク質	脂質	炭水化物	灰分
小麦	12.5	10.6	3.1	72.2	1.6
イーストドーナツ	27.5	7.1	20.4	43.8	1.2
ケーキドーナツ	20.0	7.0	11.8	60.3	0.9

る。何も工学に特化した話ではないが、孫子曰く「彼を知り己を知れば百戦して殆（あや）うからず」[*3]である。「日本食品標準成分表2010」[1]によると、ドーナツおよびその原材料である小麦（国産、玄穀（種子））の成分表は以下となる（表1－1）。

表に示すように、菓子パンの一種であるため小麦そのものに比べ水分や脂質が多くなるものの、基本的には炭水化物が主要な成分となっている。ただし、もともと硬い小麦をおいしく食べるために、ふくらし粉やイースト菌を使った発酵により内部に多数の空気穴を有しており、**ドーナツ全体としてはやわらかい（曲げモーメントの影響を受けやすい）材料と言える。**機械加工的にやわらかい材料を精度良く削るという

＊3　ここではインターネットのことわざ図書館（http://www.kokin.rr-livelife.net/koto.html）より抜粋した。ここで気を付けてほしいことは、百戦勝つということではなく、身が危うくなるような失敗をしないということである。

のは、実はそれほど簡単ではない。
炭水化物は、炭素と酸素と水素からなる化合物であり、燃焼する（体内燃焼ではなく、火がつく（酸化する）ということ）。その意味であまり高温環境には耐えられない。加えて水が多い環境では形状が変化してしまう。このことは材料的に機械加工には向いていないと言える。

またドーナツの穴は大体手作業で作られるため、当然ながら真円ではなく、かつドーナツ表面も滑らかではない。できるだけ薄くドーナツの穴を残すということは、**ドーナツの内側の形状を正確に把握した上で「削る」という、機械加工的にこれまた厄介な問題が残る。**

さて、以降では様々な方法でドーナツを「削る」ことを試みるわけであるが、材料の観点から実は一般工業で使われる機械加工にはあまり適していないことがわかる（そもそもドーナツを機械加工すること自体が間違いだとは思うが）。それでも工学的な観点で「切る」、「削る」を論じるために敢えて机上の検討を行うこととする。

4　ドーナツを「削る」

(1)　手や口を使う

まずは何も道具を使わず、手や口で削る場合を考えてみる。少し話が脱線するが、正確に何かを「切る」、「削る」ためには、道具（手や口も含め）や対象物の性質もさることながら、**道具を的確な位置に誘導する手段（位置決め）が重要となる。**人の場合、具体的に言うと、目（位置を図る）や手（位置を決める）である。人の体は意外と良くできており、例えば手は肩から指先までの複数の関節のおかげで、対象物を（目が届いて作業ができる範囲で）自由に移動させることができる。その意味では手は非常に優秀な誘導装置である。一方位置を測る目であるが、視力1・0で5m離れた約1・5㎜の隙間が判別できる。[2]これを単純に30㎝離れた位置とすると約0・1㎜となる。実際、目で識別できる最小の大きさは対象の光り方により異なるが、*4 ここではひとつの基準として目の精度を0・1㎜と

＊4　例えば浮遊するほこりが光の反射で見えるが、ほこりの最小幅は0・1㎜以下である。また対象物を近づけた場合、目の焦点合わせの機能の影響を受けるので必ずしも上記は当てはまらない。

する。

口を使う場合、位置決めは手と舌で行うことになる（舌も立派な誘導装置である。ためしに舌を動かさずにものを食べてみてもらいたい）。ただしこの場合、直接目で残りの幅を確かめながら「削れる」わけではないので、おそらく数㎜程度の幅が限界と思われる。

手を使って少しずつ「削る」場合、恐らく爪と爪とを押し付けることによってドーナツを削ることになる。この場合だと目で直接残り幅を測りながら、ドーナツではなく指先（「削る」道具）を誘導することができるので、口に比べればより精度良く削れるだろうが、1㎜以下は厳しいかもしれない（そもそも対象物は微小な空気泡を含んだスポンジみたいな構造なので1㎜以下で穴の構造を保てるかどうか微妙であるが、ここでは問わないこととする）。

(2)　はさみやナイフを使う

手や口の次は、より簡単な道具であるはさみやナイフを考えてみる。まず工具としてのはさみを見てみる。2節で説明したように「切る」、「削る」ためには対象物にせん断力を

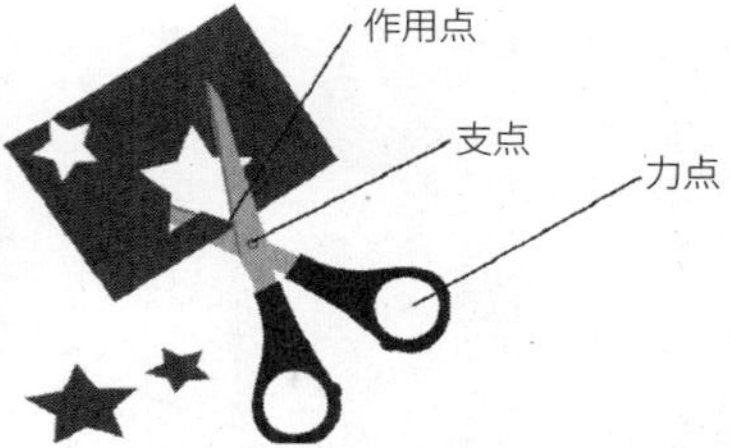

図1-3　はさみにおけるテコの原理

かけることになる。したがって、より「切れやすく」するためにはせん断力を強くすればよい。その一方でせん断力がかかると同時に曲げモーメントが発生するため、対象物が変形しやすくなる。**せん断力は「切られる」位置前後での力の差に、曲げモーメントは「切られる」位置からの力がかかっている距離に比例する。**このため、なるべく**「切られる」位置付近に集中して力をかけることが、より「切れやすくする」ポイントとなる。**

はさみの場合、より効果的に対象物にかかるせん断力を強くするために図1-3に示すようにテコの原理を用いている。また、せん断力を効果的に加えるために、対象物を両側から押さえつける刃はお互いが交差するときに接触して（擦りあって）いる。[*5]

＊5　はさみは構造上、握る（切る）時に両方の刃が押し付けあう方向に力がかかるようになっている（右手用のものを右手で持った場合）。これが普通のはさみを左手で握ると逆方向に力がかかり、刃と刃の間に隙間ができるので上手く切れないことになる。

一方ナイフの場合、図1−1のように押し付ける方向が一方向なので、対象物の変形（曲げ）を抑えるためには、より鋭利な刃先にしてせん断力を効果的に働かせることと、変形を防ぐために硬い台座を利用することになる。

ケーキナイフはよくギザギザの刃先（波刃）になっている。普通のナイフ（いわゆる直刃）では対象物との接触が部分的になり、かつ直刃なので同じ方向に力がかかるので対象物の曲げを解消することができない。一方、波刃はギザギザに沿ってより多くの箇所で対象物と接触し、かつ刃の形に垂直な方向に力が働くため力の向きも一方向だけではなくなる。このため対象物の全体的な曲げが解消される（そのかわり小さなクズが直刃よりも多くなる）。なお余談になるが、ケーキナイフを切る前に温めるのは、ケーキの中のクリームを温めよりやわらかくする（あるいは溶かす）ことでクリームの曲げの力を弱め、よりせん断力の効果を高める（「切りやすくする」）ためである。

では実際にドーナツを「削る」ことを考えてみる。ここで考えるドーナツは、材料として炭水化物としているので中にクリームが入っていないとすると、精度よく切ることに関しては、はさみか普通のナイフで良いと思われる。また個人の使い勝手にもよるが、はさみのように「切る」瞬間に材料が固定されている方がより正確な作業が行えると思われる。

いずれにせよ、手による作業よりは精度が上がるものの、１㎜程度が限界ではないかと思われる。

(3) 機械加工を用いる

ここまでは手やはさみなどを用いているので、「ドーナツの穴だけ残して食べる方法」には合致しているといえる。これ以降の機械加工では食べるとは言い難いものの、**どれぐらい穴の部分を薄く残せるかということに着目する。**

機械加工では大きく、機械エネルギー（対象物に力を加える）による加工と、熱エネルギー（対象物を溶かす）による加工に分けることができる。前者の代表としては旋盤加工であり、後者としてはレーザー加工が挙げられる。以下、それぞれの特徴と「削る」限界について考えてみる。

(a) 機械エネルギーによる加工

機械エネルギー（対象物に力を加える）による加工は一般産業で広く用いられている方

法であり、その「削り」方により概ね以下のような種類に分類される。[*6]

旋　盤：対象物を回転させバイトと呼ばれる工具を移動させることで削る。加工品は回転軸に対して対称となる。

フライス盤：フライスと呼ばれる工具を回転させることで平面などを加工する。[*7] 通常加工対象物を移動させる。複雑形状の加工が可能。

ボール盤：主に穴あけに用いられる。

鋸　盤[*8]：鋸（ノコギリ）が駆動しているところに対象物を移動させて切断する。木材や石などの加工に主に用いられる。

ドーナツを「削る」ことを考えると、真円ではないもののその形状は回転軸に対して対称な形状となり得るため旋盤加工および、ドーナツを置いて平面上に加工するフライス盤による加工（フライス加工）が有効と考えられる。図1－4にそれぞれのイメージを示す。なお、図1－4下に示したようにフライス加工では、回転部の側面に刃を付ける（エンドミルと呼ばれる）ことによって側面部を加工することも可能である。

3節で述べたとおり、ドーナツは炭水化物を主成分とし、非常に空気泡の多いスポンジのような構造であるため、図1―4のように直接加工することは非常に困難である。また、旋盤やフライス盤では対象物を回転、移動させて加工を行うため、ドーナツをしっかりと固定する必要がある。以下に筆者が考える加工例を示す[*9]。

まずドーナツの固定化であるが、加工精度も考えると**樹脂などで浸漬させて固形化させる**ことが有効と思われる。その場合、ドーナツ1個丸ごとは勿体ないし、内部に樹脂を浸透させるのに時間がかかるので、あらかじめある程度削った（食べた）ものを用いることにする（この時点ですでに食べ物ではなくなっているが）。

---

*6 ここでは筆者の記憶とウィキペディア（http://ja.wikipedia.org）を参考にまとめてみた。詳細な内容は読者自身で勉強してもらいたい。

*7 モップが回転しながら床を掃除する清掃機をイメージしてみよう。床に比べモップは柔らかいものの、モップが回転することにより発生する力は床に張り付いた汚れを取るには十分で、結果的に床が綺麗になる。ではモップが床よりも硬かったらどうなるであろう？ 当然清掃機が通った後は床が削れてしまう。これがフライス加工ということになる。ここで重要なのは、削ろうとするものをちゃんと固定しないとうまく削れないということである。

*8 のこぎり盤、ノコ盤とも呼ばれる。

*9 加工例は一例であり、最善の方法ではない。また実際に行ったわけではないので、実現可能かどうかは不明である。是非とも読者自身も加工方法を考えてもらいたい。

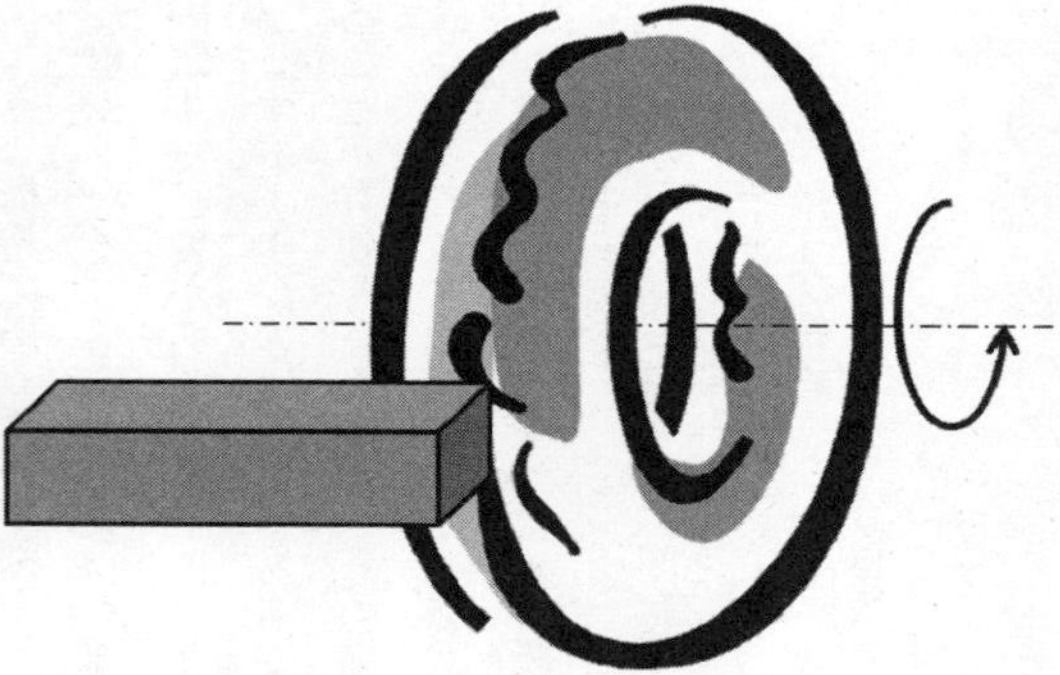

旋盤加工のイメージ

フライス加工のイメージ

図1-4　ドーナツの加工（旋盤、フライス盤）

次に固形化したドーナツを旋盤にかけ内側へと「削って」いく。当然ながら削られた面は真円であり、一方ドーナツの穴の部分は真円ではないので、旋盤加工ではそれほど薄くは削れない。もしドーナツ内側の正確な形状がデータとして取り扱えるのなら、フライス加工により内側形状を考慮した「削り」が可能となる。

旋盤やフライス盤の加工精度は加工する大きさによっても異なるが[*10]、今回の場合ではそれほど期待できないと思われる。頑張っても100㎛（0・1㎜）程度の大きさかと思われる[*11]。

なお、工具を使わない（機械エネルギーを用いた）加工として、ウォータージェット加工がある。わかりやすく説明するとコロラド川が地面を削ってグランドキャニオンを作ったものと同じである（ただし高圧、高速の水が加工では使われる）。このウォータージェット加工は水だけのものと、水に固形物（研磨剤）を入れたもの[*12]がある。この加工は加工

＊10　「厚み」の方がイメージしやすいと思うが、加工精度は加工するものの大きさに依存する。イメージとして、10㎝の大きさのものを0・1㎜単位で加工することと、10ｍのものを0・1㎜単位で加工するのとでは、文字通り苦労が桁違いである。
＊11　これはあくまで筆者の予想で、より精度の高い加工も可能であろう。
＊12　アブレシブジェット加工と呼ばれる。

に伴う摩擦熱がなく熱に弱い材料の加工に有効であるが、材料が水浸しになるので今回の対象からは除外した（加工精度もあまり良くはない）。

(b) 熱エネルギーによる加工（レーザー加工）

タイトルとして熱エネルギーによる加工（ここでは「切る」、「削る」に限定する）としたが、何も熱いガスを吹き付けるというものではなく、レーザーエネルギーを集約することで対象物を溶融させるものである。分かりやすく説明すると、太陽光をレンズで集光することで火を起こすのと同じ原理である。

可視光、赤外線、紫外線やレーザー光（可視領域も含む）は総称して電磁波と呼ばれる。電磁波は波長に応じたエネルギーを持っており、電磁波が物質に吸収されると発熱を生じたり（太陽からのエネルギーもこの作用（ふく射あるいは放射と呼ばれる）で地球に伝わる）、化学反応を生じたりする。

レーザー光の詳しい説明は省略するが、[*13] (a)で紹介した機械エネルギーを用いた加工に比べ、材料に余計な力（曲げモーメントなど）がかからない、非常に小さな領域に集光が可能なため微細な加工に適しているなど、低価格なレーザー発振器の普及とともに「切る」、

「削る」加工にも広く用いられるようになってきている。

レーザー光を利用した加工は大きく2つに分かれる。一つはレーザーを連続的に（あるいは比較的長い間隔で）照射することで対象物を溶融し、同時に吹き付けるガス（アシストガスと呼ばれる）により溶融物を除去するものである。ただしこの場合、「切った」、「削った」場所の周辺に熱的影響を及ぼす（ドーナツを削るには不向きであると言える）。

もう一つはレーザーをごく短い時間に集中して照射することで、照射された部位から熱がほかの部位に伝わる（熱伝導と呼ばれる）前に、融解、蒸発、飛散を行わせる方法であり、アブレーション加工[*14]とも呼ばれる。どれくらい短い時間かというと、ピコ（10^{-12}）秒やフェムト（10^{-15}）秒のオーダーとなる。この方法だと「切る」、「削る」部分以外の熱的影響もなく、曲げモーメントなどでドーナツの穴の形状を壊すことなく加工が可能であ

＊13　レーザー光の最大の特徴は、波長と位相がそろっていることにあり、直進性が高くまた集光力が高いことが挙げられる。興味のある読者はレーザー光学、レーザー工学等の入門書を参考されたい。

＊14　通常物質は「固体」→「液体」→「気体」と変化していくが、短時間で大きなエネルギーを与えることで瞬時に「固体」→「気体」へと変化、蒸発し物質を削る方法がアブレーションである。レーザーは光なので焦点（エネルギーを与える領域に相当）を小さくすることが可能で、また瞬時に物質が蒸発するので加工（削った）部分の周辺への熱的な影響が小さいことが特徴として挙げられる。

る。ただし1回あたりの加工量は少なく、かつ装置の値段もこれまで説明したものに比べ高価となる。

アブレーション加工によるドーナツを削る工程はそれほど複雑ではなく、途中まで削った（食べた）ドーナツを簡単に固定し、アブレーション加工で徐々に外周部から削っていくだけとなる（言うのは簡単だが加工終了までにどれほどの労力がかかるかは不明である）。加工精度はドーナツの穴形状の把握と光学系の位置決め精度に依存するが、旋盤やフライス盤を用いた加工よりも精度は高い（ドーナツ内部のスポンジ形状の構成次第で穴を保てなくなるが、数十㎛程度は行けるのでは？）。

5　ドーナツの穴を保存する

これまでは「ドーナツの穴だけ残して食べる方法」ということで、ドーナツ成分を残したまま穴を残すという方法を用いてきた（途中、すでに「食べる」過程から随分逸脱したが）。単に穴を残すというのであれば、穴の型を取れば良いということになる。最後に、なるべく薄くドーナツの穴の型を取る方法[*15]について一例を示す。

ドーナツの穴の型を取るためには表面にある程度の厚さでコーティングを行い、その後ドーナツ本体を取り除くということになる。このような薄いコーティング膜生成は工学でも広く使われており、その代表的なものとして真空蒸着が挙げられる。真空蒸着は、被膜を形成する材料（一般に金属が多い）と被膜を形成させる対象物とを真空にした容器に入れ、何らかの方法で材料を気化させ、対象物表面に付着させることで被膜を形成する方法であり、イオン化させたガスを材料に衝突させることで気化させる方法をスパッタリング[*16]と呼ぶ。

例えば今回の場合だと、ある程度削った（食べた）ドーナツと例えば白金を真空容器の中に入れ、スパッタリングを行う（この場合、ドーナツから水分やある程度の脂質も蒸発

＊15　この節では文字通り「型を取る」ことを考える。これは遺跡や化石の発掘現場で石膏（せっこう）を流して形状を保存するのと同じである。ただし石膏の代わりに非常に薄い膜でドーナツの穴を覆うというものを考える。

＊16　本文中にも記載したが、強引に気体にさせているので周りの壁（通常膜を生成させたいものを近くに置く）に衝突すると元の状態（固体）に戻る。これが積み重なって膜となる。飛び出す気体の量をコントロールすることで非常に薄い膜でも簡単に作ることが可能である。虹色に光るスキーやスノボ用のゴーグル（チタンコーティングとか）もこの方法でよく作られる。

することになるが、炭化水素としての穴表面の構造を押さえるという意味では問題ないと思われる)[*17]。その後有機溶剤などでドーナツ成分を溶かしてやると、厚さ数十nm[*18]程度の被膜だけ取り残されることになる。

6　おわりに

「ドーナツの穴だけ残して食べる方法」という命題に対し、地道にドーナツの穴を残す努力について記してみた。ドーナツ自身を残しながら「切る」、「削る」という方法では、レーザーを用いたアブレーション加工以外では意外と人力と機械加工と変わらない結果となった。もちろん様々な労力を加えることでこれらの精度は上がるが、実際の社会では費用対効果も重要であり、その意味では人力で十分ということになるかもしれない(もっとも費用対効果という意味では穴の型を取る方法(5節)が相応しいかもしれない)。

「切る」、「削る」という単純な作業を取ってみても、工学的にはいろいろな方法があり、材料の性質によってはまだまだ考えなければいけないことは多々ある。多種多様なアイデアを生み出すことも重要であるが、一つのことを突き詰めることもまた同じぐらい工学の中では重要である。

最後にもう一度繰り返しになるが、本章は教科書ではなく、読者にいろいろと考えるための啓発を意図している。本文中はなるべく間違いがないように記載したつもりではあるが、より正確なところは読者自身が勉強して身に付けてもらえれば幸甚である。

参考文献

[1]『2010年版　日本食品標準成分表』文部科学省科学技術・学術審議会資源調査分科会報告、2010年

[2]「目のおはなし」http://www.nidek.co.jp/eyestory/eye_5.html

＊17　白金や金による真空蒸着は電子顕微鏡でも用いられる技術であるため、恐らく炭化水素への蒸着も問題ないと思われる。

＊18　nm（ナノメートル）。1nmは10^{-9}mである。原子の大きさは0・1〜0・3nm程度。

世界のドーナツコラム VOl.1 モンゴル

ボーブを片手に「モンゴルの青」を生きる

澄み渡り、どこまでも続く、目映く、広く、そして深い青。待ち望んだ恵みの雨をたっぷりと受けて育つ、鮮やかな緑。そんな大自然を愛し、共に暮らすモンゴルの人々。今回は、彼らが愛するモンゴルのドーナツ、**「ボーブ」**をご紹介します。

ボーブは、小麦粉に砂糖とバターを加え油で揚げた、モンゴルを代表する伝統菓子です。モンゴルでは朝と昼にお茶（モンゴル風ミルクティー。甘くなく、なんと塩が入っていることもあります）を飲む習慣があり、ボーブはお茶と一緒に広く食べられています。特に遊牧地域の子どもにとって、ボーブは特別。遊牧地域では砂糖が貴重なため、甘いお菓子といえばボーブなのです。作ってくれたおばあちゃんの「食べてもいいよ」の声に、お皿の上のボーブは、瞬く間になくなってしまうのだとか。

子どもにも大人にも愛されるボーブ、実はただの美味しいおやつではありません。ボーブは、結婚式や新年に欠かせない、**祝いの象徴**でもあります。お祝い事があると、モンゴルの伝統文様を彫った木型でボーブに型押しをほどこし、家の中に積み上げます。これは観賞用としてお祝いが終わるまで飾り、お祝いが終わると、崩して家族みんなで食べるのです。お祝いのあいだ、置かれたままで乾燥したボーブは、あたたかいお茶に浸して柔らかくしてから食べるのだそう。お祝いの余韻に浸り、家族でゆっくり語り合いながら食べるボーブは、きっと格別でしょう。

お祝いと言えば、旧暦5月13日（地域によって時期が異なる）、モンゴルでは**「オボーの祭り」**が行われます。オボーとは「石を積み上げた祭壇」のこと。モンゴルの人々は天空を「テンゲル」と呼んで神聖視し、空に近い場所にある、高い山や丘も信仰しています。オボーの祭りでは、神霊が宿るとされるオボーを山や丘に築き、去年の無事を感謝するとともに、次の1年が健やかであるよう祈ります。オボーを祭る時には、やはりボーブは、チーズ、バターや酒と一緒に、祭壇を飾る最も重要な供え物として登場します。

モンゴルは乾燥地帯かつ内陸であることから、季節風の影響を受けにくく、雨がほとんど降りません。雨が降らなければ、草原が茂らず、家畜が痩せてしまいます。恵みの雨を降らせてもらえるよう天に祈る。雨があまりにも降らなければ、「何か悪いことをしたのだろうか」と反省する。**青空、自然、ひいてはその後ろに広がる遠い宇宙を感じ、素直にしたたかに生きる姿勢は、今のモンゴルにも確かに息づいているのです。**

インタビュイー：思 沁夫 先生

執筆：曽根 千智

お正月（春節）用のボーブやチーズで作ったタブグ（供え物）

思沁夫先生
直伝

モンゴルドーナツの作り方

主材料：小麦粉 200 グラム
副材料：植物油、食塩、酵母（適量）

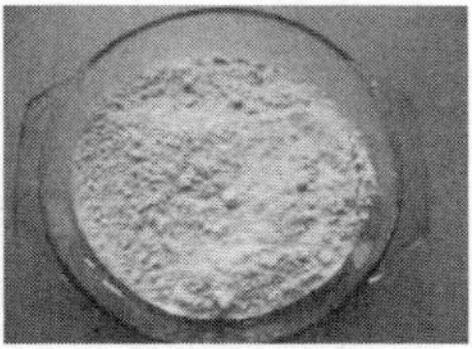
①
小麦粉に酵母と塩（あるいは砂糖）を入れます。

②
小麦粉に温水を入れて、こねます。

③
生地がまとまるまでこねます。また、1時間ぐらい発酵させます。

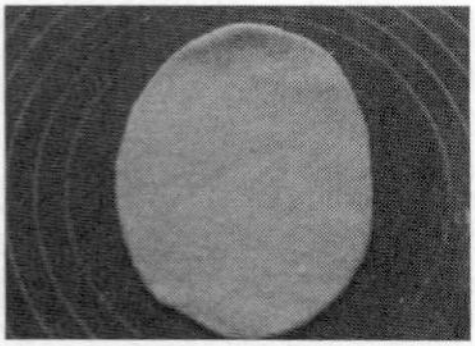
④
生地を伸ばします。

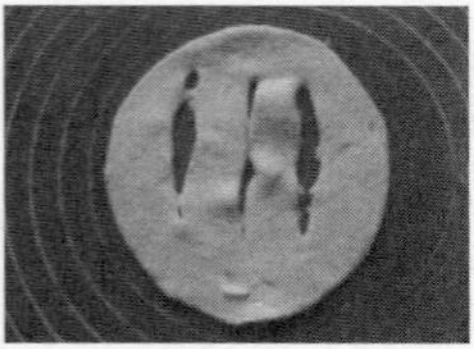
⑤
伸ばした生地に包丁やナイフで切れ目を入れます。

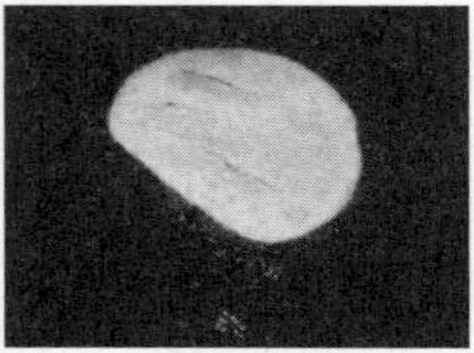
⑥
180℃ぐらいの植物油（あるいは動物油）で、両面がきつね色になるまで揚げます。

⑦
完成（モンゴル風ミルクティーと一緒に食べるのが一般的です）。

第2章

ドーナツとは家である
――美学の視点から「ドーナツの穴」を覗く試み

田中　均（たなか　ひとし）

大阪大学大学院文学研究科・准教授

東京大学大学院人文社会系研究科博士課程修了（美学芸術学）。博士（文学）。日本学術振興会特別研究員（PD）、山口大学人文学部講師、同准教授を経て現職。

著書に、『ドイツ・ロマン主義美学』（単著、御茶の水書房、2010年）、『〈過去の未来〉と〈未来の過去〉』（共著、同学社、2013年）、『批評理論と社会理論 I　アイステーシス』（共著、御茶の水書房、2011年）など。

翻訳に、クリストフ・メンケ『芸術の至高性』（共訳、御茶の水書房、2010年）など。

専門分野：美学

私の研究の出発点は、18世紀末から19世紀の初頭にかけてのドイツ語圏の美学における、芸術と共同体の関係です。現在は、芸術理論における「参加」の概念とそれに関わる諸問題に注目しています。

以下の論考では、「ドーナツを穴だけ残して食べる方法」という問いに答えるために、プラトン、ハイデガー、プルーストなど哲学者や小説家の文章を参考にしながら、ドーナツの様々なあり方について考えていく。まず現実にはない、絵に描かれたドーナツ、そしてやはり現実世界にはない〈ドーナツそのもの〉について考察し、それから、ドーナツを食べることと記憶との関係を取り挙げる。以上の議論から、ドーナツの穴は無くならない、なぜならドーナツは食べても無くならないからだ、という結論が導き出されるだろう。

1　はじめに――まず「ドーナツ」の常識を疑う

今回私は、「ドーナツを穴だけ残して食べる方法」について考えるという課題を与えられたが、この問いを聞いて私がまず考えたのは、

「そもそも、**ドーナツを食べるとドーナツの穴が無くなる、という前提自体を疑ってかかる必要がある**のではないか」

ということである。

というのも私は、ドーナツの穴について考える以前に、ドーナツそれ自体についてすでに疑いを持っているからである。その疑いとは、**「ドーナツを食べればドーナツが無くなる」という、一見すると誰も異論を述べることができないような命題にも、実は反論の余地があるのではないか、**というものである。

さらに言うならば、食べれば無くなってしまうような、そんなはかないドーナツは、れっきとしたドーナツとは言えないのではないかと私は考えている。「そんなドーナツは、ドーナツとは言えない」とか、「ドーナツの風上にもおけないようなやつだ」、と言うのはさすがに言い過ぎとしても、ドーナツとしてはちょっと頼りなく、ドーナツの代表とか、まさにこれこそドーナツである、と胸を張るわけにはいかないのではないか、と思っているのである。

こんなことを言うと、食べても無くならないドーナツのことを考えているなんて、よっぽど食い意地が張っているのか、あるいは、SFの読み過ぎなのか、それとも、世界の食糧問題のことを考えすぎてちょっと思考の調子がおかしくなっているのか、と思われるかもしれない。

しかしながら、実際のところ私としては大まじめなのであり、また、こうしたことを考えるのはむしろ当然だとさえ思っている。だがどうやら、こうした考えはいわゆる「世間の常識」からは大きく隔たっているのだろう、ということもうすうす承知している。それに私自身、さっき食べたドーナツをもう一回食べようとしたりすることは、さすがにない（たくさん買ってきたはずなのに、何となく一個、また一個と食べていたら知らないうちに最後の一個になってしまった、ということはよくあるのだが）。

2　「美学」から見る、という立ち位置

「ドーナツ」、と聞くと、まず無くならないドーナツのことを考える、そうした思考の回路を私が持っているのはなぜだろうか。その理由はおそらく、私が美学という学問を専門にしていることに由来するのだろう。

ここで少しだけ寄り道をして（といっても必要な寄り道なのだが）、美学という学問について読者の皆さんに紹介しておこう。[*1]

日本語で「美学」というと、例えば「男の美学」といった表現から連想されるように、

打算的でない、いさぎよい生き方がイメージされるかもしれない（ただし、今言ったことをすぐに打ち消すようで恐縮だが、ここで例に挙げている「男の美学」という言葉は、「草食系男子」などという言葉がすっかり定着した現在ではほぼ絶滅したと言えるかもしれない。私自身、今の場合のように美学という学問について説明する場合を除いて、まず使うことはない）。

その一方で、「美学」という日本語に対応する英語は、aesthetics であり、これをカタカナで書けば「エステティクス」である。[*2] 日本語で「エステティクス」と言えば、肌をはじめとして全身の美容を行うこととか、その技術を思い浮かべる人が多いのではないだろうか。

しかし残念ながら（と言うべきか？）、学問としての「美学」（エステティクス）は、直

＊1　「美学」という学問の紹介は、当然のことながら、様々な入門書や教科書（そのうち一部を参考文献・ブックガイドに挙げる）などにも書かれており、ここで私はその二番煎じをしているだけなのだが、高校までの学校で教わる科目には含まれておらず、大学生でも、美学のことを絵の描き方を学ぶ学科であると考えている人もいるようなので、まわりくどいようだがあえて本文で説明しておく。

＊2　「美学」という訳語を考案したのは明治時代の思想家の中江兆民（1847－1901）であると言われる。

接的には、いさぎよい生き方でも、美容のことを指すわけでもない。ただし、間接的には充分関係しうるとも言える。というのも、**「美学」という学問の重要なところは、何について研究するか、というよりもむしろ、対象のどのような点に注目して、いかに考えるか、ということにある**と思われるからである。以下に説明するように、何らかの対象について、「感性」、あるいは「美」、あるいは「芸術」という観点から厳密に哲学することができるならば、その思考は美学と呼ぶことができる。

学問としての「美学」（エステティクス）の歴史的な由来をたどると、ラテン語の「エステティカ」(aesthetica) という言葉にたどり着く。これは18世紀ドイツの哲学者のバウムガルテン（1714－1762）が、哲学の新しい一分野を名付けるために考案した言葉で、彼は『エステティカ』という題の講義録を遺している。バウムガルテンは「エステティカ」を、論理の学である「ロギカ」と対になる「感性の学」として定義した。そして、この「感性の学」にとって最も重要な価値として、「美」を挙げ、さらに「美」が最もよく現れる対象として芸術を挙げた（ただし、このころにはまだ美術や詩や音楽などを包括して「芸術」と呼ぶ現在の用語法は成立していなかったので、バウムガルテン自身は中世以来の「自由学芸」という言葉を使っている）。

そのようなわけで、学問としての美学は、18世紀の中頃に、哲学の一分野である「感性の学」として生まれ、美という価値について考察し、芸術を主な（しかし全てではない）研究対象とする課題を担ったわけである。その後紆余曲折を経て、美学から新しい学問分野が分かれていったが、広い意味での美学にとって、感性、美、芸術が三大テーマであることには変わりはないと言ってよいだろう。

さて、話を元に戻すと、そのような美学という学問を専門としていることが、食べて無くなることのないドーナツのことを考えることと、いったいどんな関係にあるというのだろうか。

3　三つのドーナツの比喩

ここで、美学を学んだ人ならほぼ必ずといっていいほど読んだことのある文章を見てみよう。以下に引用したのは、古代ギリシアの哲学者プラトン（紀元前427－347）が書いた対話編『国家』の中で、登場人物のソクラテスが、対話の相手のグラウコンに向かって、画家の技術について語っている箇所である。この一節は「寝椅子の比喩」として知られているが、**以下の文章の「寝椅子」を「ドーナツ」に置き換えて読んでみてほしい。**

ソクラテス：「それでは、ここに三つの種類の寝椅子があることになる。一つは本性界*3にある寝椅子であり、ぼくの思うには、われわれはこれを神が作ったものと主張するだろう。――それとも、他の誰が作ったと主張できるだろうか？」

グラウコン：「ほかの誰でもないと思います。」

ソクラテス：「つぎに、もう一つは大工の作品としての寝椅子」

グラウコン：「ええ」〔…〕

ソクラテス：「もう一つは画家の作品としての寝椅子だ、そうだね？」

グラウコン：「結構です」

ソクラテス：「こうして、画家と、寝椅子作りの職人と、神と、この三者が、寝椅子の三つの種類を管轄する者として、いることになる」

グラウコン：「ええ、三人います」

ソクラテス：「そのうちで神は〔…〕かの〈まさに寝椅子であるところのもの〉自体をただ一つだけお作りになった。そしてそのような寝椅子が二つまたはそれより多く、

神によって産み出されたことはなかったし、これから生じることもないだろう」〔…〕

ソクラテス：「それではこの神のことを、われわれは、この寝椅子の『本性製作者』、または何かこれに類した名で呼ぶことにしようか？」

グラウコン：「少なくとも正当な呼び方であることはたしかですね」

ソクラテス：「では大工は、何と呼んだらよいだろう。寝椅子の製作者と呼ぶべきではないか？」

グラウコン：「ええ」

ソクラテス：「では画家もやはり、そのような事物の製作者であり、作り手であると呼ぶべきだろうか？」

グラウコン：「いいえ、けっして」

ソクラテス：「すると君は画家のことを、寝椅子の何であると言うつもりなのかね？」

「わたしとしては」と彼〔グラウコン〕は言った、「こう呼ぶのがいちばん穏当ではな

＊3　ここで「本性界」というのは、「イデア」の世界のこと。「イデア」とは、個別の美しいものに対する「美そのもの」、個別の正しいものに対する「正義そのもの」のように、個別のものの「それぞれがまさにそれであるところのものそのもの」を指す（『岩波哲学・思想辞典』岩波書店、1998年、86頁以下を参照）。

いかと思います――先の二者が製作者として作るものを真似る〔描写する〕者であると」

「よかろう」とぼく〔ソクラテス〕は言った。「すると君は、本性から遠ざかること第三番目の作品を産み出す者を、〈真似る者〉〔描写家〕と呼ぶわけだね？」

「ええ、そのとおりです」と彼〔グラウコン〕。*4

以上の引用からは、ソクラテス（という登場人物を通してプラトン）が、画家の技術のことを、ものの見せかけを描写するだけの技術であると考えていることが分かる。あるものの「本質とは何か」という、本性についての知識や、それは「どうやったら作ることができるか」という、製作法についての知識を、画家は持っていないとプラトンは主張しているのである。このように、画家、さらに一般化して言えば、芸術家全般の技術を低く評価する議論として、この「寝椅子の比喩」は美学では評判が悪いのだが、その後の西洋の思想に非常に大きな影響を与えたために、無視することもできないのである。

さて、「寝椅子の比喩」を「ドーナツの比喩」に読み替えると、絵に描かれたドーナツは、ドーナツの見せかけを真似ただけであり、「本性から遠ざかること第三番目」のドーナツに過ぎない。しかし、プラトンの主張に従えば、ドーナツ作りの職人が作る、日々私たちが食べるドーナツも、〈まさにドーナツであるところのもの〉、短く言えば〈ドーナツそのもの〉ではないことになる。つまり、**現実の食べられるドーナツは「本性から遠ざかること第二番目」でしかない。**プラトンによれば、〈ドーナツそのもの〉とは、現実界ではなく、本性界にある、「神」が作った唯一のドーナツである。この唯一のドーナツは、二つに増えることもなければ、逆に、減ってゼロになることもない。それは、食べても無くならない、というよりもむしろ、食べることのできないドーナツである。

「寝椅子の比喩」を「ドーナツの比喩」に読み替えてみると、私が、「食べれば無くなるようなドーナツは、れっきとしたドーナツとは言えないのではないか」と考えた理由も分かってもらえるのではなかろうか。こうした考え方は一見すると荒唐無稽に思われるかもしれないが、食べれば無くなる現実のドーナツがたとえ無数にあっても、「ドーナツ」という概念は一つしかないし、無くなることもない、ということを考えに入れると、あながち根拠のない空想的な話だというわけでもないのである。

＊4　プラトン（藤沢令夫訳）『国家』（下）岩波書店、1979年、308頁以下。引用文中の〔　〕内は引用者による補足である。また、引用文を若干変更している（以下本文における他の引用も同様）。

4　ドーナツの「真理」を作品化する

さて、「ドーナツの比喩」について考えると、もう一つ興味深いことが思い当たる。絵に描かれたドーナツは本性から最も遠く、〈ドーナツそのもの〉は本性に最も近い、というより本性そのものである、という違いはあるが、どちらのドーナツも、食べることができない点では一致しているのである。すると、「もしかしたら、絵に描かれたドーナツは〈ドーナツそのもの〉とよく似ているのではないか、あるいは、**絵に描かれたドーナツを手掛かりにした方が、現実の食べられるドーナツを見るよりも、〈ドーナツそのもの〉についてよく知ることができるのではないか」という発想が出てきてもおかしくない。**

というのも――もし読者のみなさんが自らドーナツの絵を描いてみれば実感できるのではないかと思われるが――絵を描くときには、モデルとなる現実のドーナツになるべく忠実に似せて描こうとする気持ちがはたらく一方で、他方では、現実のドーナツとは少々異なっても、「いかにもドーナツである」、あるいは「ドーナツらしい」像を描こうとする気持ちもまたはたらくからである（どちらに重点があるかは場合によって異なるが）。

まさにこうした発想を、やはり美学についての重要な文章の一つに読み取ることができる。それはドイツの哲学者マルティン・ハイデガー（１８８９―１９７６）の、『芸術作品の根源』という書物の有名な一節で、そこではゴッホ（１８５３―１８９０）の描いた靴の絵が話題になっている。今度も、ゴッホがもしドーナツの絵を描いたとしたらと想定して、**ハイデガーの議論における「靴という道具」を「ドーナツという食べ物」に読み替えてしまおう。**

ハイデガーによれば、靴という道具の道具らしさについて知ることができるのは、「現実に目の前にある何らかの靴という道具を記述し説明することによるのではない」し、「靴の製造の過程についての何らかの報告によるのでもない」。さらに、「そこここで見出される靴の実際の使用を観察することによるのでもない」。それではどのようにしてか。「ただわれわれがヴァン・ゴッホの絵画の前に赴いたことによる。ゴッホの絵画が語ったのである」と彼は言う。ハイデガーはさらに踏み込んで以下のように言う。「道具の道具らしさは、〔芸術〕作品によってはじめて、そして作品においてだけ、ことさらに輝き現れてくるのである」。

この後にハイデガーは、彼の有名な芸術の定義を述べる。すなわち、「芸術の本質は、」「存在するものの真理がそれ自体を―作品の―内へと―据えること」なのである。[*5]

ハイデガーがゴッホの靴の絵から読み取っている「道具らしさ」の内実とは、「頼りになること」なのであるが、ドーナツの「食べ物らしさ」もそれと似ているかもしれない。というのもドーナツのように、慣れ親しまれてすっかり日常生活に溶け込んだ食べ物の特徴は、それを前にして、「これは何だろう」とか「どうやって食べたらいいのか」というように意識して身構える必要が無く、安心してごく自然に食べられるところにあるからである。さて、ここで「道具らしさ」について重要なことは、現実に使われる靴は、それが道具としてよく機能すればするほど、つまり「頼りに」なればなるほど、目立たなくなり、ことさらに靴として意識されなくなるということであり、だからこそ、道具としての靴とは何か、それはどのように使われているのかを知るためには、芸術作品という回り道を通る必要があるわけである。ドーナツについても、たしかに、ショーケースに並んでいるいろいろな種類の中から選ぶときには、じっくりと見比べるけれども、ようやく選んで食べたそのあとには、たしかに満足感は残っても、その色、形、味、におい、食感について事細かなことは、普通あまりはっきりとは覚えていないのではないだろうか。ハイデガーにならって言えば、ドーナツとは、そのように普段ことさらに意識されるものではないからこそ、それがいかなる食べ物なのか、それが私たちとどのように関わり、私たちに何を感じさせるのかを知るためには、芸術作品を迂回することが有益なのである。

するとこんな空想が可能だろう。美術館の中か、あるいは誰か知人の居間か、壁に掛かっている絵に近づいていくと、絵の具のかたまりにしか見えなかったものの中から、ドーナツの像が浮かび上がってくる。「ドーナツって、こんなにどっしりとして、しかも光り輝くものだったのか…知らなかった！」と驚き、あらためてカンヴァスをまじまじと見つめる。「これこそ、ドーナツそのものだ！」と独り言をいいながら、絵の前で腕を組む…。

空想はこれぐらいにして、これまで考察してきたことを振り返ると、芸術は見かけをまねするに過ぎないと批判するプラトンにせよ、芸術こそが真理を表すと考えるハイデガーにせよ、彼らが〈ドーナツそのもの〉として考えるものとは、食べれば無くなる現実のドーナツではなく、食べられないドーナツである。**〈ドーナツそのもの〉が食べられないのであれば、〈〈ドーナツそのもの〉の穴〉も、もちろん無くなることはない。**美学の見方に

＊5　マルティン・ハイデガー（関口浩訳）『芸術作品の根源』平凡社、2008年、45頁以下。

立てば、こう回答することができる。

5　匂いと味わいが呼び起こす記憶

しかしここで、こんな異論を述べたい人もいるだろう――絵に描いたドーナツとか、神が作ったドーナツとか、そんな食べられないドーナツではなく、現実のドーナツを本当に食べてそれが無くなったあとに、穴が残るようにする方法を聞いているのだ、と。

確かにもっともな異論で、これまでは美学という学問のバイアスがかかって、現実のドーナツをないがしろにしていた点は率直に認めざるを得ない。**それではここからは、現実の、食べたら無くなるドーナツについて考えてみよう。**しかしここでも私の思考は美学の主要テーマの一つである「感性」に導かれているのだ。

ドーナツを食べた後に、どうしたらドーナツの穴を残せるのだろうか。ここで参考になるのは、ある小説の一節で、そこでは、物質、とりわけ食べ物と記憶との関係が取り挙げられている。**今度の引用文では、「マドレーヌ」（プチット・マドレーヌ）を「ドーナツ」に置き換えて読んでほしい。**

やがて私は、その日が陰鬱で、明日も陰気だろうという想いに気を滅入らせつつ、なにげなく紅茶を一さじすくって唇に運んだが、そのなかに柔らかくなったひとかけらのマドレーヌがまじっていた。ところがお菓子のかけらのまじったひと口が口蓋《こうがい》に触れたとたん、私は身震いし、内部で尋常ならざることが起こっているのに気付いた。えもいわれぬ快感が私のなかに入りこみ、それだけがぽつんと存在して原因はわからない。〔…〕この喜びは、紅茶とお菓子の味覚に関係があるようだが、しかしそんな味覚をはるかに越えており、それと同じ性質のものではないと感じられた。この歓びは、いったいどこからやって来たのだろう？なにを意味するのだろう？どこでそれを把握すべきなのだろう？〔…〕

するとと突然、想い出が私に立ちあらわれた。その味覚は、マドレーヌの小さなかけらの味で、コンブレー〔架空の地名〕で日曜の朝〔…〕、おはようを言いにレオニ叔母の部屋に行くと、叔母はそのマドレーヌを紅茶やシナノキの花のハーブティーに浸して私に出してくれたのである。その後もプチット・マドレーヌを見てはいたが、味わうまではなにも思い出すことがなかった。〔…〕古い過去からなにひとつ残らず、人々が死に絶え、さまざまなものが破壊されたあとにも、ただひとり、はるかに脆弱なのに生命力にあふれ、はるかに非物質的なのに永続性があり忠実なものとは、匂いと風味である。それだけは、ほかのものがすべて廃墟と化したなかでも、魂と同じで、なおも長いあいだ想い出し、待ちうけ、期待し、たわむことなく、匂いと風味というほとんど感知できない滴《しずく》にも等しいもののうえに、想い出という巨大な建造物を支えてくれるのである。[*6]

マルセル・プルースト（1871−1922）の『失われた時を求めて』の主人公は、紅茶に浸されたマドレーヌの味と香りを介して、叔母さんの家と、その周囲の建物や町全体を明瞭に想い出すのだが、同じようなことが、人によってはマドレーヌの代わりにドーナツの味で引き起こされたとしても不思議ではない。というのも、どの食べ物ならば記憶を呼び覚ますことが可能であり、どの食べ物ならば不可能か、ということを、私たちはあらかじめ知ることができないからである。小説の主人公によれば、「過去は、〔…〕われわれには思いも寄らない物質的対象（その物質的対象がわれわれにもたらす感覚）のなかに隠れている」のであり、「この対象にわれわれが死ぬ前に出会えるか出会えないかは、もっぱら偶然に左右される」とまで言われる。[*7]

もしも、『失われた時を求めて』の主人公が、マドレーヌではなくドーナツを食べて、慣れ親しんだ叔母さんの家を鮮明に想い出したとしたら、その時には、かつて叔母さんの家で食べていたドーナツの匂いと味わいを想い出したことだろう。そしてそのとき主人公は、同時に、そのときのドーナツの穴のこともありありと想い出すに違いない。

つまり、**現在味わうドーナツが仲立ちとなって、かつて食べたことのあるドーナツが、そしてそのドーナツの穴が、記憶として甦ってくるのである。**より正確に言えば、叔母さんの家で食べたドーナツはドーナツの穴ともども、主人公の意識の奥底に常に存在し続けたのであり、想い出される時を待っていたという方が正しいだろう。

このまさに味わい深い引用文からは、二つのことが読み取れる。第一に、匂いと味わいが、記憶を呼び起こす強い力を持っているということである。身体の外部にあって離れているものを知覚する視覚や聴覚とも異なり、また、身体に接触するものを知覚する触覚とも異なって、味覚と嗅覚という感覚は、対象を身体の内部に取り込んで感覚するために、

---

*6　マルセル・プルースト（吉川一義訳）『失われた時を求めて』〔1〕岩波書店、2010年、111頁以下。
*7　同書、110頁。

そのぶんだけしっかりと、感覚の記憶が無意識のなかに残り続けるのだろう、とりあえずそのように考えることができる。

もう一つ重要なことは、匂いと味わいの記憶が、慣れ親しんだ叔母さんの家とその周辺という、場所についての記憶と結びついていることである。それは単に、叔母さんの家でマドレーヌを食べたので、マドレーヌを食べたら叔母さんの家を想い出す、という因果関係にとどまるものではない。上の引用の中で主人公が感じた、「えもいわれぬ快感」の意味を考えてみる必要があるだろう。この快感の中には、愛情によって保護されているという感覚が見出される。つまり、叔母さんが用意してくれたマドレーヌにも、また主人公が幸せな少年時代を過ごした叔母さんの家とその周りの町にも、こうした、安らかで親密な感情が結びついているからこそ、マドレーヌを食べることが、家とその周囲の町の記憶を鮮明に甦らせるのである。

マドレーヌにせよ、ドーナツにせよ、素朴で慣れ親しまれたお菓子は、子どもの頃に親をはじめとする周囲の人々から愛情を受けた記憶と結びつきやすいのではないだろうか。そして、**お菓子にまつわる愛情の記憶は、愛情によって保護された場所である、「家」の記憶と結びつきやすいのだろう。**ただしこれはあくまでも、子どもの頃に愛情を受けたという前提に立った上での話で、実際にはそんなに「甘い話」ばかりではないことも確かである。お菓子にも家にも、また家族にも、そのような親密な感情を抱くことができない人も多いだろう。

そうした問題は承知の上で、この文章では楽天的な見方の方、つまり、愛情や親密さの記憶によって、ドーナツと家とは結びついている、という見方を追求してみたい。そしてこれまでの考えを思い切ってまとめて一つの命題を立てよう。**「ドーナツとは家である」と私は言ってみたい。**そうすれば、「ドーナツを食べてもドーナツの穴は無くならない」と結論できるのではないか。

6　ドーナツとは「家」である

ここで家という場所について考察するために、地理学者のイーフー・トゥアン（1930ー）が、「場所」(place) と「空間」(space) という概念を分けていることを取り挙げよう。彼によれば、「場所」とは、「容易に取り扱ったり移動させたり」できるようなものではなく、むしろ「そこに住むことができる対象」であって、そこには「価値が凝固」している。

つまり、「場所」とは、長い間の暮らしを通じて、想い出と愛着が染みこんでいるところなのである。これに対して、「空間」は「運動する能力によってあたえられる」もので、「場所と場所とを隔てたり結びつけたりする間隔」、あるいは、自由に移動を行うことができる広がりとして規定されている。[*8]

典型的な「場所」が家や故郷であることは明らかだろう。そこには個人の濃密な記憶が結びついているからである。それならば、外壁や天井や床といった、建物としての家を構成する部分がすべてなくなったとしても、「場所」としての家は存在し続けるだろう。例えば、かつて自分の家があった跡地を見る時に、あるいは、もう建物も田畑も残っていない、かつての故郷の村を見る時に、そこに住んだ経験のある人が、住んだことのない人が見るのとは全く異なった光景をそこに見てとることは確かだろう。物理的には何も残っていなくても、その場所は家や故郷として認識されるのである。

それに対して**「空間」は、自由な広がりとして全体的にとらえられているので、その特定の部分に、愛着や濃密な記憶が結びつくことはない。**むしろ、「空間」の意義とは、いつまでも「場所」に人の心を束縛するような、過去志向の感情や記憶から解放することだとさえ言える。

こうした「場所」の概念は、ドーナツについても当てはまるのではないか。「場所」はその物理的な囲いが無くなっても、忘れ去られることなく、愛着を伴って存続し続ける。それと同じように、（プルーストのマドレーヌのように）子どもの頃の幸福な想い出と結びついたドーナツもまた、その輪が食べられたとしても、食べたその人にとっては存在し続ける。物理的なドーナツが無くなっても、「場所」としてのドーナツ、そしてドーナツの穴は無くならないのである。

「場所」としての家については、ガストン・バシュラール（1884―1962）が著書『空間の詩学』の中で述べていることも参考になる。彼は、文学作品のなかに現れる家のイメージを論じて、人が生まれ育った家は「われわれの最初の宇宙」であり、人はこの最初の宇宙を、新たに住まう様々な場所、例えば「隠れ場所や避難所や部屋」のうちに再び発見すると論じている。[*9] この点でも、「ドーナツとは家である」。すなわち、**子どもの頃から親しまれたドーナツ、それを人は、本来ドーナツがないところにも見出してしまうのだ。**

例えば、ドーナツに多少似た匂いや味わいのクッキーを食べたり、ケーキを食べたり、パ

＊8　イーフー・トゥアン（山本浩訳）『空間と経験』筑摩書房、1988年、17頁。
＊9　ガストン・バシュラール（岩村行雄訳）『空間の詩学』筑摩書房、2002年、45頁以下。

ンを食べたりするときに。さらに、食べ物ではないもの、例えばクッションや、幼稚園の建物や、ＵＦＯのことを「ドーナツ型」と呼ぶときにも、単に輪の形を見出すだけではなく、同時にドーナツの匂いや味わい、そしてドーナツへの愛着を想い出しているに違いない。**食べられたドーナツの穴は、消えて無くなるどころか、本来ドーナツがなかったところにもどんどん増殖していくのだ。**

7　おわりに

「ドーナツを穴だけ残して食べる方法」について考えるうちに私がたどり着いた結論は、「ドーナツは家である」というものだった。これは一見すると不可解な主張に思われるだろうが、この論考をここまで読んだ皆さんには、私がかなり本気で考えていることが分かっていただけると思う。そしてこの論考を通じて、美学という学問がドーナツ問題を解くことに貢献できるということが皆さんに伝わったなら、それにまさる喜びはない。

ブックガイド

佐々木健一**『美学への招待』**中央公論新社、2004年。美学の入門書としてはまずこれを挙げたい。

松宮秀治**『芸術崇拝の思想』**白水社、2008年。西洋近代において「芸術」、「芸術家」の観念が成立した過程を批判的にたどる好著。

清塚邦彦**『フィクションの哲学〔改訂版〕』**勁草書房、2017年。「フィクションとは何か?」という美学の重要な問題に明解な展望を与える研究。

津上英輔**『あじわいの構造』**春秋社、2010年。伝統的な美学理論を読み直すことによって、観光やラジオ体操のように日常的な現象を感性の問題として分析する試み。

ロバート・ステッカー（森功次訳）**『分析美学入門』**勁草書房、2013年。近年日本でもようやく注目を集めている。現代英語圏の美学・芸術哲学の入門書。

参考文献

西村清和『現代アートの哲学』産業図書、1995年

菅原潤『環境倫理学入門』昭和堂、2007年

小田部胤久『西洋美学史』東京大学出版会、2009年

西村清和（編著）『日常性の環境美学』勁草書房、2012年

モーリー・バーンバウム（ニキリンコ訳）『アノスミア　わたしが嗅覚を失ってからとり戻すまでの物語』勁草書房、2013年

世界のドーナツコラム VOl.2 インド

どこか懐かしい庶民の味、ジャレービーとワーダー

純白のタージマハル、雄大なガンジス川、色鮮やかなサリー、活気と牛の溢れる大通り。そんなインドには二つの素敵なドーナツがありました。

まずひとつめは**ジャレービー**です。ジャレービーはインド全土で広く食べられている、その手軽さと安さで人気のお菓子です。

町の通りの小さな屋台では、大きな釜でジャレービーをせっせと揚げる様子がよく見られ、ちょこっと買って歩きながら食べるのがインド流。小麦粉とふくらし粉のシンプルな生地を揚げ、砂糖のシロップをたっぷりと染み込ませた素朴な味わいで、子どもから大人まで大人気です。日本人の口にも良く合い…おっと、「我こそは甘党だ」という方はどうぞお試しください。日本のお菓子にはない、頭がキーンと痛くなるほどの強烈な甘さです。

甘いもの好きのインド人は**ミターイー（甘味）**を、食後の締めにはもちろん、祝いの席でも欠かしません。特に結婚式でどんなミターイーが出たのかは、日本でいうウェディングケーキのように、結婚式のランクを左右します。ジャレービーはお菓子の中で最も安価で庶民的なので、ジャレービーが振る舞われたと話すと、「ああ、ぼちぼちな結婚式だったのだな」と認識されるようです。とにかく町中で手に入るので、

結婚式や試験に合格したなどの祝い事があったときには、たくさん買ってきて周囲に振る舞います。

　ちなみにヒンドゥー教の一大聖地バナーラス地方では、ジャレービーをダビー（ヨーグルト）と一緒に食べるのが、一般的です。ぽてっとした濃厚なダビーの酸味と甘いジャレービーの絶妙なコンビネーション。うーん、美味しそう！

ジャレービー

　もうひとつのドーナツは、**ワーダー**という豆の粉から作った甘くないドーナツです。ワーダーは豆から作るため栄養価が高く、貧困対策の食料としてよく食べられます。四角く切ったパンにワーダーをはさみ、ソースをかけて、ハンバーガーに。なんとお肉の10分の1の値段で食べられます。とても簡単な作り方ですが、一口食べると広がる豆の風味が何とも言えず美味しいのです。付け合わせには、ちょっぴり酸味のあるスパイシーなスープ、サンバールを。浸して食べるのもまた美味です。

　インドで愛されるドーナツを二つ、ご紹介しました。そうそう、特に揚げたてアツアツのジャレービーはインド人の大好物。誰かのおうちに遊びに行く際は手土産に持っていくと、きっと喜んでくれますよ。

インタビュイー：小磯 千尋 先生

執筆：曽根 千智

第3章
とにかくドーナツを食べる方法

宮地　秀樹（みやち　ひでき）

大阪大学大学院理学研究科数学専攻・准教授

2004年4月～2007年9月　東京電機大学・准教授（助教授）、2007年10月～　現職、専門分野：タイヒミュラー空間論

タイヒミュラー空間というのはリーマン面と呼ばれる曲面の全体を考えて出来る空間です。リーマン面というのは専門用語では「一次元複素多様体」と呼ばれますが、だいたいのイメージはドーナツのような物体の表面に「直交」という概念を加えたものです。どの程度そのような「直交」という概念が定義できるか、ということを定式化して出来る集合（空間）はタイヒミュラー空間やモジュライ空間と呼ばれます。ここではドーナツを考えますが、一言でドーナツと言っても、人によっては、いびつなもの、ツルツルなものなど、いろいろなドーナツを思い浮かべると思います。我々にとってもたくさんのドーナツ（の表面）があります。実際の生活は、我々は表面の形状だけでなく、味などを用いてドーナツの違いを感じますが、数学で味を理解（定式化）することを考えてみるのも面白いかもしれません。

1　前書き：言い訳にかえて

ショセキカプロジェクトの学生と研究室でお会いして「ドーナツを穴だけ残して食べる方法というタイトルで本を作りたいと考えている」とお聞きした際、私は、なかなか面白い問題だが問題の定式化が難しい、という印象を持った。そして、その時には、思いついたことを本当に思いつくままお話しさせていただいたのだが、ショセキカプロジェクトの人が研究室を出て行かれた後に、冷静になって自分が話したことについて復習すると、私の頭の中は「？」でいっぱいになった。

さて、出されたお題は「穴を残してドーナツ食べること」である。僕は数学しか知らない、というと格好がいいが、要するに、数学の、特に自分の研究分野という狭いところで（実際に仕事にしているという意味で）辛うじて形になっているだけなので、数学を含む他の研究分野の専門的知識は言うに及ばず、社会的な常識（一般常識）を含む他のことをほとんど知らないのである。したがって、今回出されたような広い範囲の知識が要求される哲学的なお題を出された場合には、無理をせずに「そんなことは不可能だからあきらめなさい。世の中には知らなくてもいいことがいろいろとあるのですよ」と諭すことが一教育者として、そして保身という観点から最良だったのかもしれない。

しかし、偏屈かつ屁理屈好きを自認する数学好きの私は、出されたお題に対して、ちゃんと思考せずに「不可能」という言葉を使って片付けてしまうことにはちょっと抵抗がある。少なくとも数学においては「不可能」という言葉はとても重い言葉なので、「不可能」という言葉は自分がちゃんと納得してから使用したい。つまり、本当に不可能なのであれば、不可能であることの理由を用意する必要があると考えるのである。この感覚は、表向きは責任感という言葉で説明出来るのかもしれないが、実際はそんな良いものではなくて、例えば、好きな人に告白して振られたときに、無粋にも「なぜ僕では駄目なんですか？」と訊いたけど、相手は愛想笑いをするだけで返事がもらえなかったときに感じるもどかしさ、と言えば想像がしやすいと思う。

しかし、まぁ、難しいことを考えずに、ここはコーヒーでも入れてドーナツをおいしく食べながら適当に考えたほうが精神的にもいいのであろう。しかし、私は毎日数学を考えているからか、思考の方法がいろんな意味で毒されているために[*1]、無定義語を用いて問題

＊1　数学を研究している人の名誉のために言っておくが、これは数学とは全く無関係である可能性が非常に高い。

を設定されるとイライラとしてしまい逆に精神的に悪い。すなわち、私の精神安定のためにも問題の中に出てくる言葉の定式化が必要になってくる。

こういう訳なので、私は、今回与えられたお題のような意味のよくわからない問題に出会ったときには、はじめから不可能であるとせずに、無定義語を整理することから始めることを考えるようにしている。つまり今の場合には**「そもそも問題の「穴」とはなんぞや？」「そもそも「穴を残す」とはなんぞや？」「「残す」というのはどのような動作なのだろうか」**などの根本的な疑問から考える。実際、それらの根本的な問題が解決すれば、事態が改善されて「穴を残して食べる」ことも不可能ではないということがわかる希望が出てくる。何はともあれ、希望があることはいいことである。

ここまでなら、真理を探求する研究者として健全である。そして、もし、私がソクラテスやプラトンのような哲学者であれば、世界に名を馳せるような、穴を残してドーナツを食べる画期的な方法を発見して、左うちわで余生を過ごせるのであろう。

しかし、残念ながら現実はそう甘くない。実際には、私が今回のような哲学的疑問に対する思考をすると、大抵はすぐに行き詰まってしまう。そのため、「穴と言えば…あの落とし穴は痛かったなぁ」など小さいときの思い出から始まって、「ドーナツの穴もあるけど、おでんのちくわぶも美味しいな」「そもそも、ちくわぶの「ぶ」ってなんだろう」「ところで、ちくわの穴にキュウリを入れることを考えた人は偉大だな」「なぜ、ちくわぶにはトゲトゲがあるんだろう」「でも、あのトゲトゲにカラシを塗って、チビチビとかじるのも悪くないんだよな」などのどうでもいい感想や穴とは全く関係ない疑問、それも相互的に関係がない疑問がモヤモヤと頭に現れてきては、それらについての思考が始まってしまい収集がつかない（食べ物の感想や疑問が多いのは、私が食べることが好きだからである）。これは、受験勉強をしているときに、必要以上に部屋の汚れが気になって、掃除を始めてしまうようなもの、と言えばわかりやすいだろうか。さて、ここで、今回の原稿を執筆する際には、たくさんの掃除をしてしまったことを告白しておく。

閑話休題。いずれにしても、「穴」や「穴を残す」などの言葉を自分なりに定式化（理解）して、出されたお題に対して、すぐに「不可能」であると突っぱねるのではなく、**出来るだけ前向きに解いてみようと思う。**

ここで、この章の読者の皆さんにあらかじめ知っておいてほしいキーワードがある。それは**「数学は自由」**である。つまり数学をするときには嘘や間違いを言ってはいけないが、定義などにより言葉を定式化した後に、定められた論理のルールに則って論理な思考をすることに関しては、何を考えようが、何を妄想しようが全く問題がない。つまり、例えそれが他の誰が見ても屁理屈や無駄としか思えないようなことであったとしても、論理的思考に関しては全く制限を受けないのである。このことを念頭に置きつつ、傍らにドーナッとコーヒー（に限らず好きな飲み物）でも用意して気楽に読んでいただければ幸いである。

謝辞

このような貴重な機会を与えてくださった、ショセキカプロジェクトの皆様に感謝いたします。ありがとうございます。

2　導入：屁理屈のための心の準備

穴についての考察

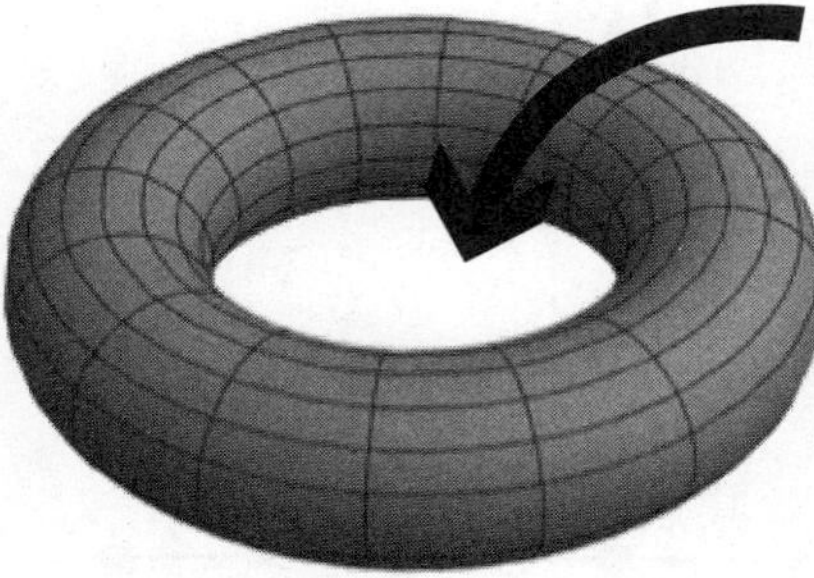

図3−1　ドーナツの穴とは

そもそも、ドーナツの穴とは何だろうか？　すぐに思いつくのは図3−1の矢印で指された部分であろう。ほとんどの人にとってこの認識で問題が無いとは思うが、そもそも、私たちはなぜこの部分をドーナツの穴と認識するのであろうか。

さて、数学的に考える準備をボチボチはじめよう。我々が住んでいるところは通常**3次元空間**と呼ばれている。そのココロは位置を知るために「**前後、左右、上下**」の本質的に異なるような3つの方向を考えることである。つまり、どこかの点（基点）を固定したときに、図3−2のように我々は自分のいる位置は「ある基点から、前

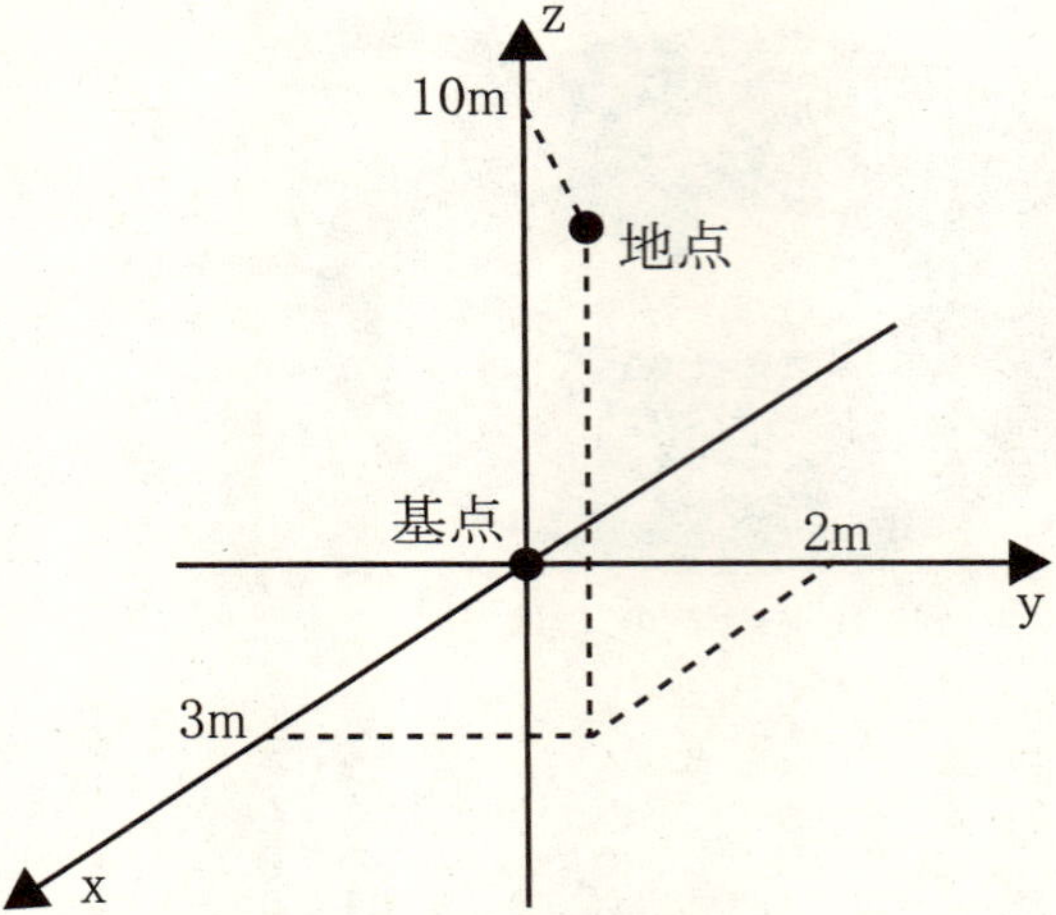

図3-2　空間を抽象的に考える

に3m、左に2m、上に10m」など3つの数字を用いて表現することができる。例えば、「大阪（基点）から北に20km、西に30km、海抜の差が50kmの場所」というと、その場所の位置が確定する。この「**3つの方向**」の「3」という数字が、我々が住んでいる世界が3次元と言われる理由を与えている。

そこで、様々な雑念を払うために空間を抽象的にすることを考える。つまり、図3-2のように我々の住んでいる空間の前後をx軸、左右をy軸、上下をz軸により表されていると考える。これを我々が住んでいる3次元空間を表していると考えよう。この空間では、特に断りがなければ、原点（0,0）が基点であると考える。

ところで、広辞苑によれば「穴」とは「くぼんだ所。向こうまで突き抜けた所」とある。「向こうまで」の「向こう」とは何ぞや、という疑問は残るが、いずれにしても、通常我々は、3次元空間の中にドーナツが存在していると考えているので、確かにドーナツには穴が存在して、図3－1の矢印に指された部分がドーナツの穴であると考えることもやぶさかではない。

平面における思考実験による考察

3次元空間と異なり、**2次元空間**、つまり平面上において数学的思考する場合には**「前後」及び「左右」**に対応する2つの座標を用いることになる。平面における思考は絵として表現することができるため、具体的に見ることができて、何が起こっているのかがわかりやすい。そこで、空間を用いた数学的思考をする前に、ウォーミングアップとして、平面を用いて数学的思考をしてみよう。適当な紙を用意して、そこに丸を描いてみる。すると、図3－3のように丸で囲まれた内側の部分と囲まれていない外側の部分に分けられて

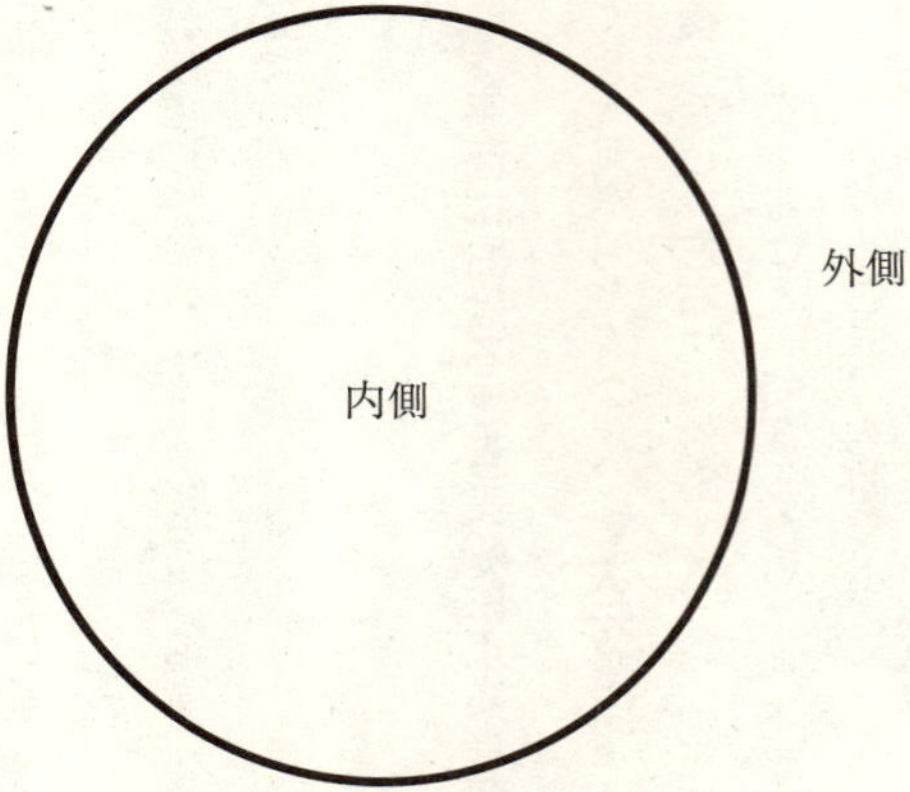

図3–3　平面を用いて考える

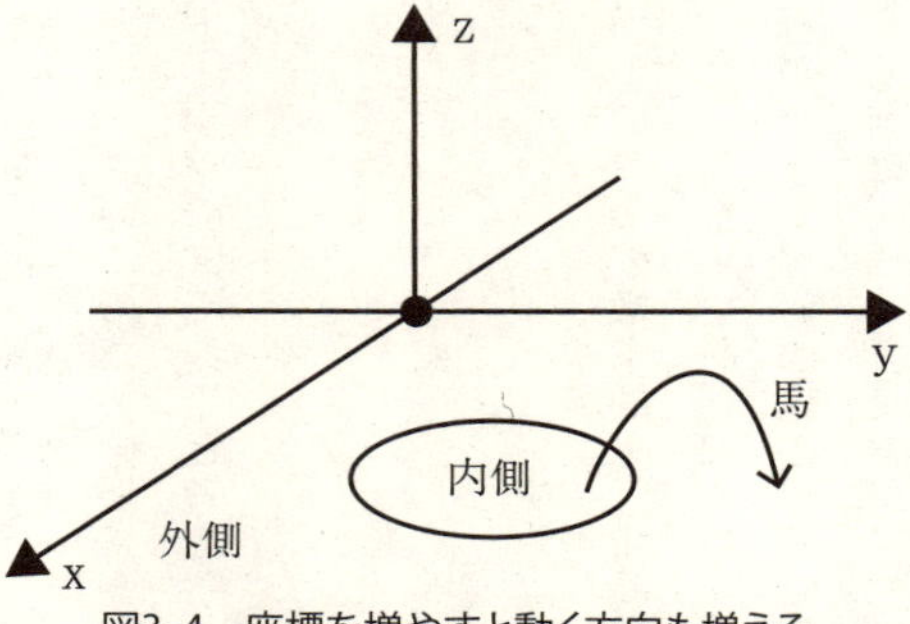

図3–4　座標を増やすと動く方向も増える

いることを確認することができるだろう。

ここで、この「分けられている」という状況（感覚）をちゃんと説明しておこう。[*2]丸で囲まれた部分は馬を飼育する牧場であると考える。このとき「内側つまり牧場内の馬は平面から離れないで、牧場の外側に逃げることができるか？」という問題を考える。例えば、馬は敏捷だから柵（丸）をピョンと飛び越えて行くかもしれない。しかし、それはここに与えられた問題に対する解答を与えないことに注意しよう。なぜならば、柵を飛び越えた瞬間に馬は平面を離れてしまうからである。このように、平面を離れないで馬を内側から外側に逃がすことが難しいということが直感的には想像されるが、このような思考を繰り返していくと「内側から外側に行くことは不可能である」ことが想像から確信に変わっていくと思う。これが「内側と外側が分けられている」という意味であり正しい感覚である。[*3]

しかし、先ほど注意したように、実際には図３－４のように、馬は柵をピョンと飛び越

＊２　数学的に説明する場合には、『連結性』と呼ばれる概念を用いる。

＊３　「平面上に描いた丸によって平面は分けられる」ことは数学的に厳密に定式化されて証明されている。興味のある読者は『ジョルダンの閉曲線定理』をキーワードにして調べて欲しい。

えて外に出ることが出来る。この状況が３次元空間と２次元空間の違いを与えている。つまり、その違いとは、３次元空間では、２次元の空間における方向「前後、左右」の他に「上下」という第三の座標が改めて付け加わったことである。このように座標を増やす、つまり、**動く方向を増やすことによって、より自由な動きが可能**になることをここでは認識して欲しい。このことは、言われてみれば当たり前であるが、自分の動きの自由度を増やすために方向を増やすことは意外と勇気がいる。例えば、都会で夢を追いかけてアルバイトでがんばっている人にとって、自分の限界を感じた時に田舎に帰って別の道（つまり人生に於ける別の方向）を選ぶこと、つまりは夢をあきらめることは難しい。そのための勇気と似ている、ような気がする。

住んでいる場所に関する考察

上の章では我々は「前後、左右、上下」が認識できるような空間、つまり３次元の空間に住んでいると書いた。先ほどの議論では、平面から一つ座標を増やしたときに運動の自由度が増えた（つまり牧場内の馬が逃げることができた）。

このことから、3次元から一つ座標を増やすともっと自由に動くことができることが想像できる。そこで次の章では4次元の空間に住んでいる、つまり、ちゃんと本質的に異なるような4つの方向が認識できる状況にあると考えてみよう。でも、実際には4次元の空間に住むことは難しい、4次元なんて考えられない、という意見があるかもしれない。でも、想像や妄想は数学と同様に法律に縛られないようなそれこそ全くの自由にできることなので、せっかくだから、神様の視点に立つことを想像してがんばってやってみよう。

3 舞台設定

前書き（言い訳）に記したように、「数学は自由」である。つまり、**数学的思考は誰にも制限されず、読者の皆さんは自身の勝手気ままにすることができる。**例えば、4次元空間も自分の好きなように思い描くことができる。

数学における集合の表記

ここでは、数学における集合の扱いについてまとめておく。そこで、集合という概念をイメージすることから始めよう。集合というと、読者の中には体育の授業での先生のかけ声「集合！」を思い浮かべる人がいると思う。その場合は先生のそばに集まりそして整列するのであった。ここでの**集合とは、ただ単に「ものの集まり」のこと**をいうことにしよう。[*4]

さて、君の体育のクラスをAと書くこととする。そしてクラスには30人の生徒がいるとする。この場合、君のクラスは30人の人からなる「集合」であると考えられる。この場合、数学的には

A = {a | a は君のクラスに属する人}

と書く。そのココロは、区切り〝|〟の後ろには区切りの前に書いた記号〝a〟を説明する条件が書いてあるのである。つまり、上記は「集合Aは君のクラスに属する人aの全体

のなす集合」と読む。集合の中にある点を元もしくは要素と呼ぶ。

君のクラスの中で男子と女子がそれぞれ17人、13人いたとすると、クラスの中に属する男子の全体Bと女子の全体Cは

B＝{a∈A|aは男子}

C＝{a∈A|aは女子}

と書く。そしてBとCはそれぞれ17個、13個の要素からなる集合である。ここで、見慣れない記号〝∈〟が出てきた。これを説明しよう。この〝a∈A〟というのは数学的には「集合Aに属するa」もしくは「aは集合Aの要素」という意味である。だから、今の場合の〝a∈A〟とは「君のクラスAに含まれる人a」と言う意味となる。先ほど述べたように、区切り〝|〟の後ろには、区切りの前に書いた記号〝a〟を説明する条件が書いてあるの

＊4　厳密には、集合は数学的に矛盾しない条件の下で定義される必要がある。例えば「自分自身を含まない集合の全体」を考えると論理的な矛盾が起こる。興味のある読者は『ラッセルのパラドックス』や『公理的集合論』をキーワードにして調べて欲しい。

であるから、

$B = \{a \in A \mid a$は男子$\}$

という式は、「Bは君のクラスAに含まれる人aで男子である人の全体のなす集合である」という意味となる。だから、結局、上記の集合Bは「君のクラスAの中の男子の全体のなす集合」ということになる。集合Bは集合Aの部分となっているので、このとき「集合Bは集合Aの**部分集合**である」という。

では、数学的な例を用いて説明しよう。**もうすこしだから頑張ってついてきてほしい。**一般に、1、2、3、… などの数は自然数と呼ばれる。自然数の全体からなる集合をNと書く。このとき、偶数の全体のなす集合は

$\{n \in N \mid n$は偶数$\}$

と表記される。この表記において「偶数であるような自然数の全体のなす集合」と読む。

つまりこのように表された集合は「偶数の全体のなす集合」に他ならない。しかし、偶数は2で割り切れる数字とも言えるので、

{n ∈ N | n は2で割り切れる}

と表記される集合は偶数の全体のなす集合となる。実際、この表記により定義された集合に含まれる数字は2で割り切れるような自然数であるから偶数に他ならないのである。このように、一般には集合の表記の仕方（つまり集合を定義する条件）は一つではない。同様に、奇数の全体も

{n ∈ N | n は奇数} = {n ∈ N | n は2で割り切れない}

なる様々な（少なくとも2つの）表記をもつ。他に例えば「3の倍数の自然数のなす集合」は

$\{n \in N \mid n$ は3の倍数$\} = \{n \in N \mid n$ は3で割り切れる$\}$

などと表記される。それぞれはすべて自然数の全体からなる集合Nの部分集合である。読者の皆さんは、例えば4の倍数のなす自然数の集合や5の倍数の場合などを自分で考えてみると集合の表記の練習になるだろう。

n次元空間

小学校、中学校で習ったように、実数全体を小さい数字から並べることによって、正と負の方向と呼ばれる2つの方向に無限に伸びる直線と同一視することができる。この直線を数直線もしくは実数直線と呼びRと書く。つまり、実数直線Rには、−1、0、1/2、1、$\sqrt{2}$、πなどの数字が一直線に並んでいるのである。例えば、実数直線Rの点xはxが正であれば0から右にxだけ動いた位置にあるという意味であり、xが負であれば左に−xだけ動いた位置にあるという意味である。つまり、**実数直線の各点の数字は、その点が原点から左右どちらにどの程度離れた位置にあるか意味している。**

ここで唐突ではあるが、一般にn次元空間をR^nと書く。これはn個の数字（実数）のなす集合の全体、つまり、集合の表記を用いると

$$R^n = \{(x_1, \cdots, x_n) \mid x_1, \cdots, x_n は実数\}$$

と表される。上に書いたように3次元空間では、各点が「前後、左右、上下」の3つの異なる方向により位置を記述されるので、3次元空間R^3と書かれるのである。したがって、n次元空間はその各点がn個の本質的に異なる方向を用いて位置を記述される空間である。特に1次元空間は実数直線Rそのものである。

このように書くと難しいと感じるかもしれない。しかし、特に意識しないだけで、このような考え方は、実は日常にあふれている。実際、「位置」と考えるから10次元や100次元が難しく聞こえるのである。確かに、4次元以上の世界は、私も含めてほとんどの人が見ることができない。しかし、例えば次のように考えてみるとどうだろうか。

ここで、「身長、体重、腹囲、視力、血圧」を測る身体検査をすることを考える。その際に、各人に対して5つの実数が出てくる。そして、各人がこれらの実数を用いて認識(評価)される、つまり、このような身体検査は人の集合(全体)を(抽象的に)5次元空間の中において考えていることに他ならない。ただし、この場合、これらのデータが重なる人たちはいるかもしれない。もちろん、それらの人はこの場合は区別できないのであるが、例えば、胸囲などの他のデータを付け加えて考えることによって対処できるので、この問題とは別の問題として考えてほしい。

ところで、**人の全体を有限の次元の空間に入れることができるだろうか。**これはなかなか難しい哲学的な問題かもしれない。

4次元空間

さて、ここで4次元空間である。4次元空間では4つの実数を用いて、基点からの位置関係を考えている。ここで集合の表記を用いると、

$$R^4 = \{(x, y, z, w) \mid x, y, z, w \text{ は実数}\}$$

と表される。点（x, y, z, w）の各 x, y, z, w は点（x, y, z, w）の座標と呼ばれる。先ほどのように各座標は基点（0, 0, 0, 0）から向きを込めてどの程度離れているのかを与えている。

ここで、やっぱり4次元区間が想像できない、という人が読者の中にいると思う。そこで、「相対性理論」と呼ばれる黄門様の印籠を用いて、4次元空間を想像してみよう。

物理をすこし知っている人は「相対性理論」という理論の名前を聞いたことがあるだろう。詳細は避けるが、実際、相対性理論では4次元空間を考える。この場合は「前後、左右、上下」の他に「時間」を新しい軸として考えて4つの数字に依って空間の位置を指定する。これにより考える空間、つまり我々の住んでいる空間を4次元空間であると考えるのである。例えば、実際に可能かどうかは別にして、この座標系を用いると、タイムマシーンに乗って未来や過去に行くことを説明することは簡単である。つまり、「未来に行く」ことは「時間軸に沿って正の方向に進む」ことであって、「過去に帰る」ことは「時間軸に沿って負の方向に進む」ことである。

例を用いてもうすこし具体的に考えてみよう。前述したように、いまあなたのいる位置は3次元空間では「北緯、東経、海抜」を用いて記述することができる。[*5] したがって、上記のように時間軸を増やして考えると、**いまあなたのいる場所は、4次元空間の座標**（北緯、東経、海抜、時間）**を用いて表すことができる。**具体的に、例えば２０１３年６月26日10時10分に大阪大学付近の海抜66メートルのところにいたとする。このとき、君のいる位置は上記の４次元空間の座標を用いると

（34度49分、35度31分、66メートル、２０１３年６月26日10時10分）

と表すことができる。なお、この座標は適当に書いたので、実際のこの座標での位置は地表ではなく、ジャンプして空中にいたり、（大学の人に怒られるが）穴を掘るなどして地中にいるかもしれないことを注意しておく。いずれにしても、このようにして、**自分のいる場所を4次元空間の中に認識することができるのである。**

4次元空間の中の3次元空間

さて、ドーナツは3次元空間、

$$R^3 = \{(x, y, z) \mid x, y, z \text{は実数}\}$$

に含まれていると考えられていた。ここで3次元空間は4次元空間の中に入っていることに注意しよう。つまり、上の3次元空間R^3は4次元空間内のw軸の座標が0である点からなる部分集合

$$\{(x, y, z, 0) \mid x, y, z \text{は実数}\}$$

と自然に同一視される。そこで、先ほど4次元空間の中にドーナツがあると考えていたが、

＊5　一般には、抽象的に空間の点を扱うので、座標に対して「北緯」や「東経」などの概念を考えない。しかし、ここでは、想像するための例を与えているだけなので、そこのところは大目に見て欲しい。

ドーナツ自身は３次元空間に収まっている（つまり、我々の住んでいるところにちゃんと存在している）ので、４つめの座標を０とおいて定義された３次元空間の中にいるとしておこう。

4　ドーナツの穴を残して食べてみる

さて、前の節までで舞台の設定は完了した。そこでここからは、**お題「穴を残してドーナツ食べること」についての一つの解答**を与えてみよう。

さて、前の節では、読者の皆さんに４次元空間のなかに住んでいると想像して欲しい、とお願いしていたと思う。そこで、４次元空間の中にドーナツがあると考えよう。そして、読者の皆さんも含めて、私たちはいまとてもお腹が減っているので、ドーナツを食べようと思っているとしよう。

ドーナツの穴再考：ドーナツの穴の定義と問題の言い換え

ここで、皆さんがドーナツの穴をどのように認識するかを再び考えてみよう。前に述べたようにドーナツの穴とは図3－1での矢印の先にある部分であると考えるのは誰も否定しないだろう。この場合、我々はドーナツの穴を「視覚的」にとらえている。しかし、**我々が穴をきちんと認識するためには、図3－5のように穴に指を通して輪を作って、**（知恵の輪のように）**指とドーナツを外すことができないことをちゃんと認識する必要があるはずである。**

ここまでの準備の下で、数学、つまり論理を展開するために、「ドーナツの穴」をここで定義することにする。さて定義である。ここでは**「ドーナツの穴」とは「図3－5のようにドーナツと指を離れないようにする仕草」**と定義することとしよう。[*6] この定義のポイ

＊6　数学的にはこれは定義とは言えないほど曖昧である。例えば、「離れない」など無定義語もある。したがって、このようなことを定義として学会（数学会）で発表したら突っ込み満載であるか、それとも無視されるかのいずれかになるであろう。しかし、ここは読み物であることと、数学会でドーナツの穴について議論することもあまり無いと思われるので、あまり厳密ではなく、このような考え方もある、という程度に考えていただければと思う。

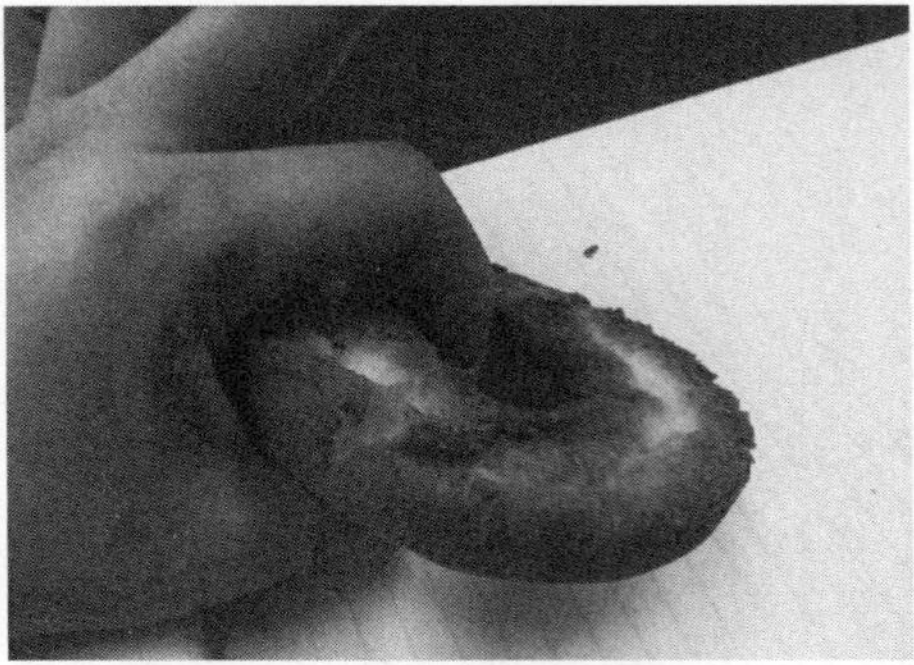

図3-5　「ドーナツの穴」の定義

ントは、ドーナツの穴は、万人が視覚的に一斉に認識するのではなく、各人、例えばあなたの友人が(図3-1の意味での)ドーナツの穴に指を通すことによって認識することにより定義されるとするのである。ただし、ここで与える定義はこの章のみの定義であって、この本の他の章はいうまでもなく、一般社会では全く通用しないことをあらかじめ注意しておく。

この定義の下でお題は次のように書き換えられる。

各人が認識するドーナツの穴を残して食べること

つまり、お題はより具体的に、

あなたの友人がドーナツの穴を認識したまま、あなたはドーナツを食べることが出来るか

と言い換えることができる。

図3-6　指の代わりに輪で考える

4次元空間での設定の復習

我々はいま4次元空間の中にいる。2次元空間から3次元空間へ広げたときに行動範囲が広がったように、3次元空間から4次元空間に広げると、行動に自由度が増えることに注意しよう。

先ほど図3－5のように、指を（図3－1の意味での）ドーナツの穴に通して穴を認識することを考えたが、それはちょっとわかりにくいので、図3－6のように、輪をあなたの友人の指の代わりに考えてみる。

現在の設定では、我々は4次元空間に住んでいる。しかし、ドーナツと輪（友人の指）は明らかに3次元空間の中に住むことができるから、4次元空間の中の3次元空間に含まれているとしても良いだろう。ただし、あなたの友人は常人なので、この3次元空間の中に住んでいるが、4次元空間を理解できないとしておく。

$$\{(x, y, z, 0) \mid x, y, z \text{は実数}\}$$

実際に食べてみる

先ほど予告したように、**お題にある「あなたの友人がドーナツの穴を認識したまま、あなたがドーナツを食べること」ができるかどうかを試してみよう。**

まず。今の状況では、ドーナツと輪（友人の指）は4次元空間内の、4番目の座標であるw軸の座標が0である点からなる部分集合の中に含まれている。そこで、あなたは4次元の世界に住んでいるのだから、図3－7のように、ドーナツをw軸の座標を1に持って

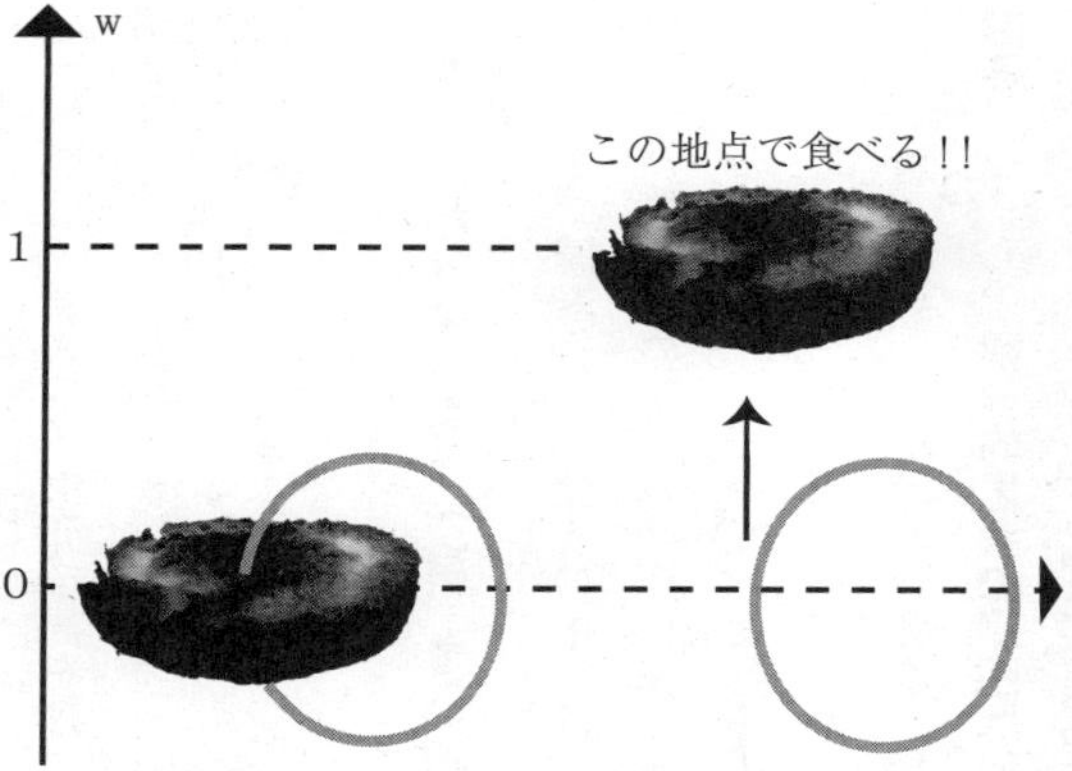

図3–7　4次元空間でドーナツを食べる

行くことができる。[*7] この際、2次元の中に書いた円の内部から3次元空間の中では外側に抜けることができたように、この状況では、この操作によりドーナツは輪（友人の指）には触れずにw軸の座標を1に持って行くことができる。座標を1に持って行ってからドーナツを食べると、輪（友人の指）には触れずに食べることができたことになる。食べた後に、あなたがw軸の座標が0の位置に戻って友人に食べたことを伝えると、友人はビックリするだろう。つまり、**あなたが食べたことを伝えるまで、友人はドーナツの穴を認識していたのである。**したがって、友人に気づか

＊7　本章のあとに、ショセキカ学生による4次元についての解説を掲載している。

れずにドーナツを食べること、つまり、あなたは「友人がドーナツの穴を認識したまま、ドーナツを食べること」が成功したことになる。

実際には、友人は4次元空間を理解していないので、ドーナツの軸の座標が0と違った瞬間に、友人の目の前からドーナツは消えているのである。いずれにしても友人の指には触っていない。

5　おわりに：もう一度、言い訳にかえて

ここまで読み終えた読者の中には呆気にとられている人もいると思う。それよりも本当にこれが答えなのか、と疑問に思う人もいるだろう。4次元空間を出すのだったら何でもありの世界だ、インチキだ、と怒る人もいるだろう。

正直に言おう。屁理屈がすぎたかもしれない。しかし、**ただ、このような考え方もある**ことを知って欲しかったのである。最初に書いたように**数学において論理的思考は自由である**。つまり、**論理的思考の範囲は何でもありの世界である**。ここに書いた行為は、常人にはできないかもしれない。そして実際に行動しようとすると様々な制限がある。しかし、

少なくとも、論理的には嘘は書いていないと思う。

前向きな気持ちで読んでくれていたSF好きの親切な読者の中には「友人が気づかないように食べるだけなら、時間を止めて食べればいいじゃないか」と言う人もいるだろう。全くその通りである。つまり、今回の話のw軸を時間軸に換えるとそのようなことを思考実験することができる。

また、私は曲面に関連した研究にしているからだと思うが、ドーナツと言われればトーラスと呼ばれるドーナツの表面もすぐに思い浮かべてしまう。例えば、今回のお題の別の解答として、トーラス（ドーナツの表面）を残したまま中身を食べることによって「穴を残す」ことも考えられるだろう。実際、4次元空間を通れば、チョコレートでコーティングされているドーナツのチョコレートに触れること無く内側のドーナツのたどりつくことができるので、チョコレートに触れずにドーナツの中身を食べることが（論理的に）可能である。もっとわかりやすく言えば、4次元空間を通ることにより、シュークリームの表面のシューに触れずに中のクリームだけを食べることができる。それと同じことがチョコレートでコーティングされたドーナツでも可能であるということである。

なお、この章での話では、**低次元トポロジーと呼ばれる分野の話題**「絡んだ2つの輪は4次元空間では必ず外すことができる」による論理的トリックを用いていることを注意しておこう。興味のある読者は「**低次元トポロジー**」や「**結び目理論**」などをキーワードにして調べてほしい。

いずれにしても、いろいろな考え方があるということである。人に気づかれずにドーナツを食べるために4次元空間に行ってみようと考える人はあまりいないだろう。一方で、**数学の研究では、4次元空間は非常に身近にあるものであり、そんなにもったいぶるものでもないのである。**まぁ、手元にドーナツとコーヒー（に限らず好きな飲み物）でも用意して、リラックスしながら、このようなことを考える人もいるのだな、と思って（呆れて）いただければ幸いである。

キーワード
トポロジー：いわゆる「柔らかい幾何学」と呼ばれていて、三角形と四角形を同じと見る幾何学の一分野である。物体（空間）の中での（カウボーイが投げるような）投げ輪が必ず自分に戻すことが出来るか、絡んだ輪ゴムをどのようにしてほどくか、まずほどけるのか、などを考える分野である。例えば数学好きの読者は（既に解かれたが）「ポアンカレ予想」などという問題は聞いたことがあるだろう。ポアンカレ予想はトポロジーの一問題（解かれたので一定理）である。柔らかい幾何学というと、やさしそうに聞こえるが、もちろん数学だから厳密に考えることは難しいこともある。

ブックガイド

今回の話題は、数学では特にトポロジーと呼ばれる分野の話である。

この方面の本はたくさんあるが、参考文献としては、例えば、川久保勝夫『**トポロジーの発想―○と△を同じと見ると何が見えるか**』（講談社ブルーバックス、1995年）、松本幸夫『**4次元のトポロジー**』（日本評論社、2009年）などは良いと思う。ここで話したことは上記の本を見るとだいたいわかると思う。もしそれでもわからなければ、『**数学辞典（第4版）**』（岩波書店、2007年）などを見てそこから調べることができる。

解説　～次元の壁を超えてみる～

伊田　拓浪
（ショセキカ／大阪大学理学部4年生）

読者の皆さん、トポロジーを使った論理的トリックは如何だったでしょうか。数学に親しみのある読者さんなら「あぁ、やはり数学は面白いなぁ」とつい言い漏らすこともあるかと思います。逆に、頭を抱え精神的不健康に陥る読者さんもいるはず。実はショセキカメンバーの中にもあまりに難解で何度かショートしてしまった人がいます。それはそれで真っ当な学問への姿勢というものではありますが、悩み過ぎるのも不健康ですし、解説を入れることにしました。ですので、ここは今一度肩の力を抜いて、2杯目のコーヒーでも煎れながら解説を読み、巡り巡った思考を少しでも解いていただければと思います。

1．次元とはなにか

本文中にも**「次元」**という言葉が出てきましたが、そもそも次元とは何者なのでしょう。日常語ではありますが、いまいち摑みきれていないのではないでしょうか。まずは次元の意味から順に解いていきましょう。

次元。誤解を恐れずに端的に申せば**「位置or空間中の点を記述するために必要な要素の数」**となります。ある部屋の中に蜂が飛んでいたとしましょう。「きゃー！蜂が飛んでいるわ!!」とびっくりすることと思います。しかし、家には「蜂取りマシン」という未来の機械があり、あなたはそれを用いて蜂の駆除を企てます。人間ならば蜂の場所を目で見て確認し、捉えることもできましょうが、マシンには目がありません。ではマシンはどのようにして蜂の場所を捉えることができるのでしょうか。少し考えてみれば分かることとは思いますが、蜂の場所を（右に○m、前に△m、上に□m）という風に指定をしてあげれば、マシンは蜂を捕らえることができる訳です。ここで重要なのは場所を指定するために3つの独立な位置情報を与えたということです。この「3」という数字が次元に相当します。つまり、蜂の次元は3なので、3つの独立な位置情報を与えると位置を確定できる。

ということです。ちなみに、今はmという単位を使いましたがこれは別に㎝だろうが㎞だろうが私たちの知らない単位であっても、定義できるものであれば何でも構いません。

では思考実験を1つ。この状態でマシンに2つの独立な情報のみを与えた場合、どうなるでしょうか。

例えば、（右に○m、前に△m）という情報だけを与えたとき、マシンは蜂を捕らえることができません。上下方向の位置が定まっていないからです。蜂目線では、上下に逃げ道があるということになります。くどいようですが、もう一度整理して書くと

『次元の数だけの位置情報があれば確定できる。次元よりも少ない情報しか与えられない時は確定できない』

というわけです。

2. ドーナツに戻る

さて、ドーナツの例に戻りましょう。ドーナツの穴の場所を確定するには上記の蜂と同様に3つの独立な位置情報が必要になります。本文ではその穴の存在を「指で作った輪が離れないこと」という条件で位置を確定させましたね。**「指で作った輪は次元として3を持つ存在なので、それによって捉えられる穴も次元として高々3を持つ存在であろう」というロジック**です。

ここからが難しい。もし、ドーナツの穴が本質的には次元4を持つ存在（超ドーナツとでもしよう）であったならばどうでしょう。この場合、すこし回りくどく書けば「私たちが認識しているドーナツの穴の次元は3である。だから次元3の指で捉えれば穴を確定できると思っていた。しかし、ドーナツにはもう1つの次元があるので実は確定できていなかった」ということです。**超ドーナツ目線では指によって3つの道は塞がれたが、もう1つの逃げ道（本文中のw軸に相当）があるのでそちらへ逃げた。**という至極真っ当な行動を起こせる訳です。ちょうど、蜂が上下方向への逃げ道を持ったように。指主目線では指が離れない限り穴を認識し続けるので、超ドーナツがw軸方向に逃げたとしても穴は存在することになり、まさしく穴を残して（認識し続けて）食べることができたと言えるでしょう。

以上が本文中で述べられた次元と空間の概念です。何度も述べられたように、あくまで数学なので論理的欠陥がなければ何でもアリ。屁理屈を積み重ねてもそれが理屈であるならば良しの世界なのですから。

3．イメージが…

ここまで読めたならば次元の概念を何となく摑めたと思います。と、同時に「でもやっぱり納得いかない」という人もいるはずです。**具体的に4つ目の次元は何か**、という問いが頭から離れないのでしょう。この問いに答えるためにイメージを作る訳ですが、ここから先は数学ではなく（まぁ、さっきまでも厳密な数学ではないが）理解補助のためのイメージの話ですので、これが数学的に意味を持つか、物理学的にどのような現象を指すのかという話とは一線を画しますのでご注意を。

低い次元から順に考えてみましょう。

1次元の世界から2次元の世界へ拡張する。図1のように1次元的に束縛された点は2次元へと世界を拡張することにより逃げ道を得ることができます。増えた次元方向（y軸）に+1移動し、そこから元々持っていた次元方向（x軸）に移動し、増やした分だけ戻せば（y軸方向に−1移動すれば）、障害から見ればあたかも自分を通り抜けたような錯覚を受けます。

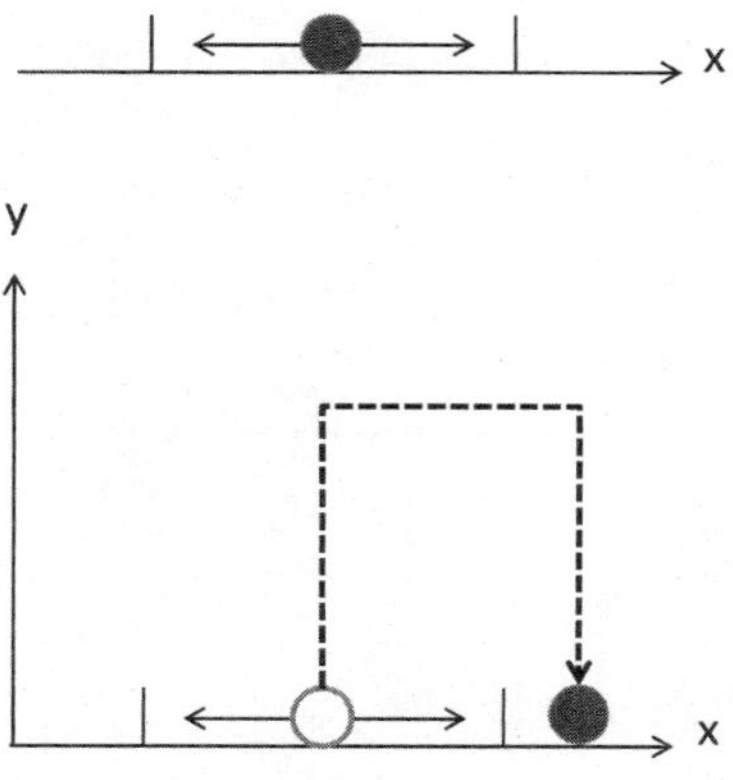

図1　1次元（1D）→2次元（2D）

2次元から3次元も同様ですね。本文では馬と柵の例で書かれていましたが、2つの方向に束縛を受けた点が逃げ道を得るには増えた次元方向（z軸）に+1移動し、そこから元々持っていた次元方向（x、y軸）に移動し、増やした分だけ戻せば（z軸方向に−1

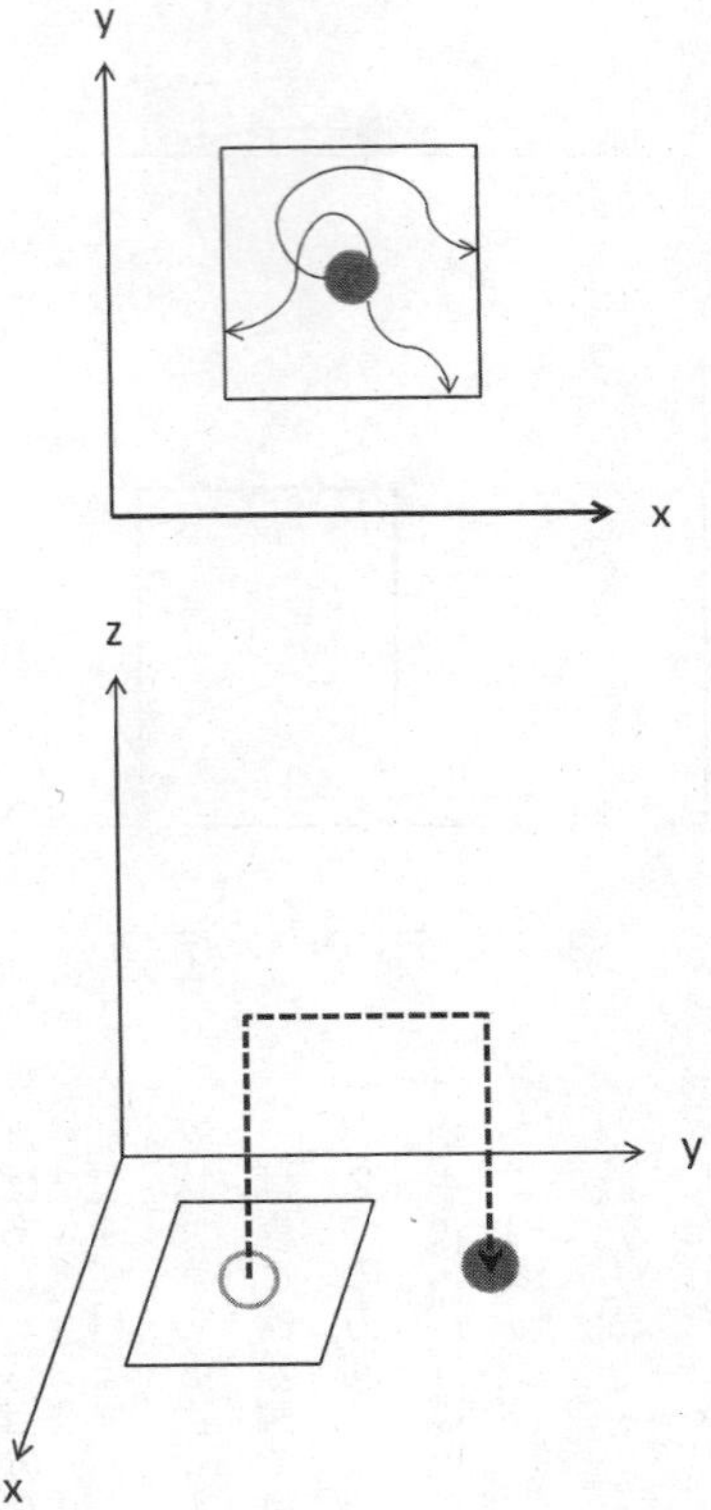

図2　2次元（2D）→3次元（3D）

移動すれば）、障害から見ればあたかも自分を通り抜けたような錯覚を受けます。（図2参照）

ここで少しいたずらを。今、（x、y）の平面から（x、y、z）の立体へと拡張しましたが、平面を直線と見なせる視点が存在しますよね。この視点から見ると、まるで1次元から2次元へと逃げた状況と同じような構図が見られるはずです。このように本来の次元を、より低い次元と同様に見なすことを便宜上「畳み込み」と呼びましょう。

さて、問題の3次元から4次元の話。

（x、y、z）が束縛された点は4次元へと世界を拡張することにより逃げ道を得ることができます。その次元方向をw軸としましょう。今までの話の流れからw軸方向への移動ができるドーナツは想像するに難くないとは思いますが、これを図で捉えるのは非常に難しい。そのために先ほどの「畳み込み」を用います。（x、y、z）をまず平面に畳み込む（影のような物を想像してもらえればよいかと思います）、続いて線に畳み込むことでw軸の方向が見えてくるのではないでしょうか。（図3参照）

例えば、髪を一本引き抜いてよく見てみれば断面（2次元的広がり）があることが認識できます。髪には長さがあるので全体として3次元の存在であることが認識できます。断面をよく見たまま、少しずつ髪を遠ざけてみましょう。するとある時点で断面を認識できなくなり、「立体」だった髪が「線」に見えてくるのではないでしょうか。これがまさしく畳み込みです。畳み込まれた髪は**本質的には3次元の存在なのですが、認識上、つまり人の見る現象としては1次元の存在になってしまった**ことになります。こうすれば模式図

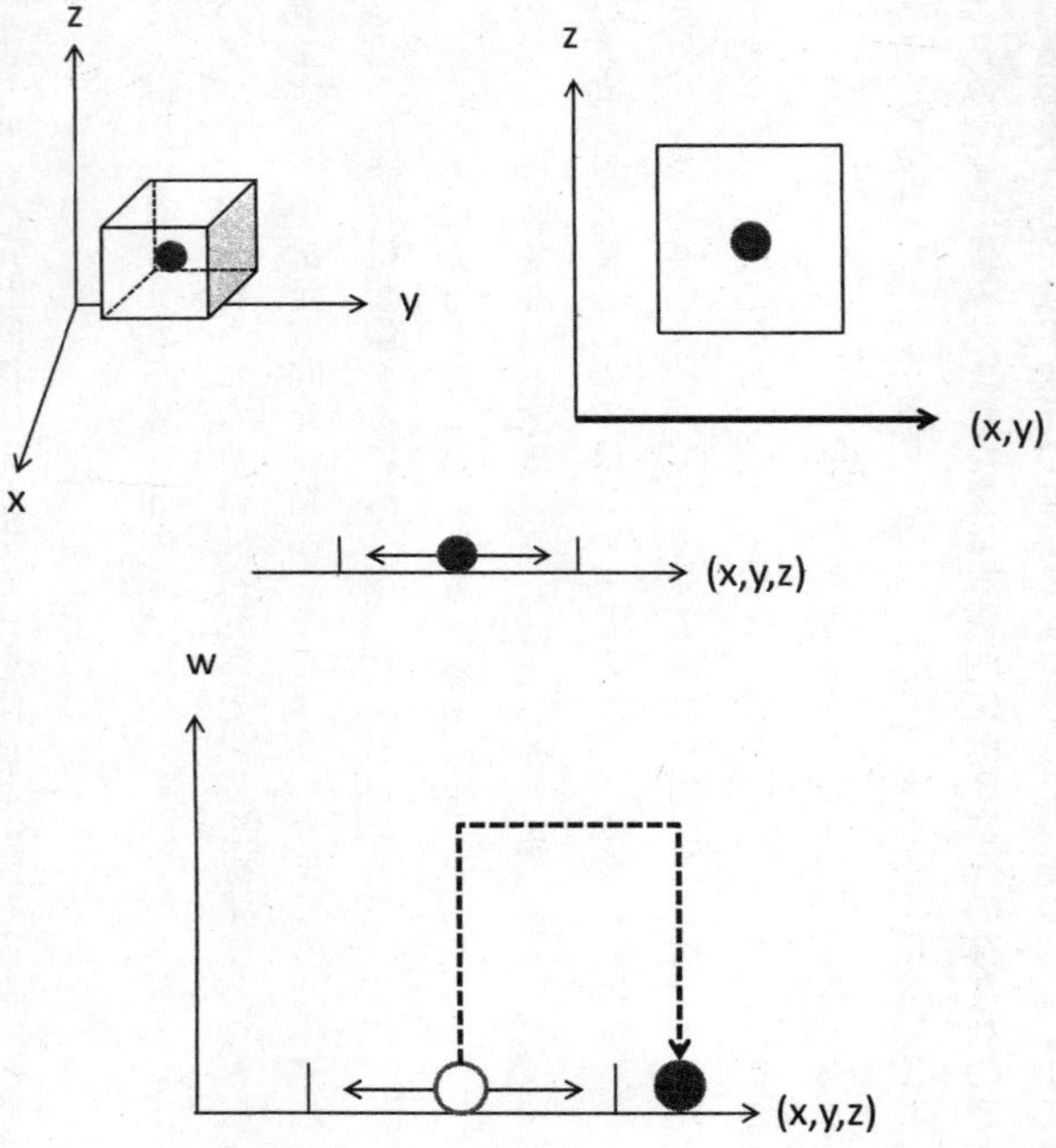

図3　3次元（3D）→4次元（4D）

のように3次元を1次元に畳み込み、新たにw軸を加えることによって先例と同様に逃げ出すことが可能になります。本文に即して言えば、指目線ではドーナツの残像を捉えていたような気分になり、気が付いたときには食べられていた！ということになります。一瞬でも残像を本物と認識していたわけですから、命題上では確かにドーナツの穴を残して食べたことになりますね。

ここから先はもう言うまでもないですね。**超ドーナツを捉えることができる4次元指があったとしても超ドーナツは超々ドーナツの本性を現し、5つ目の次元へ逃げ出し…**といくらでも話を盛ることが可能になります。

世界のドーナツコラム VOl.3 アラブ

大陸を超えてアラブ世界をつなぐ、魅惑のお菓子

　魅惑の地、アラブ。「中東」、「アラブ」と呼ばれるのはイラクやサウジアラビアからアフリカ北岸のモロッコまで、広範囲にわたる地域です。方言の違いこそあるものの、アラブではアラビア語が話され、暮らしている人の多くがムスリム（イスラーム教徒）です。イスラーム発祥の地はサウジアラビアの聖地メッカなのです。

　イスラーム教徒の五つの義務のうちの一つ「断食」にまつわるお菓子があります。断食とは一年のうち定められたおよそ一ヶ月間、日中のみ食事を断つ行為であり、これを行う月を『ラマダーン月』と呼びます。日没後最初にとる食事（イフタール）のときにデザートとしてよく食べられるのが**「カターイフ」**。ナッツ類やチーズ、クリームなどを小麦粉の生地に包んで揚げ、甘いシロップをかけて食べます。非常に甘いお菓子です。

　カターイフ同様、アラブにはとても甘いお菓子が他にもあります。リビアからモロッコにかけてのアフリカ北岸地域でよく食べられている**「スフェンズ」**。こちらはラマダーンに関係なく年中食べられます。「スポンジ」という言葉に由来し、小麦粉の生地を油で揚げたお菓子です。

　パレスチナ地域やアラビア半島では米、北アフリカは小麦が主食となりアラブの中でも多少食文化の違いはありますが、共通するのは濃い

味付けであるようです。カターイフもスフェンズもとにかく甘い。思い起こしてみれば、アラブ地域でよく栽培されている「なつめやし」はものすごく甘い作物です。こういったお菓子は甘すぎて日本人の口には合わない場合もあるようです。そのような場合は数日置いておくと甘さが落ちるのだとか……。また、甘いお菓子は庶民の味で、もともとは宮廷向けの高級なお菓子は控えめな味付けなのだそうです。

クウェートのお菓子

アラブ地域にはムスリム以外にもキリスト教徒やユダヤ教徒も居住しています。ユダヤ人国家であるイスラエルで食べられているお菓子**「スフガニヤ」**はスフェンズと似たお菓子です。スフガニヤはかつてユダヤ人がセレウコス朝シリアからの独立を勝ち取ったマカベアの反乱を祝う祭り**「ハヌカ」**の際に食べられます。ハヌカは12月の祭りで、ちょうどクリスマスの時期と重なります。

アラブとイスラエルの間にまだまだ確執があるのは事実ですが、もともと両者はパレスチナに平和的に共存していました。**アラブとユダヤという視点から見ると、両者は長い時間をかけて知らず知らずのうちに文化を共有しています。**スフェンズとスフガニヤはそのことを表すのかもしれません。

インタビュイー：依田　純和　先生

執筆：保道　晴奈

世界のドーナツコラム VOl.4 イタリア

イタリアに春の訪れを告げる、ゼッポラ

日本人の誰もが一度は行ってみたいと思う国、イタリア。そのイタリア南部に位置するナポリにドーナツに似たお菓子がありました。**ゼッポラ (zeppola)** といって、小麦粉ベースのシンプルな生地を穴のある円の形（まさにドーナツ！）にして揚げたお菓子です。ナポリでは、穴の部分にはカスタードクリームをたっぷり入れ、その上にサクランボのシロップ漬けをのせて食べます。

南イタリアでは「聖ヨゼフのゼッポラ」といって、**カトリックの聖人の日**に食べるお菓子として愛されています。聖ヨゼフは聖母マリアの夫とされる人物であり、イエスキリストの父親に当たります。南イタリアの人々は聖ヨゼフの日を「父の日」とし、父の日を祝ってゼッポラを食べています。また聖ヨゼフの日は3月19日、ちょうど春を迎える時期です。ゼッポラは春が来たことを喜び祝うために作られるようになりました。日頃質素な食事をしている農民が、普段あまり食べることのできない小麦粉と砂糖とラードを大量に使ったお菓子を食べる機会となっています。

同じ南イタリアでも、サルデーニャ島のゼッポラは聖ヨゼフの日ではなく、**カーニバル**の時期に食べられます。形もドーナツ状ではなく、とぐろを巻いたような細長いもので、棒状の生

地を油の中でくるくると巻きながら揚げるとこのような形になります。カーニバルはキリスト教の復活祭の前に慎んで過ごす期間（四旬節）を迎える前に行われる行事で、ちょうど冬から春への移行期にあたります。聖ヨゼフの日と似ていませんか。

ゼッポラ

聖ヨゼフの日もカーニバルもキリスト教と結びついた行事ですが、イタリアの人々にとって生活に結びついた身近な存在であることが神聖さよりも大きいのでしょう。だからこそ、ゼッポラというおいしいお菓子でお祝いするようになったのではないでしょうか。

19世紀に入ると、ナポリの路地で揚げ菓子売りが始まり、ゼッポラがより広まりました。ゼッポラのお店もでき、現在まで愛されています。最近は健康志向でカロリーを控えるためにラードではなくサラダ油でゼッポラを揚げるようになっているようです。

ナポリのゼッポラとサルデーニャのゼッポラ、形も食べる時期も違います。それは地域ごとに発展し国家としての統一も比較的遅かったイタリアならではかもしれません。イタリアの人々は**住んでいる地域に愛着を抱き、それぞれの文化を大事にしています**。ですが、皆が共通して持っているのは、**春の訪れを喜ぶ気持ち**なのです。

インタビュイー：井本 恭子 先生
執筆：保道 晴奈

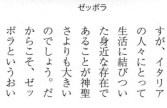

第4章

ドーナツの穴の周りを巡る永遠の旅人
――精神医学的人間論

井上　洋一（いのうえ　よういち）

大阪大学名誉教授、医学博士
1973年大阪大学医学部卒業、1983年大阪大学医学部精神医学教室講師、1999年大阪大学保健センター教授・学生相談室長

【専門分野】　精神病理学、青年期精神医学

精神障害に現れる様々な病的精神活動（精神症状）の意味について研究する学問。発症の要因、発症に至る力動、症状の発展などについて検討し、精神障害の意味を解明し理解する。その理解に基づいた治療（精神療法）を実践して研究の成果を臨床にフィードバックし、精神障害の治療に貢献することをめざしている。文学、司法精神医学、病跡学、哲学、文化人類学など他の学問領域との交流がある。青年期精神医学は発達論的視点に基づいて、青年期の精神障害を解明し、精神療法を通して治療と青年の精神的成熟を目指す学問。

1　不思議なこと

世の中には不思議なことは星の数ほどあるが、最も大きな謎は何かと問われたら、あなたは何とこたえるだろうか。第一の謎はなんといっても宇宙の始まりではないだろうか。太古の昔から人間は夜空を見上げては、果てしない宇宙の広がりに思いを巡らせてきた。宇宙とはなにか、その答えはまだ私たちには与えられていない。

無から宇宙が生まれたのか、ビッグバン以前はどういう状態だったのか、時間とは何か、宇宙の果てとは、物質とは何か。時間や空間について考えていくと、これらの問い自体が神秘的なものに思えてくる。将来、数学的な答えが出たとしても、それは私たちの理解を超えていて、イメージではつかみきれないものなのかもしれない。

宇宙が生まれ、やがて地球の上に生命が誕生した。生物は進化し人間が生まれた。宇宙から生まれた人間は、宇宙と同じ材料（素粒子）からできている。「人間の存在」は「宇宙の存在」を前提にしている。人間が見上げる夜空は母なる宇宙なのである。宇宙の誕生から人類の登場に至るまでに素粒子がたどった道は無限と思えるほど遠い。

生命は大変複雑な秩序を持っている。有機物が自然に合成され、単純で未熟な生物から複雑な構造をもつ人間へと発展していった壮大な物語が「進化」である。進化が最終的にどこを目指しているのかは誰にもわからない。でも、**休むことのない進化の現在の最高到達地点にいるのが人間であり、中でも突出しているのが高度な精神機能である。**

すべての物事は自然のままにしておくと「秩序ある状態」から「無秩序な状態」に移行してゆく（エントロピー増大の法則）はずである。ところが無生物の宇宙の中から自らの秩序を守り発展させる生命が誕生した。そして高度に組織化された身体と心をもつ人間にまで進化したのである。**生命の誕生と進化は宇宙の誕生と同じくらい大きな謎である。**

宇宙空間で繰り返される星の生成・消滅と、地球上で繰り返される生命の誕生・死滅はどちらも共通の力学によって説明できる物理現象なのだろうか。宇宙を生み出した力学が人間の精神機能をも生み出したのだろうか。

2　人間の心の謎、共鳴と共有

私たちは脳の進化のお陰で文明生活を楽しんでいる。高度な文明社会も、快適な生活も人間の理性が生み出したものである。私たち人間は理性の力に頼って地球上で繁栄を謳歌している。

人間の精神機能の不思議さは理性をもちながら、一方では非理性的な心を宿していることである。私たちは些細なことで感情を害したり、妬みや恨みで苦しんだりする。誰もが自分の気持ちのどうにもならなさを嘆いた経験を持っている。文明が進んでも、世界に戦争が絶えることはない。

私たちの頭脳は理性を発揮しながらも、矛盾を生み出す非理性的機能（心）を抱えている。しかもこの「非理性」は「理性」を容易に圧倒することができるのである。生物の進化の結果、生存のために最も有利な武器として人間が獲得したのが「理性」である。心は理性を獲得した人間にとっては邪魔な「お荷物」なのかもしれない。理性と心のどちらが人間にとってより大切なものなのだろうか。

人間の頭脳はコンピューターを作り出し、脳機能の一部をコンピューターによって代用することが可能になってきた。コンピューターがプロの棋士と将棋を指して勝つことさえある。論理的思考はもはや人間の専売特許ではなくなった。とは言っても、コンピューターがいくら発達しても、人間を機械で置き換えることができるとは誰も思わないだろう。私たちの精神活動の非理性的な部分が、人間の人間らしさを生み出しているのだ。

手塚治氏の漫画の主人公「鉄腕アトム」は悪と戦うロボットとして描かれ、子どもに絶大な人気を博した。正義を求め、悪を憎むアトムは、人間の心を持ったロボットだった。でもアトムはいまだ作られていない。外見や動作が人間にそっくりのロボットを作ることはできても、人の心を持つロボットはどこにもいない。

人の心は、目の前の相手の心に瞬時に共鳴することができる。人の心に接したとき、自分の心は必ず反応する。心は頭で考える前に反応する。ロボットが人の表情の変化を読むことができるだろうか。口調の変化から気持ちの動きを察することができるだろうか。ロボットの反応はプログラムとして組み込まれていて、飛躍や新しい発想は生み出せない。人間同士のコミュニケーションにおいては、言外の意味、表情の変化、そして言葉と言葉の「間」などが大きな意味をもっている。ロボットは微妙な表情や口調の変化をつくり出すことができないし読み取ることもできない。

万物の動きを説明することができる物理学でさえ、説明することができないのが心の動きである。物理学が宇宙の謎を解いたとしても、心の謎は残るだろう。

人の心から心へ伝わるのは「エネルギー」ではなく、「意味」である。バイオリンの胴が絃の振動に共鳴するように、心と心は互いに共鳴する。人間は一人一人が相手の心の振動に共鳴して振動する心をもっている。**人のコミュニケーションは言葉だけでなく、その時の互いの気持ちや互いの身体感覚までも伝え合っている。**心は自分独りで勝手に動いているだけでは満足できず、他の心との共鳴（ふれあい）を欲している。私たちが空間を越えて同じ体験を共有したり、互いに心を通わせたりすることができるのは、相手の感情を感じたいという欲求に突き動かされているからである。心は他の心と共鳴し合おうとする性質を本来的に備えているのである。

3　無限とドーナツの穴

標本のように人の心をピンで留めておくことはできない。心は捕まえたと思った瞬間に手の指の間をすりぬけて逃げてゆく。常に形を変えて動き続ける。人間の心は何を求めて動いているのだろう。楽しさだろうか。優しさだろうか。栄光だろうか。それとも平穏だろうか。**人間の心が求めているもの、それはドーナツの穴のようなものかもしれない。**

ドーナツを上から見ると中央に穴のあいた円である。想像力を働かせて巨大なドーナツを思い描いてみよう。私たちは一団となってドーナツの上を歩いていると考えてみよう。

どこまで歩いても道は続いている。歩いても歩いても目の前に道は続いている。カウボーイが西部の荒野を行くように、はるか遠くまで伸びている道を、前へ前へと進んで行く。目的地から遠く隔てられていて、ひたすら歩き続ける私たち一人一人は小さな存在である。ドーナツのかなたに夕陽が沈み、ドーナツの地平から朝陽が昇ってくる。私たちはドーナツの上で生まれ、毎日歩き続け、そしていつかドーナツの上で命を終える。私たちは限界ある者として生きている。私たちは無限に続く時間の一部を切り取った有限の存在として世界の中にいる。ドーナツ上の道は無限に続いている。

ドーナツの上の道にはなぜ終わりがないのか。**ドーナツが持っている無限性の根拠はドーナツの穴にある。**もしもドーナツの穴が塞がれたならば、ドーナツは限界ある存在となり、ドーナツの上を歩いて行くと、いずれ反対の端に行き着いて道は終わる。

穴のないドーナツはもはやドーナツではなく、小さく身を縮めて自己の境界を守ろうとする揚げパンに過ぎない。しかし中央に穴が開くと、揚げパンは一転して無限性を秘めたドーナツへと変化するのである。ドーナツの穴それ自体は空であって何者でもないが、穴のお陰でドーナツは終わりのない道を獲得し、その上を歩く者に終わりのない道を提供することができる。ドーナツの穴は空でありながら無限を創りだしている。

終わりの分からない道を歩き続けている私たちは、果てのない旅に疲れて空しさを感じることがある。でも間違いなく私たちは未来に向かって歩きつづけている。終わりのない道は、私たちの前に未知の可能性を開いてくれる。私たちは未来に向かって気持ちを奮い起し、前進し続けることができる。

ドーナツを手にしたあなたが空腹になり、ドーナツを一口かじったとしよう。ドーナツの穴は外部とつながり、穴は消え去る。ドーナツは円ではなく、一定の長さを持った断片と化す。ドーナツ上に果てしなく続いていた道は消えてしまう。欠けたドーナツの上を歩く旅人には旅の終わりが来る。終着点に到着して旅は終わり、道が有限であることを知った私たちの精神が未来に向かって羽ばたくことはない。ドーナツの穴が消えることは、空しい旅に終わりをもたらす「福音」なのかもしれない。あるいは、私たちを有限の世界に閉じ込める「罠」なのかもしれない。

無限に続く道を歩き続けているとき、私たちは最後にどこにたどり着くのかを知らないし、最後に何を手に入れるのかも分からない。でも歩き続けている限り、私たちは未来へ向かって進んでいることを実感し、可能性の中に生きることができる。**有限の世界の中に開いた穴、それが可能性である。私たちはその穴から無限を垣間見ていたいのだろう。**

4 有限を超えて生きる

日常生活は、同じことの繰り返しである。同じ時刻に起床し、1日に3度食事をする。同じ仕事をして時間が過ぎていく。そこで求められるのは忍耐、そして我慢である。自分の中のエネルギーを一定の鋳型に流し込んでゆく作業が私たちの生活である。私たちは毎朝、社会の中の人間として生まれる努力を続けている。自分の中にある野生の力をそのまま放出することは、人間社会においては破滅への一歩を踏み出す危険をもたらす。私たちは生きるために人間社会の人間になる。人間として生きることの難しさは、私たちが100％の人間にはなれないということであろう。私たちの限界を定めている人間社会の約束事に100％従い、100％の優等生になろうとすることは、まるでプログラムに制御されて動くロボットになることではないだろうか。100％の人間とは人間の姿かたちをした操り人形のことである。私たちは人間社会に生きていながら、どこか少し人間社会をはみ出している。有限の社会からはみ出している部分を持っている。私たちの中にある自然、つまり理性が誕生する前から備わっている衝動や欲求、それらは社会の枠組みとは無関係に存在し、理屈を越えて自己主張する。

未知のものがない世界、すべてが理屈で説明できる世界は私たちを窒息させてしまう。**有限の人間でいることに窒息しないように、私たちはつねに現在を乗り越えようとしつづけ、自由を確保し可能性を心の底に抱き続けている。**大きな夢を持ったり、宝くじを買ったり、子どもに夢を託したり、芸術に浸って日常を忘れたり、私たちは現実から離れる一瞬を必要としている。[*1] 現状を打破するために、約束事を越えてしまう（犯罪）人もいる。宗教は有限の世界から無限の世界への橋渡しをしてくれる。私たち人間が有限の人間社会を生き抜くことができるのは、有限の世界にあってもときどき無限に触れることができるからなのだろう。

風が吹き渡る草原にいるとき、私たちは有限の生から抜け出している。風にそよぐ一本一本の草の動きは決して予見することができない。無数の草の動きは未知と自由を表現している。草原の中で風に吹かれながら、私たちは無限と触れ合い、有限な自分から解き放たれている。有限の生の中で、自由と可能性が私たちに安らぎを与えてくれるのである。

言葉と理性を得た人間は、知識をもって地球上の他の生物を圧倒し、生き延びてきた。しかし人間を動かしてきた根源にある力は知識そのものではなく、有限を突き破ろうとする衝動ではなかっただろうか。**現状を超えて未知へ向かう情熱がつねに人間を後押しして**

きたのではないだろうか。

5　本当の動機

「あなたを動かしているのは何ですか」と聞かれたらどのように答えることができるだろう。理性だろうか。生理的欲求だろうか。我々を突き動かす衝動、我々の本当の動機を何と呼べばいいのか。それを生存本能と呼ぶことはできる。でもそれだけだろうか。心を獲得した人間には人間固有の衝動、つまり人間の心を動かす力があるはずである。

私たちの心は意味のある土台の上に成り立っているはずである。心が形成される過程で私たちは確固とした土台を手に入れて、その土台の上に心が形作られる。その土台は理想を指し示すものであるはずだ。なぜなら心を支えることができる程の強い意味の枠組みを与えることができるのは、最も強い意味であるはずだし、それは根源的な理想以外にはないからである。

＊1　ウィニコット，D．W．（橋本雅雄訳）『遊ぶことと現実』（現代精神分析双書 第2期第4巻）、岩崎学術出版社、1979年

心の枠組みとして生存本能や生理的欲求を挙げることはできる。たしかにそう考えることが間違いとは言えない。でも心が時に見せる非合理性や非現実性については説明することはできない。心はプライドが高い生き物であり、プライドを守るために生存本能さえも犠牲にすることがある。**心を支えているのは理想である。その理想は消えない理想であり、あらゆる現実や物質が移り変わっても最後まで残っているものである。それは、ドーナツが食べられてしまった後にも残っているドーナツの穴のようなものである。**

6　心の誕生のドラマ——祝福と断罪——

心の秘密は、心の誕生のドラマの中にある。人が生まれ心が形成されるとき、心は固有の望みをもち、その望みに向かうものとして自らを形成する。心は中立の器ではなく、人を動かす原動力なのだ。私たちの心は根源的な理想に支えられ、方向づけられていると言ってよいだろう。人の心を駆り立てる最も強い欲求は、どのような理想に向けられているのだろう。心が志向するのは未知の理想だろうか。それともすでに体験された理想なのだろうか。

未知の理想、それは自分の体験の中に根拠をもっていない理想である。その理想は他者が教えてくれたものである。未知の理想は空想したり憧れたりするしかない。つまり未知の理想は夢想と同じである。私たちを突き動かすのは夢想ではなく、もっと切実な心に固有の衝動である。それは強い渇望である。原初における欠落が生み出した渇望が私たちの心を動かしている。理想が失われて大きな欠落が生じたとき、理想への渇望が最も強い力を持って我々の心を駆り立てる。その理想は他者の欲求の借りものではなく、かつて自分が確かに所有していたものであり、あらゆることが調和の中にあった時の体験である。

完全な調和は赤ん坊の成長とともに破れ、理想からの解離が始まる。一度手にした後に失われた理想は記憶の中で何度も想起され、心の奥で輝き続ける。それは私たちの記憶の底に完璧なものとして存在している。

生まれたばかりの赤ん坊はまだ何も分かっていないし何も知らない。自分が存在しているという自覚もない。ただそこにいて、母乳を飲み、眠る。寝ては飲み、飲んでは寝る。母親の腕の中で暖かさと柔らかさに包まれてひたすら眠っていた時のことを誰も覚えていない。

空腹は激しい不快を呼び起こす。乳房を吸うと不快は去り、満足感に満たされる。赤ん坊に自己を自己として認識する力はない。世界の中に自分もいないし他者もいない。ただ穏やかさとそれを破る激しい不快が交代して現れるだけである。不快と満足の波が交互に打ち寄せる渚はあるが、まだ登場人物は姿を現してはいない。

私たちが自分の歴史を記憶し始める前に、つまり自分では何も覚えていない最も幼かった時代に心の形成が始まっている。私たちの心の奥底に横たわっている体験を自分では覚えてはいないが、その体験が私たちの心の土台を固めているのだ。

寝て、飲むことの繰り返しが続いているとき、赤ん坊は人間社会には住んでいない。話しかけても応えない。無力で神々しい生き物として赤ん坊は人間に囲まれて存在している。新生児はほとんど目をつぶっているし、たまに開いた目はサーチライトが走査するみたいに、機械的に左右に動く。目を合わせようとしても、アイコンタクトは生じない。瞳はまだうつろな隙間でしかなく、視線の背後に人格の存在を確かめることはできない。人と交流する力をもった人格は静かに発芽を待っているのだ。

赤ん坊の身体は生まれた瞬間から生きることに向かって主体的な活動を開始している。赤ん坊は決して受身ではない。ときおり、強い自己主張が表れる。大きな声で泣き、母親が駆けつける。赤ん坊の泣き声は不快感への反応であり、助けを呼ぶ信号でもある。生理的な身体反応に、母親の救助行動を惹起する社会的な意味が与えられる。赤ん坊の泣き声はコミュニケーションとして認知される。しかし赤ん坊はまだ自分が母親を呼んでいることは知らない。精神活動を担う明確な主体はまだ現れてはいない。まだ何者にもなっていない時から名前を呼ばれ、家族の一員として話しかけられる。赤ん坊は時に不思議な微笑みを浮かべて家族を惹きつける。

コミュニケーションの意味はやがて赤ん坊の知るところとなる。そして赤ん坊は社会の一員として、一人の個人として存在し始める。

馬の子どもは生まれてすぐに自分の足で立ち上がる。生まれたばかりの人間は自力では何一つできず、すべてを母親の手にゆだねている。赤ん坊は危険に対して完全に無力である。視覚も機能せず、自分で動くこともできない。生まれた後も、母親の胎内にいたときのように母親に100％依存しているのである。最低限の自立性さえも獲得せずに生まれてくる人間は、本質的に早産である。[*2] 100％依存しなければならない存在はあまりに不

＊2　アドルフ・ポルトマン（高木正孝訳）『人間はどこまで動物か―新しい人間像のために―』岩波新書、1961年

安定で危険ではないだろうか。進化の頂点に立っている人間が未熟な新生児として生まれてくることはとても興味深い。

さて自力では生きられない赤ん坊と、赤ん坊の生存に100％の責任を担っている母親との関係は、世の中にある多様な人間関係の中でもきわめて特殊なものであると言わざるを得ない。母親は24時間つきっきりで赤ん坊の世話をする。母乳を与え、オムツを替え、寝かしつけ、抱っこし、語りかける。母親から与えられる献身的な養育が赤ん坊の生存を支えている。母親と二人の世界で赤ん坊の最も初期の歴史が作られている。母親との二者関係の中で心は誕生する。この記憶にない時期こそ私たちの心の形成に決定的に重要な時期である。この時期に心のあり方の基本が定められる。

人間の心が生まれる道筋は謎につつまれていた。その謎にアプローチする明確な地図を最初に描いたのは、マーラーであった。マーラーは「乳幼児の心理的誕生」[*3]を著した。彼女は幼児と母親との交流を観察し、「分離・個体化」(separation-individuation)の概念を取り出した。母親と乳児は一心同体となって生活している。調和（共生）の時機をすごした後に、母子は「分離」していき、子どもは一個人になる（「個体化」する）。人間の発達の道筋を示したマーラーの功績は計り知れない。コフート[*4]は人の心の鍵が自己愛にあることを示した。母親の自己愛に包まれて、子どもは自己愛を獲得する。**己を愛することを知ったとき、人の心は誕生するのである。**自分の心を振り返ってみるとそのことは明らかである。いかに自分の心がいつも一つの問題に没頭しているかがわかるはずである。自分が愛されているかどうかという問題である（ここで言う自己愛とは決してネガティブな意味ではなく、すべての人を支える力の源であり、心の動機でもある。人間社会は私たち一人一人の心にある自己愛に支えられている。何故なら、自己愛がない人は、つまり自分を愛せない人は他人を愛することもできないからである。自己愛は様々に姿を変えて現れるが、すべての人間的動機の背景にある）。

母親と2人だけの世界に生きている時代に、赤ん坊の心が目覚めていく過程を振り返ってみよう。生まれたばかりの赤ん坊は、目も見えず音が聞こえても意味はわからない。手

---

*3　マーラー、M. S.、パイン、F.、バーグマン、A.（高橋雅士、織田正美、浜畑紀訳）『乳幼児の心理的誕生―母子共生と個体化―』黎明社、1981年

*4　コフート、H.（水野信義監訳・翻訳、笠原嘉監訳）『自己の分析』みすず書房、1994年

足を自由に操って移動することもできない。ただ上を向いて寝ているだけである。空腹と満腹の波が交互にやってくる。自己を自己とみなす意識も外界に向かう意識もない。一瞬のフラッシュに照らし出された映像がすぐに闇の中に消えていくように、一貫したものは何もない。知覚刺激を配置すべき外界と内部はまだ分かれていない。音を出す世界も、音を聞く自己もなく、ただ音と振動がそこにある。音と振動は世界であり自己でもある。生理的欠乏と満足が交互に押し寄せる浜辺がある。眠っているときその浜辺は消えている。繰り返しが一つの塊として把握され、記憶が次第に形成されたとき、過去と現在が生まれるのだろう。

生理的不快感、欠乏、そして満たされた快感、それらが空間的・時間的事象としての性質を帯びるようになる。やがて自己が目覚める。暗闇から光の世界の中に一歩を踏み出す。空腹や眠気から解放されたとき、世界は快感に覆われ、自己は満たされている。欠乏感と不快感に襲われたとき、自己は苦痛と絶望に占領される。泣き叫ぶ赤ん坊の声が私たちの神経に突き刺さるのは、赤ん坊が真に絶望しているからである。そしてまた満足と快楽が与えられる。苦痛に襲われたかと思うと、すべてを満たす快感に包まれる。よい世界と悪い世界が現れる。同じ感覚が繰り返し何度も何度も与えられる。記憶が働き出し、事象は時系列に並べられる。言葉を理解しないうちから赤ん坊は母親から話しかけられる。自分ではコミュニケーションをしていることを理解していなくても、赤ん坊の泣き声はコミュニケーションとして理解される。母親が言葉を投げかけ続けていると、事象と反応は象徴によって置き換えられ、意味的に整列させられる。体験の中心に普遍的な定点が定められる。自己意識の目覚めである。

そしてやがてすべての善が備わっている世界にいて満たされる者として、あるいはまたすべての善が失われている世界に苦しむ者として、自分が認識されてくる。私たちは生まれながらにして二つの異質な自分を背負っている。良い自分と悪い自分である。[*5]

すべて良い自分とすべて悪い自分、この二つのあり方を抱える者として自己は誕生する。心の誕生は「祝福」と「断罪」の中にある。人間の良い感情と悪い感情、幸福と不幸、楽しさと辛さの原型は心の誕生時に与えられていた。私たちは生まれながらに心の中にドラマを抱えている。私たちに他人の痛みがわかるのも、他人の楽しさに共感できるのも、つまり他者と心を共有できる訳は、あらゆる感情の原型を心が生まれる時に与えられている

＊5 スィーガル，H．（岩崎 徹也訳）『メラニー・クライン入門』（現代精神分析双書 第2期第1巻）、岩崎学術出版社、1977年

からである。

赤ん坊が生まれたとき、心はすでに完成しているのではなく、人間的環境の中で徐々に形成されていく。心は他の心に育てられることにより、心になるのである。

誕生後の数年間を狼の世界で暮らした子どもが、その後言語を習得したり人間社会に加わったりすることができなかったという事例がある。言葉の学習が難しいという問題もあるが、なによりも人間社会を成り立たせている「心の共感」という基本の習得が至難であったことは容易に想像できる。

ロボットに子育てを任せることができないのも同じ理由からだろう。赤ん坊に必要なのは効率的な教育ではなく、あたたかい腕に抱かれ、柔らかい胸に身体を密着させながら母乳を飲み、優しい声を聞くことである。母親と一体となって生きる赤ん坊は、母親の心に触れて、心を育てる栄養（自己愛）を母親から与えられる。その体験は何ものにも代えがたい根源的な体験として心の土台を形成する。存在することのすばらしさを教えられ、祝福された良い自分に立ち返ろうとし続けることで、我々は断罪を克服することができるのである。

7 ドーナツの穴の周囲をめぐる人たち

気持ちよさそうに眠っている赤ん坊を見ると誰もが笑顔になる。何の憂いもなく時をすごしているのが感じられて、見る側の気持ちも穏やかになる。大人は自分が至福の時をすごした当時のことを覚えていない。すべてが無条件に満たされているときには、多分自分を意識する必要さえないのだ。何も知る必要のなかった私たちは自分の限界も知らなかった。世界と自分はまだ区別されていなかった。そのとき私たちは一種の理想郷にいたのではなかっただろうか。[*6]

赤ん坊のそばにいると、なぜだか理由は分からないが、大人たちは幸せな気分を呼び起こされる。私たちの心の底に、過去の王国の記憶が潜んでいる。赤ん坊はその国から使わされた使者なのだ。私たちの心の奥に古い扉があって、その中にはすべてが満たされた赤ん坊時代の体験がひっそりと保存されている。そこはまるで古代の神殿のように、時間が止まっている。

---

*6 コフート，H．（水野信義監訳・翻訳、笠原嘉監訳）『自己の分析』みすず書房、1994年

人は母親から分離することによって、社会の中で一人前になることができる。個人の歴史は母親から次第に離れてゆく歴史でもある。幼児の最初の仕事は母親から離れる一歩を踏み出すことであった。大人になって自立することは自由を獲得することであり喜ばしいことかもしれない。しかし大人になることは、母親から離れて険しい孤独な道をひたすら歩きつづけることでもある。私たちは神話の中の悲劇の英雄のように試練に耐えながら前に進んでいく。理想郷を後にした幼児は心の底に理想を抱き続ける。シェークスピアの悲劇の主人公たちもまた理想郷の回復を試みようとした人たちである。シェークスピアのドラマが私たちの心を打つのは、そこに自分自身の姿が映し出されているからなのだろう。

　ドーナツを食べるとドーナツの穴は消えてしまったと言えるのだろうか。**ドーナツの穴はもともと空である。**かじられて消えたのは穴そのものではなく、穴を囲っていた壁である。**ドーナツの穴が消えたのではなく、周囲の壁が消えたのである。穴（空）そのものは消えないように、人の心にある理想も消えることはない。**自分が赤ん坊に戻ることは決してないが、心の中の理想郷は消えることがない。[*7]

　私たちの旅路は、実はそこから旅立った王国、後にした王国へ向かう旅路である。ドーナツの円の上を進む旅人のように、人は前進しながら後退しているのである。

レオナルド・ダ・ヴィンチは死ぬまでモナリザを手離さなかった。ミケランジェロは死の直前まで繰り返し「ピエタ」（イエスの遺骸を抱くマリアの像）を製作した。漱石は「祝福されることのない愛」を描き続けている。幼いころ、母との別離を体験した彼らの作品もまた、彼らの旅立ちの記憶に彩られているのである。

人生はいつまでたってもそこへ到達することのない理想の場所への旅である。私たち人間はドーナツの穴の周りをめぐる旅人である。

＊7　ウィニコット，D．W．（橋本雅雄訳）『遊ぶことと現実』（現代精神分析双書第2期第4巻）、岩崎学術出版社、1979年

世界のドーナツコラム VOl.5
ハンガリー

苦難の歴史を乗り越えて—リボンを巻いたごちそうドーナツ

ハンガリーは中欧の国。オーストリア、スロバキア、ルーマニアなど七つの国と接する内陸国です。首都のブダペストは観光地として有名で、美しい建築や美術館、博物館が立ち並びます。さらにハンガリーはリストやバルトークなど著名な音楽家も輩出しています。毎日のようにさまざまなコンサートが行われ、ヨーロッパの他の国と比べ比較的安価にコンサートを聴くことができるそうです。ハンガリーと聞くと共産主義の厳しい時代を思い出す方もいらっしゃるかもしれませんが、実は豊かな文化と歴史を持った国なのです。

ハンガリーでもドーナツに似たお菓子が愛されています。ハンガリーのお菓子**「ファーンク」(fánk)**はパン生地を丸い形にして油で揚げ、粉砂糖をまぶしたりあんずジャムを載せたりして食べられています。とてもかわいらしいお菓子です。表を揚げたらひっくり返して裏を揚げるため中央に白く帯状の部分ができるので、**「リボンを巻いたドーナツ」**と呼ばれています。

実は、中欧各国に似たお菓子が多数存在します。例えば、ルーマニア Gogoasa、スロバキア Krof、チェコ Kobliha、クロアチア Pokladnica.ボスニア Krofna などです。また、ドイツ語圏にも同じようなお菓子があり、ベルリン風のものは生地の中にイチゴジャムが、ウィーン風のものにはあんずジャムが入るようです。

ハンガリーはもともとアジア系民族が建てた国でしたが、オスマン・トルコやオーストリアによって支配されたという過去を持っています。このようにハンガリー以外でも似たお菓子が食べられているのは、古くから多民族が交流していた中欧地域では、文化を広く共有していたからではないでしょうか。

ファーンク

ファーンクはイタリアの「ゼッポラ」と同様、カーニバルの時期によく食べられるようです。カーニバルはキリスト教の四旬節（復活祭の前に慎んで過ごす期間）を迎える前のお祭りで、ファーンクは肉を断つ前に思いっきり贅沢するためのごちそうでした。一方、トランシルバニア地方では年中お祝いのお菓子として、特にドナウ川以西では新年を祝うお菓子として食べられています。おめでたい日に甘いものを食べて祝うという点もゼッポラと共通しています。

ハンガリーは**さまざまな文化が交差し、魅力的な食べ物の存在する素敵な土地**なのです。

インタビュイー：岡本 真理 先生

執筆：保道 晴奈

世界のドーナツコラム VOl.6 ドイツ

ドイツと言えばパン?! 人々のこだわりから生まれた絶品おやつ

ドイツの食べ物と言えば何を想像するでしょう。ウィンナーという声が上がって来そうです。それに、ビール。ドイツと言えばビールです。ウィンナーとビールという組み合わせは最高ですね！でも、実はドイツではワインもよく飲まれます。ブドウ栽培の北限地域がちょうどドイツの中部にあたるので、そこから南側のドイツではワイン、北側のドイツではビールの消費が盛んであるようです。

そんなドイツのワイン文化の中で、リーズナブルなおつまみとして楽しまれているのが**ブレッツエル**です。ブレッツェルはパン生地に、アルカリ性の溶液を塗り、岩塩をまぶして焼きあげます。おつまみで食べるものは一口サイズの大きさに。アルカリ性の溶液を塗ることで表面がカリカリになります。塩味が特徴的です。

ドイツ人はパンさえもおつまみにしてしまうほど、**パンに並々ならぬこだわり**を持っています。ドイツには昔から労働者保護の観点から「日曜日にパンの釜に火を入れてはならない」という法律がありました。その法律を守らなければならない、しかし買い置きしておいしくなくなったパンは食べたくない。今では日曜日にパン屋の営業は許可されるようになりましたが、かつてのなごりで、今でも家で手軽に焼けて保存のきく半生のパン生地や冷蔵保存の生のパン生地が市販されているほどです。これらの生地で焼いたパンは非常においしいそうです。

ブレッツェルはおつまみサイズのものだけでなく、菓子パンサイズでも販売され軽食としてよく食べられています。おつまみサイズだと全体的にカリカリとした食感になってしまいますが、菓子パンサイズだと外側はカリカリ、内側はもちもちです。

ブレッツェル

ブレッツェルは当初、**ローカルフード**でした。しかしDitschというチェーン店ができてからドイツ全土に広まっていきました。ローカルフードであったころはブレッツェルに地域差がありましたが、チェーン店で同じブレッツェルが作られるようになってからすべて同じ味になってしまい、それをさみしがる声もあるようです。

アメリカにもブレッツェルと名のついた商品が売られています。これはドイツ系の移民が持ち込んだものであると推測されています。はちみつやチーズで味付けするといったアメリカ風のアレンジが施されているようです。

ドイツへ行ったら、ビールを飲むだけでなくパンも探してみましょう。**ドイツ人がこだわり、愛し続けているパンを口にすることができれば、ドイツを何倍も楽しむことができそうです。**

インタビュイー：進藤 修一 先生

執筆：保道 晴奈

第5章

ミクロとマクロから本質に迫る
——歴史学のアプローチ

杉田　米行（すぎた　よねゆき）

大阪大学大学院言語文化研究科・教授

大阪生まれ。大阪府立天王寺高校、大阪外国語大学、一橋大学、米国ウィスコンシン大学マディソン校で勉強しました。

アメリカ外交史が専門ですが、現在は国際関係論と日本医療保険史という2つの学問分野を融合して新しい解釈を提示するという仕事に取り組んでいます。『ドーナツを穴だけ残して食べる方法』で改めて「歴史とは何か」ということを考えることができました。

はじめに

歴史学というものを考えたとき、その本質は物の見方（perspective）であるといえる。言い換えれば、**どのような見方をするかによって、その物の認識の仕方、理解の仕方が変わってくる。**同じ課題を与えられても、人によって解決方法が異なる。例えば、「ドーナツを穴だけ残して食べる方法」と聞いて、歴史家は何を考えるだろうか？　ここでは、歴史家がとるミクロ的アプローチとマクロ的アプローチを考えてみたい。ミクロ的アプローチとは、与えられた前提を正しいものと認めた上で、その事柄をさらに深く分析する手法である。マクロ的アプローチとは、まず、与えられた前提そのものを疑いの目で見て、そこから新しい物の見方を考えだす手法である。本章ではこの二通りのアプローチを、具体例を提示しながら説明していこう。

1　ミクロ的アプローチ

「ドーナツの穴だけを残して食べる方法」と聞いたとき、歴史家や歴史的感性のある人は次のような問いを発することだろう。「そもそも、ドーナツの起源は何だろう？　なぜ、ドーナツという名前がついたのだろう？」

これらは要するに、「ドーナツの歴史を知りたい！」という知的欲求、つまり、知識の問題である。信頼のおける文献等で調べれば、答えは出てくることが多い。「知は力なり」といわれるように、百科事典に掲載されているような事実を勉強し、理解し、ひとつでも多く頭の中に入れることは重要なことではある。

それに対して、「なぜドーナツには穴があいているのか？」という問いは全く質の異なる質問になる。「なぜ？」と理由を尋ねた瞬間から、それは単に知識の問題ではなく、知識を基盤とした解釈の問題になるからである。

この解釈の仕方こそが、歴史学で最も重要なことである。歴史学の神髄は事象の解釈にあるといっても過言ではない。「歴史は暗記物」というのは誤解である。解釈が変われば歴史も変わる。つまり、歴史は常に変転しているのである。

ここでは「なぜドーナツには穴があいているのか？」という問いに対して、本当はドーナツに穴があいていないのではないか、という考えは持たない。**「ドーナツには穴があいている」という与えられた条件を認めた上で、ではどうして穴があいているのか、という**

次の問題に突き進み、考えを深めていくのがミクロ的アプローチといえる。

この「なぜドーナツには穴があいているのか？」という問いに対しては、ミクロ的アプローチから少なくとも2つの解釈を導き出すことが可能である。それは、「信条（イデオロギー）」と「具体的な利害関係」である。ひょっとしたらドーナツに穴をあけるのは民主的統治の象徴であったかもしれないし、愛国心を高揚させ、国家への忠誠心を示させる手段だったのかもしれない。この解釈は、愛国心や忠誠心など、人間の観念や信条（イデオロギー）が、その行動を決定づけるのに最も重要な影響を与える、という考えから出てくるものである。他方、ドーナツに穴をあけて政治的、または経済的に得をするのは誰だ、という点を重視する考え方もある。**人間の行動を決める要因として、信条というような非物質的な要因を重視するのか、得か損かという実利的要因を重視するのか。**

実利的要因を重視すると、論証がしやすい。「○○ということをすれば、△△という実際的な利益を得ることができるので、○○という行動をとった」という説明は論理的でわかりやすい。1つの例として、以下で、日本で初めて健康保険制度が形成されたとき、なぜ当時の医師会がその制度に協力することになったのか、という問題をたててみよう。

日本健康保険法と医師会

1922年に制定された日本初の健康保険法は、関東大震災等の影響などもあり、施行は1927年となった。この法の制定で最も重要な局面のひとつが、医療サービスを提供する医師（保険医）をどのように確保するかということだった。

通常、医師は患者の病気を診断し、治療するために、自分の持っている知識を十分活用し、ありとあらゆる方策を用いる。そして、そのような高度なサービスの対価として、それに見合った金額を診療報酬として請求する。その治療方法や請求額に対して、誰からも文句を言われたくない。しかし、**健康保険（社会保険）では、政府が治療方針を定め、診療報酬も低額に抑えられてしまう。なのになぜ、医師はこのような、一見不利に見える新しい制度を受け入れる決心をしたのだろうか。**

当時の医師会（大日本医師会）は、1910年代後半から政府と交渉しており、「団体自由選択主義」を採用するのであれば、政府の健康保険に協力したい旨を伝えていた。「団体自由選択主義」とは医師会の造語で、政府と健康保険組合が個人（医師）ではなく、団体（医師会）と診療契約を結び、医師会が診療業務運用を一手に引き受け、被保険者は、医師会会員の医師から自由に選択して受診できるという案である。

大日本医師会幹部は、将来、健康保険は拡充され、全国民の8割が加入するようになるかもしれないので、当初から医師会として積極的に関与すべきだと提起していた。さもなければ、時代の趨勢に取り残されてしまうという危機感もあった。実際、当時の医師会理事長は、もし保険医になれなければ「それは殆ど自分の仕事が出来ないと云ふことになる」と危機感を露にしていた。逆に、時流に逆らわず、この制度に同調すれば、医師「一人当の年収額が一萬百九十円一年の間に一萬円の収入がある……果して日本の医者が今一人平均一萬円になって居るかどうかと云ふことを考へて下さい……［健康保険が］日本全国に及ぼしても左程悪いことではなからうかと思ひます」と主張している。[*1] つまり、保険医になれば、将来、収入面で得策だと考えられていたのだ。さらに、医師会執行部は事務費として、多額の収入を得ることができた。このような経済的恩恵が、医師会が健康保険制度に参加した大きな理由の一つだった。

医師会執行部は、単に収入面で利益をあげるだけではなく、健康保険制度に協力することで、一般の医師（保険医）を統率する大きな権限を得ることとなった。そして1923年11月、大日本医師会を発展的に解消し、法定日本医師会が設立された。日本医師会健康保険規程第44条には「保険医其ノ義務ヲ怠リタルトキハ本会［日本医師会のこと］ハ道府県医師会ノ具申ニ依リ戒告ヲ与ヘ又ハ除名スルコトヲ得」と規程され、日本医師会が保険医の処分の権限を掌握することとなったのである。[*2] 医師会執行部と政府は、一般の医師に下請をさせるという条件で、医師会が健康保険制度の医療サービス供給側の元請をするという関係になった。

このように、**医師会は経済的利益を得るとともに、執行部が一般医師の統率・監督という大きな権限を掌握することができるので、健康保険制度への協力を決定したと結論づけることができる。**

＊1　「日本医師会評議員会の経過」『医政（復活）』第二巻第二号（1926年10月）18－19、52頁。尚、1926年当時の1万円を2011年の消費者物価指数で換算すると1070万円となる。

＊2　北原龍二「健康保険制度の発足と地方医師会―3―」『宇都宮大学教育学部紀要第1部』41号（1991年）44－45頁。

2　マクロ的アプローチ

「ドーナツの穴だけを残して食べる方法はあるか？」という問いに対して、歴史家なら、与えられた前提は何か？　ということも考えるだろう。**ここでは、「ドーナツに穴があいている」ということが前提**である。つまり、この問いに対する模範解答を作成するためには、「ドーナツに穴があいている」ということに疑いを持ってはいけないのである。ところが、**歴史学の研究では、この与えられた前提を疑ってみることで、新たな解釈が生まれることもある。**実はこの「暗黙の前提も含め、すべてを疑いの目で見る」という姿勢こそ、学問の根幹だといえる。そのような手法をマクロ的アプローチと呼ぶことができる。以下、2つの例でマクロ的アプローチを考えてみよう。

第一の例として「冷戦期の国際政治」を考えてみよう。1940年代後半から1990年ごろまでは、一般的に「冷戦の時代」と呼ばれ、これを真っ向から否定するような見解はほとんどない。しかし、本当にそうだろうか？　米ソ間の抜き差しならない対立という構図が、第二次世界大戦以降の国際政治を規定していたと断言してよいのだろうか？　「冷戦」という用語はいわゆる「マジックワード」であり、厳密な実証をしなくても、ほとんどの事象に対し、「冷戦が原因となっておきたもの」と説明できてしまう。本当にアメリカとソ連はいつも対立していたのだろうか？　アメリカとソ連の対立がアジアにも波及してきた、という説明で納得できるのだろうか？　実際、朝鮮戦争やヴェトナム戦争では戦火を交え、多数の死傷者が出た。にもかかわらず、これをやはり、冷戦の一部であり、局地的に熱戦になったものと理解すればよいのだろうか？　このように、「冷戦」という国際政治学の常識を疑えば、次から次へと疑問が湧いてくるものである。

第二の例として21世紀の朝鮮半島に目を向けてみよう。アメリカは北朝鮮の核兵器開発を脅威と考えた。つまり、アメリカの目的は北朝鮮の核兵器開発を阻止すること、というのが与えられた前提となる。だから、この前提を疑ってみることが重要になる。北朝鮮の核兵器とミサイルの脅威が大きく取り上げられているが、アメリカは朝鮮半島の完全非核化を最重要視しているのだろうか？　**与えられた前提を疑い、これまでとは少し異なる側面から物事を分析すると、今までとは違った姿が登場するはずである。**

「冷戦」再考

第二次世界大戦後の世界において、アメリカはヘゲモニー国家となった。**ヘゲモニーとは、生産、科学技術、金融を含めた経済面全般、軍事面、国際関係のイデオロギー面において、他の列強を寄せ付けないほどの卓越した権力のことを指す。**よって、ヘゲモニー国家とは、そのような絶大な権力を背景に、世界システム全体の秩序を維持していくことに自国の利益を見出す国家のことである。

冷戦について改めて考えてみると、ドイツの戦後処理をめぐるアメリカとソ連の対立が、資本主義圏（西側）対社会主義圏（東側）という体制間の対立にまで発展したものである。ドイツ問題を原因として発生した冷戦によって、戦後国際関係全般を理解しようとする冷戦史観は、いわばヨーロッパ中心史観と言わざるを得ない。しかも、ヨーロッパで発生した冷戦がアジアに波及したという考え方は、アジアの自律性や特殊性を考慮に入れない歴史の平板化を招く危険性もある。

第二次世界大戦後のアメリカは、ヨーロッパはもとより、中近東やアジアなど、それまで関心の薄かった地域へも積極的に関与していくようになった。当時のアメリカにとって最大の目標は、恒常的に国際関係に関与し、国際的分業体制と多角主義を基調とする安定した国際システムを構築することだった。そのためには、アメリカはソ連との関係だけではなく、同盟国である西ヨーロッパ諸国や日本間とのさまざまな調整、第三世界の取り扱いなど、多岐にわたる複雑な国際関係を、ヘゲモニー国家の責任として国際システム全体の利益を考慮しながら行わざるを得なかった。アメリカとソ連の対立を軸とした「冷戦」は、実はこのような複雑なアメリカの戦後外交の一側面にしか過ぎないものであった。ヘゲモニー概念を導入することで、より大きな視野でアメリカの戦後外交政策を検討できるようになる。

冷戦史観ではアメリカとソ連の対立を重視するが、ヘゲモニー史観は両国間の対立だけではなく、「協調」の側面をも重視する。ヨーロッパにおいては、米ソとも安全保障面および経済面において死活的な利害関係を有していたので、決定的な対立に発展していった。ところが、アジアにおいては、1950年代以降のアメリカにとっての日本を除いて、アメリカもソ連も死活的な利害関係を有していなかった。むしろ両国は、戦後アジアにおけるナショナリズムの台頭を管理したいという点で共通点があり、「協調」の基盤があったとも考えられる。しかしながら、米ソとも相手側の意図を明確に理解できたわけではなく、両国とも相手国の行動がアジア諸国に与える影響を非常に懸念した。**互いの不信感が不信感を生む状況になったといえる。**

第二次世界大戦後、西側陣営では資本主義体制の矛盾からくる経済摩擦、自主性を主張する西欧諸国の態度と、西側の結束を要請するアメリカの主張とが衝突し、深刻な対立が生じた。アメリカによる西側陣営の団結は、重要かつ困難な課題であった。従来の冷戦史観の分析では西側諸国と東側諸国の対立を主な軸としているため、このような西側同盟諸国の間の関係にはあまり注意を向けなかった。**ヘゲモニー史観は、西側と東側の体制間の対立だけではなく、統制を重視し、両者の相互補完的関係に着目している。**端的に言えば、ソ連を盟主とする東側という「他者の脅威」が、西側陣営を結束させる主要な要因となる。そして、東西対立が存在している限り、西側陣営の結束が保証されるといえるのである。第二次世界大戦後におけるアメリカの東アジア政策も、このような見地から再吟味すると、これまでとは異なった図式を描くことができ、新しい解釈が生まれる。

朝鮮半島をめぐる日米関係再考

2002年9月17日、小泉純一郎首相は北朝鮮の金正日総書記と史上初の日朝首脳会談を行い、平壌宣言に調印した。この小泉訪朝は、不安定な朝鮮半島情勢を好転させる絶好の機会だと思われたが、アメリカは日本が独自の外交路線をとることを好まず、複雑な反応を示した。**なぜアメリカは、北朝鮮に対する日本の外交に批判的な姿勢を示したのだろうか。**

この問題を解くために、朝鮮半島問題に関して与えられた前提を考えてみたい。それは北朝鮮が核開発などさまざまな挑発をしていることが深刻な問題であり、同時にアメリカは同盟国である日本の安全を守り、朝鮮半島の安定のために北朝鮮と対立し、その脅威に対峙している、ということである。果たして、この与えられた前提を疑うことが必要である。例えば、アメリカの真の脅威は北朝鮮の核兵器開発ではなく、日本がアメリカの管理から離れ、独自の外交・安全保障政策をとることではないか。アメリカは北朝鮮の脅威を取り除くことよりも、むしろ日本が勝手な行動をしないよう抑え込むために、北朝鮮の脅威をいくぶん誇張しながら活用しているのではなかろうか。このように考えると、当時のアメリカの行動をうまく説明することができる。

当時、小泉内閣はアメリカに十分な根回しをしていなかった。アメリカ側と緊密に相談することなく、政府内でもごく少数の間で秘密裏に日朝首脳会談へのお膳立てを進めていた。小泉首相は2002年8月27日に初めて、リチャード・アーミテージ米国務副長官とハワード・ベーカー駐日アメリカ大使に対し、9月中旬に北朝鮮を訪問する予定だと告げた。アーミテージはこの知らせに驚愕し、北朝鮮が秘密裏にウランを濃縮し、核兵器開発に着手している証拠を握っていると述べ、日朝接近を強く牽制した。

アメリカにとっては、日本がアメリカに相談することなく、外交・安全保障政策をとろうとしたことがショックだった。**アメリカは日本が独自の外交路線をとることを好まないのだ。**だから、アメリカは突然の小泉訪朝を知り、日本側に大きな不信感を抱き、日米間に大きな緊張関係を生み出した。結果として、小泉訪朝は北朝鮮との対話路線の重要性を高める役割を果たしたにもかかわらず、ジョージ・ブッシュ政権はむしろ北朝鮮との対立路線を選択した。

小泉訪朝直後の10月3日から5日まで、アメリカ政府はジェームズ・ケリー国務次官補（東アジア・太平洋担当）を平壌に派遣し、米朝高官協議が開催された。会談内容に関しては伏せられていたが、国務省は10月16日に、北朝鮮は核兵器開発をめざしたウラン濃縮計画を進めていたことを認めたと発表し、「北朝鮮の秘密核兵器開発計画は米朝枠組み合意と核拡散防止条約（NPT）、国際原子力機関（IAEA）セーフガード合意、朝鮮半島非核化に関する南北共同宣言に対する深刻な違反である」と非難した。[*3] しかも、ドナルド・ラムズフェルド米国国防長官は翌10月17日の記者会見で、「直接確認していない」が、「北朝鮮は（すでに）少数の核兵器を保有していると信じている」と述べ、さらに危機感を煽ったのである。[*4] そうすることによって、日本の大きな外交上の偉業ともいえる平壌宣言の重要性が低下してしまい、緊張緩和に向かっていた北東アジア情勢に水を差すこととなった。

ブッシュ政権は北朝鮮の脅威を誇張することによって、日本を日米同盟の枠組みの中に引き戻した。**日本をアメリカの管理下におき、日本の自立的な行動を抑制することがアメリカの本当の目的だったのである。** アジア太平洋地域における最大の不安定要因は朝鮮半島の緊張関係にあると認識されているからこそ、この地域におけるアメリカ軍のプレゼンスが保証される。つまり、朝鮮半島の危機が解消すれば、在韓在日米軍の存在意義すらなくなりかねない。アメリカにとっては北朝鮮をめぐる朝鮮半島には適度の緊張感があることが理想だった。そのような状況があったからこそ、日本の自立的動きを封じ込めること

＊3 『読売新聞』２００２年10月17日。
＊4 『読売新聞』２００２年10月18日。

ができたのである。

つまり、北朝鮮の脅威こそが深刻な問題だ、という与えられた前提を疑い、アメリカは、北朝鮮の脅威よりも日本がアメリカの管理から離れ、独自の外交安全保障政策をとることの方がより大きな脅威である、と考えれば、アメリカのとった政策をより適切に説明できる。**与えられた前提を覆すことこそ、新しい解釈を生み出す第一歩になる。**

おわりに

「ドーナツの穴だけを残して食べる方法」を考えることは一見ばかげたことかもしれない。しかし、この陳述は奥が深い。そこから、歴史家ならミクロ的アプローチとマクロ的アプローチを頭に浮かべるであろう。日本の健康保険法と医師会の関係をミクロ的アプローチで分析すると、経済的利害や医師の統制という利害関係が大きな役割を果たしていたことがわかる。冷戦やアメリカの対日・対北朝鮮政策を、「与えられた前提を疑う」というマクロ的アプローチで分析すると、従来とは異なる歴史を描くことができる。歴史は変転するものである。

コラム 1

最初のドーナツには穴は……なかった？

アメリカにドーナツをもたらしたのは、1620年にメイフラワー号で移住してきた清教徒たちと言われています。**実はその頃のドーナツに穴はありませんでした。**明確な起源はわかっていませんが、おそらく、17世紀から18世紀に南ドイツやスイスからペンシルヴァニア南東部に移住してきた、ドイツ語を話す「ペンシルヴァニア・ダッチ」と呼ばれる移民が、アメリカで最初に穴のあいたドーナツを作ったようです。かたまりを油（当時はラードで揚げていたようです）で揚げると、**外側に比べて真ん中がうまく揚がらなかったので、その欠点を克服するために、真ん中に空洞をつくるようになったのが「穴あきドーナツ」が生まれた原因だと言われています**（材料を少なくするために真ん中に穴をあけるようになった、という説もあるようです）。1803年には、世界で初めてドーナツのことがイギリスの料理本で「アメリカのレシピ」という項目のところで紹介されました。19世紀半ばごろまでには、ドーナツは今日のような真ん中に穴のあいた甘い食べ物として定着し、完全にアメリカの食べ物として世界中に知られるようになりました。

コラム 2

アメリカには「ドーナツの日」がある？

アメリカでは、毎年6月の第1金曜日がNational Doughnut Day（ドーナツの日）となっています。**第一次世界大戦のとき、約250名の女性ボランティアたちが、フランスで従軍するアメリカ人兵士に精神的安らぎを与えるために、さまざまな活動を行いました。そのうちのひとつがドーナツを配布するという活動でした。**実は最初からドーナツを作っていたわけではありません。当時、アメリカの家庭でお母さんが子ども達に作っていた代表的なものといえば、パイでしたので、最初はパイ（アップルパイ等）を作って、配布していました。ところが、前線が動くとパイを作るための料理用レンジを一緒に動かすことができず、より簡単につくることができるドーナツに変えていったようです。最初の日には150個しか作ることができなかったようですが、ドーナツの甘い匂いに誘われて長蛇の列ができました。最盛期には一日9000個のドーナツが作られ、配布されたようです。**この女性たちに感謝の意を示すために、1938年に救世軍シカゴ支部が「6月の第1金曜日をNational Doughnut Dayにする」と宣言しました。**このドーナツ配布のボランティアは第二次世界大戦でも見られました。

第2部
ドーナツの穴に学ぶこと

第6章

パラドックスに潜む人類の秘密

なぜ人類はこのようなことを考えてしまうのか？

大村　敬一（おおむら　けいいち）

1966年生まれ。早稲田大学大学院文学研究科博士課程修了。博士（文学）

大阪大学大学院言語文化研究科准教授。専門は人類学。カナダの先住民であるイヌイトと北西海岸インディアンでのフィールド・ワークに基づいて、人類について探求している。著書に『カナダ・イヌイトの民族誌：日常的実践のダイナミクス』（大阪大学出版会、2013年）、共編著に*Self and Other Images of Hunter−Gatherers*（National Museum of Ethnology, 2002）、『文化人類学研究：先住民の世界』（放送大学教育振興会、2005年）、『極北と森林の記憶：イヌイットと北西海岸インディアンのアート』（昭和堂、2009年）、『グローバリゼーションの人類学：争いと和解の諸相』（放送大学教育振興会、2011年）、訳書に『プリミティブ　アート』（フランツ・ボアズ著、言叢社、2011年）がある。

「人間はパラドックスを排し、〈論理階型理論〉にしたがったコミュニケーションを遵守すべきだとする考えがあるが、これは人間の精神の自然からまったく目をそらした考えである。それが遵守されないのは、単に無知や不注意によるものではないのだ。それればかりではない。われわれの信じるところによれば、単なるムード・シグナルのやりとりより複雑なすべてのコミュニケーションで、抽象化のパラドックスが必然的に姿を現すのである。パラドックスが生じないようなコミュニケーションは、進化の歩みを止めてしまうのだとわれわれは考える。明確に型どられたメッセージが整然と行き交うだけの生には、変化もユーモアも起こりえない。それは厳格な規則に縛りつけられたゲームと変わるところのないものである。」（ベイトソン 2000：276）

1　はじめに：パラドックスの魅力

ドーナツの穴だけ残して食べる方法を考えて欲しい。この問いかけに、論理学者や数学者ならば、こう答えることだろう。この問いに答えることはできないし、その必要もない。なぜならば、パラドックスの場合と同様に、この問いには「論理階型の混同」という誤りがあり、このような問いそれ自体が錯誤として退けられねばならないからである。

「ものの名前」と「名づけられたもの」は違う。そこには、一般化もしくは抽象化のレベル、つまり論理階型のレベルの違いがある。「ホッキョクグマ」や「オポッサム」や「アライグマ」などの種は「動物」という類とは異なるレベルにあり、それらをごった混ぜにして議論しても意味はない。それは単なる誤りである。これと同様に、「ドーナツの穴」という名は、目の前にある美味しそうな食べものの真ん中に空いた空洞とは、論理階型のレベルが異なる。物質として実在する多様な食べものの空洞が一般化され、その一般化されたカテゴリーにつけられた名が「ドーナツの穴」である。たしかに、その名は観念という論理階型のレベルに実在する。しかし、その実在の仕方は、食べものの中心の空洞が物質という論理階型のレベルに実在する仕方とは、質的に異なる。その食べものは食べることができるし、それを食べてしまえば、その中心の空洞は消えてなくなる。しかし、「ドーナツ」という名は食べることはできないし、「ドーナツの穴」も消えてなくなることはない。つまり、この問いは錯誤であり、故に、この問い自体が退けられねばならない。

しかし、人類学者であれば、**この問いにまったく異なる反応をするに違いない**。私たち人類はどこからやってきて、どのような存在であり、どこに向かっているのか、つまり、人類の過去と現在と未来を含めて「人類とは何であるか」を問う人類学者ならば、「ドーナツの穴だけ残して食べるにはどうすればよいか」という問いがたとえ錯誤であっても、いやむしろ、そうであるからこそ、その問いを前にして、次のような問いを思わず発してしまうだろう。どのようにして人類はこのような奇妙な問いを発するようになったのか。そのような奇妙な問いを発する人類という動物は、どのような動物なのか。あるいは、そうした奇妙な問いには、人類にとってどのような意味があるのか。そして、そうした奇妙な動物である人類に、どのような可能性があるのだろうか。

しかも、少し振り返って考えてみれば、こうした論理階型の混同という錯誤は**人類史に珍しいものではない**。亀よりはるかに速く動くことのできるはずのアキレウスが亀に決して追いつくことができないというアキレウスと亀のパラドックス。「クレタ人のエピメニデスが『クレタ人は皆嘘つきである』と言った」というエピメニデスのパラドックス。時間を遡ったらどのような問題が生じるかというお馴染みの時間パラドックス。私たちが死んだ後にどうなるかについて無数に語られてきた「死後の世界」というテーマ。いずれも、「『ドーナツの穴』だけ残して食べる」（『　』の内外では論理階型のレベルが異なる）というパラドックスと同じように、物質と観念、種と類、部分と全体など、さまざまな論理階型のレベルが混同されている。

こうした論理階型の混同によるパラドックスは、たしかに数学や論理学からみれば、単なる錯誤でしかないだろう。しかし、冒頭のベイトソンのことばにもあるように、この錯誤がかくも無数に人類史に見られ、しかも、本書のテーマがまさにそうであるように、その誤りが人々を惹きつけつづけてきたらしいということになれば、それを**単なる錯誤として片付けるわけにもゆかなくなる。**ましてマルクス（1976）が『資本論』第1巻初版で看破したように、私たちの経済活動を支えている貨幣までもが、この論理階型の混同そのものによって成り立っているとなれば、そこに人類の本性にかかわる秘密が隠れているかもしれないと考えざるをえない。あらゆる商品と交換可能であるという意味で個々の商品よりも論理階型のレベルが一段上の貨幣が、商品と一緒になって流通しているという経済の奇妙な現実こそ、論理階型の混同によるパラドックスが人類にとって何か重要な意味をもっていることを雄弁に物語っている。

それでは、**「ドーナツを穴だけ残して食べる方法」をはじめ、論理階型の混同によるパラドックスの背後には、どのような人類の秘密が隠れているのだろうか。**この章では、論理階型の混同によるパラドックスを人類進化史に位置づけることによって、その広大で深奥な問題の片隅に光をあててみたい。

2　「累進的な文化進化」仮説：人類進化史の秘密

現生人類の進化史には多くの謎があるが、その一つに時間をめぐる謎がある。**たった約25万年という進化史的にはあまりにも短い時間で、現生人類は実に多様で複雑な認知技能を発達させてきた。**高度な道具使用をともなう産業や技術、言語をはじめ、記号による複雑な伝達や表象、複雑な社会組織や制度など、それらを発明して維持するために必要な認知技能が、遺伝子のバリエーションと自然選択からなる通常の生物学的な進化のプロセスで一つ一つ生み出されるとするならば、25万年という時間はあまりにも短すぎる。

この謎を解くために、ドイツの人類学者であるトマセロ（2006）が提出した仮説が「累進的な文化進化」仮説である。トマセロによれば、唯一現生人類だけが種に特有な文化的継承の様式として「累進的な文化進化」という文化的継承のあり方を獲得した。逆転を防ぐツメの付いた「ツメ歯車」（ratchet）にも喩えられる文化進化のプロセスには、「創造的な発明が求められるだけでなく、忠実な社会的継承によって歯車が逆に回らないようにすることも同じくらい重要である。これによって、新たに発明された人工物や実践が、新しく改良された形を（少なくともある程度までは）忠実に保ち、さらなる変更や改良へ備

える ことになる」（トマセロ 2006：6）。こうした**累進的な文化進化のメカニズム**があったからこそ、通常の生物学的な進化のプロセスでは達成するにはあまりにも短い25万年で、現生人類は他の動物種にはない認知技能を発達させることができたのである。

この累進的な文化進化のメカニズムは、次の二つの段階から構成される（図6－1参照）。

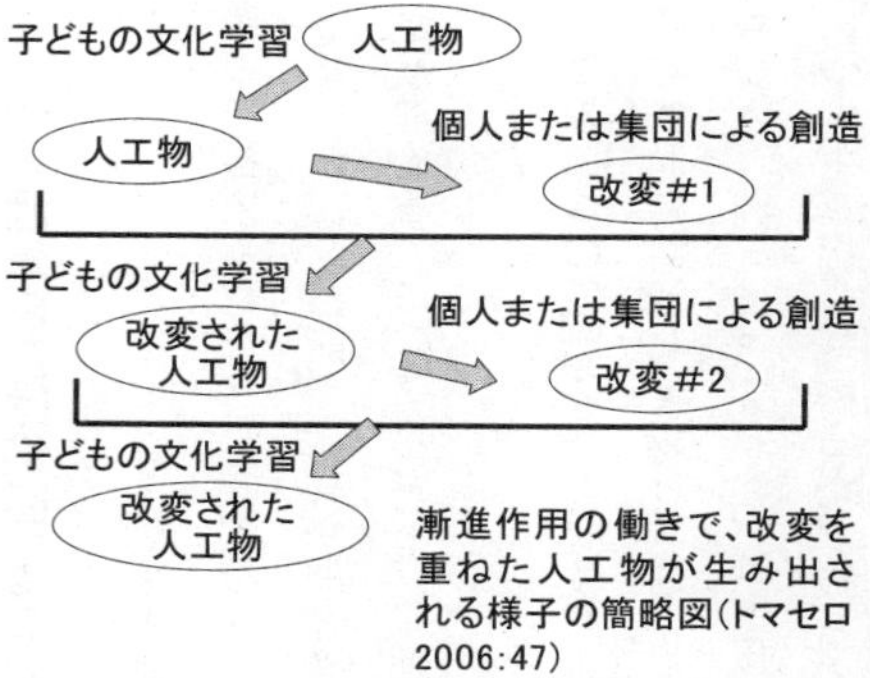

図6–1　累進的な文化進化の漸新作用

(1)　子どもの文化学習（「累進的な文化進化」のツメ歯車の逆転を止めるツメ）

子どもや初心者が文化学習を通して既存の認知技能を習得するプロセス。このプロセスを通して、過去に創造されたり開発されたりした認知技能や産物が未来の創造のための資源として世代を越えて伝えられてゆく。このプロセスがあるために、過去に創造されたり開発されたりした技能やその産物が失われることなく伝達されて蓄積され、累進的な文化進化のツメ歯車の逆転が防がれる。

(2)　個人または集団による創造（「累進的な文化進化」のツメ歯車の駆動力）

このプロセスで、道具や技法、表象によるコミュニケーションの装置、社会制度など、過去に蓄積されてきた認知技能やその産物に基づいて、その認知技能や産物に改良が加えられ、新たな技能や産物が開発される。このプロセスがあってはじめて累進的な文化進化が漸進する。このプロセスは累進的な文化進化のツメ歯車の駆動力となっているのである。

この二つの段階のうち、文化進化の駆動力として機能する個人の創造は他の動物種にもごく普通に共通してみられるが、そのツメとして機能する文化学習は現生人類にしかみられない。例えば、「多くのヒト以外の霊長類の個体も、行動上の知的な革新や新しい物をいつも生み出しているが、彼らの仲間は時を経て文化の歯車を上向きに進めるような社会学習には参加しない」（トマセロ 2006：6）。つまり、「多くの動物種にとって困難なのは創造性の方ではなく、むしろ漸進作用の歯車を安定させること」（トマセロ 2006：6）であり、その結果、現生人類以外の他の動物種は蓄積された認知技能やその産物のプールの助けなしに、そのたびごとに新しい技能を自ら開発しなければならない。このように文化進化のツメとして働く**文化学習があったからこそ、累進的な文化進化が十全に稼働し、現生人類は25万年という生物進化史的には短い時間で、他の動物種にはみられない認知技能とその産物を発達させることができた**のである。

トマセロによれば、この文化学習は「模倣学習」と「教示による学習」と「共同作業による学習」という三つの種類の学習からなり、同種他個体に対して「自分と同じく意図や精神生活をもっているものとして理解する能力」（トマセロ 2006：6）、つまり「心の理論」をもつ能力に基礎づけられている。「模倣学習」は模範となる同種他個体の行動や行動ストラテジー[＊1]をその者と同じゴールをもって再現する学習（トマセロ 2006：32）で、そこでは「意図―行動戦略と行動テクニック―結果」の全体が学習される。「教示による学習」

＊1　どのように行動しようとするかの戦略・計画のこと。

は知識やスキルのある個体がそれらを同種他個体に与えようとすることで生じる学習で、「「トップダウン」式に、知識やスキルのある個体がそれらを他者に与えようとすることで起きる」(トマセロ 2006：41)。「共同作業による学習」は知識やスキルのある同種他個体との共同作業を通した学習である(トマセロ 2006：6–7)。これらの学習は同種他個体の行動の背後にある意図を理解する能力がなければ不可能である。

したがって、トマセロの仮説が正しいとするならば、現生人類が累進的な文化進化を十全に稼働させ、現生人類に特有の認知技能とその産物を発達させることを可能にした文化学習は、**同種他個体を自己と同じような意図と精神生活をもっている者として理解する能力に支えられており、その「心の理論」をもつ心的能力こそ、現生人類と他の動物種の決定的な違いであるということになる。**

しかし、ここで注意せねばならないことがある。トマセロは、「累進的な文化進化」のツメ歯車のもう一つの要であるその駆動力、すなわち、個人あるいは集団による創造は他の動物種にも共通にみられる能力であるとしているが、果たして本当にそうなのか。**「心の理論」の能力に支えられた文化学習に基づく創造は、文化学習なしの創造と同じ種類の創造なのだろうか。**もしそうでないならば、現生人類に特有の心的能力は「心の理論」だけではないことになり、文化学習に基づく創造を支えているもう一つの心的能力を想定せねばならなくなる。

3　論理階型学習進化モデル：人類の創造力の秘密

この問題を考えるに際しては、ベイトソン（Bateson 1972；ベイトソン 1982；ベイトソン&ベイトソン 1992）が提案した学習進化に関するモデルが大きな助けになる。ベイトソンの学習進化モデルは、文化学習に基づく創造が文化学習なしの創造と質的に異なることを教えてくれるからである。

ベイトソンは論理階型のレベルに応じて学習を次のように整理している。

(1)　ゼロ学習

このレベルの学習は、機械や生命体などの個体のシステムが何らかの情報を繰り返し受けとっても、そのシステムに何の変化も生じない学習、つまり、学習が生じない学習で、

「反応が一つに定まっており、その定まった反応が、正しかろうと間違っていようと、修正することができない点に特徴がある」(Bateson 1972：283)。

(2) 学習Ⅰ

このレベルの学習は「一連の選択肢群のなかから選ばれた［問題解決方法の］選択肢の誤りが修正され［別の選択肢が選ばれ］ることで、反応が一つに定まる定まり方が変化すること」(Bateson 1972：293：［ ］内は筆者加筆）である。この学習に含まれるのは、学習主体の「存在がある時間1に示した反応とは異なる反応を別の時間2に示す場合」(Bateson 1972：287）である。

このレベルの学習では、学習者は特定の状況に合った問題解決の方法を一つ一つ試行錯誤を通して学習してゆくが、その状況から抽出される一般化されたコンテキストにふさわしい問題解決の一般化された様式を学習するわけではない。そのため、学習者はどの問題解決の方法がそれぞれの状況にふさわしいかを常にそのたびごとに一回ずつ確かめねばならず、問題解決の方法をコンテキストに合わせて柔軟かつ適切に変えてゆくことができない。この意味で、このレベルの学習者は**特定の状況に縛られており、その状況を客体化して一般的なコンテキストを抽出する能力に欠けている。**

(3)　学習II

このレベルの学習は学習Iのメタ学習[*2]であり、「学習Iの過程の変化、例えば、［個々の問題解決方法の］選択肢の候補が含まれている選択肢群の選択が修正され［別の選択肢群が選ばれる］かたちで選択肢群が変化したり、経験される［事象の］流れに区切りを入れる方法が変化したりすること」(Bateson 1972：293：［］内は筆者加筆）である。

このレベルの学習では、学習者は個々の状況から抽出された一般的なコンテキストにふさわしい問題解決の様式を学習する。その結果、学習者は個々の状況ごとに問題解決の方法がふさわしいかどうかを一つ一つ確かめることなく、コンテキストに応じて問題解決の様式を柔軟かつ適切に変えることができるようになる。この意味で、「学習IIは問題解決

＊2　「メタ」とは「超えた」もしくは「より高次の」という意味で、「学習Iのメタ学習」とは「学習Iを超えた学習」もしくは「学習Iより高次の学習」、つまり「学習Iのやり方それ自体を学習すること」を指す。

もしくは学習Ⅰで使われる思考過程（あるいは神経経路）の節約である」(Bateson 1972：303)。しかし、このレベルの学習では、個々の状況から一般的なコンテキストを抽出する方法は状況を理解するための範型として固定され、問題解決の様式も特定のコンテキストに繋ぎ止められているため、学習者は自らの習慣に固執しがちで変革にも抵抗する傾向にある。

このレベルの学習では、慣習的な技法の工程をはじめ、社会的に適切な振る舞い、慣習的な世界理解の方法など、あらゆる種類の習慣であり、それらを「性格」(Bateson 1972：303) や様式あるいは文化と呼ぶことができる。現生人類の場合、このレベルの学習は幼少時に行われ、ここで学習されたことは、学習者の身に染みついて検証されることなき前提として学習者の生涯にわたって持続的に作用する。そのため、ここで学習されたことは**文化的なバイアスとして働く**ことが多い。この意味で、このレベルの学習者は**特定のコンテキストに結びつけられた特定の問題解決の様式に縛られている。**

(4) 学習Ⅲ

このレベルの学習は学習Ⅱのメタ学習で、「学習Ⅱの過程における変化、例えば、選択の候補となる一連の選択肢群の束で構成される［選択肢群］システムそれ自体が修正され、一連の選択肢群の束である［選択肢群］システムが変化すること」(Bateson 1972：293：［ ］内は筆者加筆）である。このレベルの学習者は、学習Ⅱの結果として身に染みついた前提を客体化するとともに、自己と状況の間の関係も客体化する能力を獲得する。その結果、学習者は身に染みついて固定化されてしまった前提に状況に応じて柔軟かつ創造的な変更を加えることができるようになる。

この意味で、「学習Ⅲは身に染みついて検証されることなき前提を問いなおして変えてゆくことであり」(Bateson 1972：303)、学習者に「習慣のくびきからの解放」(Bateson 1972：303）を与えてくれる。このレベルの学習者は、個々の状況から一般的なコンテキストを抽出する方法はもとより、**そのコンテキストと問題解決の様式の関係を客体化し、世界を理解する方法と問題解決の様式を状況に応じて柔軟かつ創造的に自在に変えてゆくことができるようになる。**

このレベルの学習は、ベイトソンが「ダブル・バインド」（Bateson 1972：303）と呼ぶ事態、すなわち学習Ⅱの結果として身に染みついたいくつかの前提同士の間の矛盾、もしくはその前提と状況の間の矛盾を解消することで獲得される。そのため、このレベルの学習は「現生人類においても困難で希にしか達成されず」（Bateson 1972：303）、そうした**矛盾の解消を決して諦めない忍耐が要求される。**こうした矛盾を突破するための粘り強い忍耐は、「パラドックス（公案）[*3]をぶつけられた禅の修行者が「蚊が鉄棒を刺すように」そのパラドックスに取り組まねばならない」（Bateson 1972：303）様子によくあらわれている。

このようなベイトソンの学習の整理では、学習のレベルが上がるごとに、つまり、学習されることが一般化されて、その論理階型のレベルが上がるごとに、学習者は自由と経済性と柔軟性を手に入れてゆく。個々の特定の状況に対応する問題解決の方法に縛られていた学習Ⅰのレベルの学習者は、学習Ⅱを獲得することで、個々の状況から一般的なコンテキストを抽出し、その一般的なコンテキストにふさわしい問題解決の様式をコンテキストに応じて経済的に選択することができるようになる。さらに、慣習的なコンテキストの理解の様式に縛られ、そのコンテキストに対応する慣習的な問題解決の様式に固執する学習Ⅱのレベルの学習者は、学習Ⅲのレベルに到達することで、コンテキストと問題解決の様式の慣習化された関係を客体化し、状況に合わせてコンテキストの理解のあり方と問題解決の様式を柔軟かつ自由に変えることができるようになる。しかし、ここで重要なのは、**高いレベルにある学習は低いレベルの学習に常に基礎づけられている**ことである。学習Ⅱが獲得されていなければ学習Ⅲが達成されることはなく、学習Ⅱも学習Ⅰがなければありえない。この意味で、ベイトソンの学習過程の整理は**学習の進化モデル**であると考えることができる。

このベイトソンの学習進化モデルをトマセロの累進的な文化進化の仮説と比較すると、文化進化のツメ歯車のツメとして機能する文化学習がベイトソンのモデルでの学習Ⅱにあたることに気づく。学習Ⅱで学習されるのは**文化**だからである。この学習Ⅱを通して、子どもは既存の認知技能を慣習化された問題解決の様式として学び、知識と技能のプールが未来の変革の資源として世代を越えて継承されてゆく。それでは、学習Ⅲはトマセロの仮

＊3　「禅問答」とも言われる。禅宗の修行僧が悟りを開くために与えられる無理難題のこと。

説の何にあたるのだろうか。学習Ⅱが文化学習にあたるのならば、学習Ⅲは累進的な文化進化のツメ歯車の駆動力として機能する**「個人もしくは集合的な創造」**にあたると考える他ないだろう。学習Ⅲを通してはじめて、学習者は慣習的に固定化された問題解決の様式を客体化し、その様式に変更を加えて変化させる能力を獲得することができるからである。

ここで注意せねばならないのは、学習Ⅲで学習されることは、他の動物種にも共通してみられる**発明の能力とは異なる**ことである。先に検討したように、学習Ⅲは学習Ⅱが獲得された後にその学習Ⅱを基礎にはじめて獲得されるが、学習Ⅱは他の動物種には獲得されていないからである。むしろ、他の動物種にも共通にみられる発明の能力はベイトソンのモデルの学習Ⅰに該当すると考えねばならない。学習Ⅰでは、蓄積された知識と技能のプールの助けなしに、個々の状況にふさわしい問題解決の方法がその状況ごとに一つ一つ学習（発明）されてゆくからである。したがって、トマセロの仮説が正しいとするならば、⑴文化学習（学習Ⅱ）を支えている「心の理論」、⑵学習Ⅲを可能にする能力、すなわち、文化学習（学習Ⅱ）で身につけた問題解決の様式を客体化して操作し、創造的な変革や発明を行う能力という二つの能力が、**現生人類に特有な心的能力である**ということになる。[*4]

4　パラドックスに潜む人類の秘密：論理階型のレベルを自由に移動する能力

　ここまでくれば、「ドーナツを穴だけ残して食べる方法」をはじめ、論理階型の混同という錯誤によって生じるパラドックスに、どのような人類の秘密が潜んでいるか、もはや明らかであろう。**それは人類に特有な創造力の秘密である。**

　先に検討したように、現生人類の創造力は、文化学習で身につけた技能を基礎にしつつも、習慣として身に染みついたその技能に永遠に縛りつけられるのではなく、その習慣を客体化して操作し、新たな変革や創造を行うという点で、他の動物種の創造力とは異なっていた。この能力は、すでに身に染みついて習慣となってしまった自己の技能から身を引き離し、そうして得た視点から自己の技能の全体を見渡すこと、つまり、現実の行動という論理階型のレベルからもう一つ上の論理階型のレベルに視点を移動させるだけでなく、**その視点で得られた洞察に基づいて現実の行動での技能に改良を加えて実行し、再びその**

＊4　この議論は現生人類とネアンデルタールの学習能力の違いに関する仮説に基づいている（大村 2012，2013）。その仮説は、現生人類とネアンデルタールは(1)の「心の理論」をもつ能力を共有していたが、ネアンデルタールは(2)の能力に欠けていた可能性があるとするものである。

全体を見渡す論理階型のレベルに戻って、そのレベルの視点からその成果を評価する能力に他ならない。つまり、(1)現実の行動の連鎖という論理階型のレベルと(2)その行動連鎖のレベルよりも一段上がった論理階型のレベルという**二つのレベルを自由に行き来する能力**である。

このように論理階型のレベルを自由に行き来する能力は、人類に爆発的な創造力を与えることになった。一連の行動連鎖を問題解決のたびごとにそっくりそのまま発明する無駄も、その行動連鎖をそっくりそのまま身につけて繰り返す硬直性に陥ることもなく、すでに身につけた行動連鎖の全体を見渡し、その連鎖を部分に分割したうえで、その部分を並べ直したり、新たな部分を加えたり挿入したりすることによって、すでに身につけた技能を活かしながら改良してゆくことができるようになるからである。これこそ、トマセロが指摘した人類進化史の秘密である。**論理階型のレベルを自由に行き来する能力**を手にすることで、通常の生物進化ではあまりに短い25万年という時間で、現生人類は複雑で豊かな認知技能とその産物を手にしてきたのである。

そして、このように論理階型のレベルを自由に行き来することができるようになったからこそ、「『ドーナツの穴』だけ残して食べる方法」をはじめ、論理階型の混同によるパラドックスを思いつくことができるようになったと言えるだろう。物質と観念、種と類、部分と全体など、論理階型のレベルを自由に行き来することができなければ、論理階型の混同など、思いつくことすらできない。数学者や論理学者にとっては単なる錯誤でしかない論理階型の混同によるパラドックスは、現生人類に特有な創造力の姿を如実に教えてくれるのである。

それでは、このように論理階型のレベルを自由に移動する能力に基づいて、意図的に論理階型を混同してパラドックスを生み出すことには、どのような意味があり、そのことによって、人類にはどのような世界が拓かれてきたのだろうか。冒頭にあげたベイトソンのことばにあるように、そこには**遊びやユーモアなどの人類の創造的な営み**があることだろう。[*5] あるいは、その先には**芸術の営み**があるかもしれない。また、マルクスが卓見したように、その能力は今日の産業資本制経済のダイナミクスを支えているに違いない。そして、その能力に基づいて、私たち人類はどこにゆくのだろうか。宇宙を目指すのだろうか。

これらの問いに答えるには、また別の物語が必要なことだろう。しかし、一つだけ間違

＊5　ユーモアや冗談を含め、論理階型をめぐる人類の創造性の問題については、拙稿（大村 2013）でイヌイト社会を事例に具体的に論じたので、参照願いたい。

いなく言えることがある。「ドーナツを穴だけ残して食べる方法」とは、何と素敵で魅力的なパラドックスなのだろう。それは私たち**現生人類の創造力の美しき産物の一つ**であり、あるいは、そこに私たち人類の未来の可能性が潜んでいるのかもしれない。それを錯誤として退けるのではなく、その錯誤こそ、あるいは、**錯誤する能力から何かを生み出すことこそ、私たち人類の未来の可能性を指し示してはいないだろうか。**

キーワード

論理階型：「クラスはそれ自体のメンバーには決してなりえないこと。クラスのクラスはそれがメンバーとするクラスのメンバーには決してなりえないこと」（ベイトソン 2000：383）というように、複数の現象を一つに括ることで生じる現象の集合は、その集合に括られる一つ一つの現象とは論理のレベルが異なるということ。その他、本文で論じたように、「名」と「名づけられたもの」、観念と物質、部分と全体など、一般化のレベルが異なれば、それらは論理階型のレベルが異なるとされる。ホワイトヘッドとラッセルが『数学原理』（Whitehead & Russell 1910–13）で指摘し、その混同がパラドックスを引き起こすとした。なお、パラドックスとは、一見すると正しい前提から正しい推論をすすめた結果、矛盾が生じてしまうこと。

累進的な文化進化：トマセロ（2006）が提唱した人類進化のメカニズム。本文の図6−1にあるように、文化学習と創造のプロセスが連動することで、ある人びとが発明したものが後戻りすることなく断続的に改良されつづけてゆく「漸進効果」（ratchet effect）が生じ、ある発明に次々と改良が施されてゆくことで、生物学的な進化とは較べものにならないスピードで行動とその産物が進化してゆくこと。トマセロによれば、この累進的な文化進化のプロセスこそ、現生人類以外の生物種には見られない文化的継承のプロセスであり、生物進化では考えられないようなスピードで現生人類がさまざまな行動とその産物を進化させることができた理由であるという。

学習：同一のコンテキストにおいて時間t1における反応と時間t2における反応に差異が生じるようなシステムの変化。なお、「情報の〝1ビット〟とは、［受け手にとって］一個の差異を生む差異である。そうした差異が、回路内を次々と変換しながら伝わっていくもの、それが「観念」の基本形である」（ベイトソン2000：429）という情報の定義を加味すれば、同一のコンテキストにおけるシステムの反応に差異を生むようにシステムに差異が生じるかたちで、システムに情報（差異を生む差異）が生じること、と定義することもできる。

ブックガイド

ベイトソン，G．（佐藤良明訳）**『精神の生態学』**新思索社、2000年
ベイトソン，G．（佐藤良明訳）**『精神と自然』**思索社、1982年
ベイトソン，G．&M．C．ベイトソン（佐藤良明訳）**『天使のおそれ』**思索社、1992年
ミズン，S．（熊谷淳子訳）**『歌うネアンデルタール：音楽と言語から見るヒトの進化』**早川書房、2006年
トマセロ，M．（大堀壽夫・中澤恒子・西村義樹・本多啓訳）**『心とことばの起源を探る：文化と認知』**勁草書房、2006年

引用文献

Bateson, G. *Steps to an Ecology of Mind*. The University of Chicago Press, Chicago, 1972（『精神の生態学』（佐藤良明訳）新思索社、2000年）
ベイトソン，G．（佐藤良明訳）『精神と自然』思索社、1982年
ベイトソン，G．&M．C．ベイトソン（佐藤良明訳）『天使のおそれ』思索社、1992年
マルクス，K．（岡崎次郎訳）『資本論』第1巻初版大月書店、1976年
大村敬一「パッケージ学習進化仮説：文化人類学からみる現生人類とネアンデルターレンシスの交替劇」『狩猟採集民の調査に基づくヒトの学習行動の実証的研究』文部科学省科学研究費補助金（新学術領域研究2010－2014）交代劇A02班 研究報告書No.2（寺嶋秀明編）神戸学院大学人文学部、2012年

大村敬一「創造性と客体化の能力を育む「からかい」：カナダ・イヌイトの子どもの学習過程にみる身構えの習得」『狩猟採集民の調査に基づくヒトの学習行動の実証的研究』文部科学省科学研究費補助金（新学術領域研究２０１０－２０１４）交代劇Ａ０２班　研究報告書No.３（寺嶋秀明編）ｐｐ．15－36、神戸学院大学人文学部、２０１３年

トマセロ，Ｍ．（大堀壽夫・中澤恒子・西村義樹・本多啓訳）『心とことばの起源を探る：文化と認知』勁草書房、２００６年

Whitehead, A. N. & B. Russell *Principia Mathematica*. Cambridge University, 1910–13

世界のドーナツコラム VOl.7 スペイン

実は甘くなかった！　みんな大好き、チュロスの秘密

ヨーロッパの西部に位置する国、スペイン。闘牛やフラメンコ、トマト祭りなどで有名なこの国では、どのようなドーナツが食べられているのでしょうか。

実はスペインで有名なドーナツのようなお菓子は、日本でもおなじみのあの**「チュロス」**なのです。みなさんも遊園地などへ行ったとき、一度は食べたことがあるのではないでしょうか。みなさんが食べていたあのチュロスは、スペインで作られ伝わってきたものだったのです。

スペインのチュロスは、見た目だけでは日本のものとの違いはありません。ところが食べてみると、その味に大きな違いがあります。日本と違って生地に砂糖をほとんど入れないので、全くと言っていいほど甘くないのです。そこでスペインでは、チュロスをホット・チョコレートなどの甘い飲み物に浸して食べるのが主流となっています。少しオシャレですよね。

このチュロス、首都マドリードなどでいつでもどこでも食べることができます。出勤前の朝食であったり、おやつであったり──。最近日本にも普及してきた**「バル」**などでもよく食べられます。スペインのバルはコーヒーも飲めるなど、日本での「バル＝お酒」というイメージとは異なるものです。好きなときに好きな食事と飲み物を楽しめる、スペインのバルはこのよう

チュロス

な魅力をもっているのです。

スペインのドーナツのような食べ物にはチュロスの他にもう一つ**「ブニュエロ」**というお菓子があります。ブニュエロは小麦粉や卵、牛乳などを混ぜて作った生地を袋状にして揚げ、中にカスタードクリームなどを入れて作られます。チュロスとは違う高価なもので、家に客人が来訪した際、おもてなしのお菓子として出されたりします。

このブニュエロが違う食べ方をされる時期があります。それがバレンシアで行われる**「ファジャ」**というお祭りのときです。ファジャはいわゆる春祭り。このお祭りの期間中、人々はクリームの代わりにカボチャなどを入れたブニュエロを食べます。この祭りが始まると、街中のいたるところに巨大な人形が現れ、コンテストを行います。これらは紙などの燃えやすいもので作られるのですが、なんとこの人形たち、3月19日の「聖ヨセフの日」に1位の作品を除いて、一斉に燃やされてしまうのです。しかしこれが祭りの最大の目玉。人形から立ち上る火柱と、祭りの最中毎日打ち上がる花火から、別名**「スペインの火祭り」**として、ファジャは世界的に有名になっています。**みなさんもブニュエロ片手に、火柱を眺めながら春の訪れを感じてみてはどうでしょうか。**

インタビュイー：長谷川　信弥　先生

執筆：平野　雄大

世界のドーナツコラム VOl.8 タンザニア 東アフリカ

朝ごはんにぴったり！ アフリカのおふくろの味、マンダジ

雄大な自然のなか、地平線にゆっくりと沈む真っ赤な太陽。群れるシマウマ。追うライオン。ああ、今すぐこの狭い部屋を飛び出して、アフリカの青い空を仰ぎたい！ そんなあなたへ贈る美味しい「アフリカ」。このページでは、**「マンダジ」**をご紹介します。

マンダジは、東アフリカ諸国で広く食べられている揚げパン。材料は小麦粉、ココナッツミルク、イースト、砂糖、カルダモン。甘さ控えめなので、ごはんの折におかずと一緒に、あるいは手軽なおやつとしても、好んでよく食べられています。形は円、四角、ひし形といろいろですが、中でも三角形が一般的。手のひらサイズで、子どもでも食べやすく、四つや五つはあっという間にぺろり。油で揚げているので、外はかりっと、中はもっちりふわふわ。ココナッツとカルダモンの香りが食欲をそそります。えいえいと頬張ると、ほんのりと優しい甘みが口いっぱいに広がり、うーん、幸せ！ 小学校のころ、取り合って食べた給食の揚げパンのような懐かしい味。お砂糖をたっぷり加えた濃厚なミルクティーと一緒に食べるのが、地元の定番朝ごはんなのだとか。朝ごはんの時間になると、道で、大きなバケツに**マンダジ**や**カリマティ**（マンダジの表面に砂糖をまぶしたもの）、**サモサ**（薄い生地に具を入れて油でぱりっと揚げた

ザイナブ先生とマンダジ

インド料理の一種）を山盛りにして売っているので、お気に入りを選んで歩きながらぱくり！なんてのも楽しいですね。

このマンダジ、東アフリカに住むムスリムにとっては特別な食べ物でもあります。ラマダン（断食月）明けの大きなお祭り**「イディ」**の席でも振る舞われるのです。断食を終え、モスクでの朝のお祈りが済むと、いつもの定番であるマンダジとチャイ、それにピラウやビリヤニといったごちそうをうんと用意して、家族みんなで食べます。いつも食べているマンダジも、この時ばかりはきっと、身体に染みわたる格別の味なのでしょう。

そうそう、タンザニアやケニアの女の子たちはみんな（そうとうな怠け者でない限り）、お母さんに習ってマンダジを作れるようになるのだそう。日本でいう、お味噌汁や肉じゃがのようなものかしら。**ほっとする家庭の味は、どこの国でもこうして引き継がれてゆくのですね。**

…はっ！　美味しそうな話に、つい原稿にヨダレが。……。ハクナマタタ〜（問題ないさ〜）

マンダジ、おうちで簡単に作れます。ぜひ今日のおやつにおひとつどうぞ。

インタビュイー：イサク・ザイナブ・カッス　先生

協力：小森　淳子　先生

執筆：曽根　千智

第7章

ドーナツ型オリゴ糖の穴を用いて分子を捕まえる

木田　敏之（きだ　としゆき）

大阪大学大学院工学研究科応用化学専攻・准教授
1991年大阪大学大学院工学研究科応用化学専攻博士前期課程修了、同年大阪大学工学部応用化学科助手、1998年大阪大学大学院工学研究科分子化学専攻助手（1999年4月〜2000年4月　米国ノートルダム大学博士研究員）、2004年同講師、2005年大阪大学大学院工学研究科応用化学専攻講師、2006年同助教授、2007年より同准教授。工学博士。

専門分野：超分子化学、分子認識化学、有機合成化学。人と環境にやさしい高機能材料の開発に取り組んでいる。現在は主に、環境汚染問題解決に貢献できる分子認識材料の開発、環状オリゴ糖の自己組織化を利用した高機能材料の創製に取り組んでいる。平成22年2月から平成25年3月まで、最先端・次世代研究開発支援プログラム「オイル中の有害物質を効率的に完全除去・回収できる革新的植物性吸着剤の開発」の研究代表者を務めた。

まえがき

でんぷんから作られる環状オリゴ糖〝シクロデキストリン〟を用いた筆者らの研究を、化学の知識のない一般の人や学生に説明するとき、〝ドーナツ〟をしばしば用いている。肉眼では見えない、10億分の1メートルほどの大きさの〝シクロデキストリン〟の形をイメージしてもらうために、〝ドーナツ〟を例として挙げれば、「ああ、なるほど」と皆が納得するとともに、それまで緊張感が漂っていた場が少し和むからである。最近は一般の人たちの前で講演をする機会が増え、筆者の話の中にはドーナツが頻繁に登場するようになった。このドーナツを用いた研究の話が回りまわってショセキカプロジェクトの学生さん達の耳に入り、執筆者候補として筆者に白羽の矢が立ったのであろう。「ドーナツを穴だけ残して食べる方法」という本書のタイトルを聞いたとき、〝ドーナツの穴〟に着目している点に共感を覚えたものの、筆者の実際の研究内容とはかけ離れているので「執筆者として適当でない」と一度はお断りした。しかし、よくよく話を聞いてみると、ドーナツに関係している話ならば「番外編（応用編）」として掲載したいとのことだったので、それならと執筆を承諾した次第である。

対象とする読者層は大学一年生と聞いていたので、化学の基礎知識はある程度持っているものと思い、必要な箇所には化学式を使って化学的に少し踏み込んだ内容にした。したがって、文系の学生諸氏、特に化学を苦手とする学生諸氏には内容的に少々ハードルが高く、ドーナツを食べながら気軽に読める〝読み物〟にはなっていないかもしれない。化学式、化学用語が苦手で本章を読むのにどうしても抵抗がある人には、本章に入る前に、筆者が一般の人用に作成した研究内容の動画[*1]をまずご覧いただくことをお薦めする。

1　本題に入る前に

ドーナツ型のオリゴ糖〝シクロデキストリン〟の機能について理解を深めるために、まず「分子認識」と「分子認識に関わる力（相互作用）」についての説明から始めよう。

＊1　http://www.youtube.com/watch?v=ZPkP4GvCNMQ

分子認識とは？

分子認識とは、ある分子が特定の分子を選択的に見分けて結合する現象のことを言う。

生体内ではこの分子認識が日常的に行われている。例えば、酵素が生命活動に必要なタンパク質やホルモンを作ったり、DNAが遺伝情報を伝えたりするときに、分子（ここでは酵素やDNA）による標的分子の厳密な認識が行われている。この分子認識が正常に行われないと、生物は生命活動を維持することができなくなってしまう。

19世紀末、エミール・フィッシャーというドイツの化学者が、酵素が物質に作用するとき、その作用がある特定の物質に対して選択的に起こることに気づいた。この現象をもとに、彼は**分子認識の基礎となる「鍵と鍵穴」の概念**を提唱した。ここで、分子認識の際に分子を受け入れる側を〝ホスト分子〟、認識される側を〝ゲスト分子〟と一般に呼んでいる。代表的なホスト分子には、本章で述べる〝シクロデキストリン〟のほか、〝クラウンエーテル〟[*2]や〝カリックスアレーン〟[*3]のような化合物がある。

分子認識に関わる力（相互作用）

分子認識の際に、ホスト分子とゲスト分子の間には様々な力（相互作用）が働く。その代表的なものが①静電相互作用、②水素結合、③ファンデルワールス相互作用、④疎水性相互作用である。①静電相互作用はプラスとマイナスの電荷をもつ２つの分子の間に働く引力である。この力は②〜④に挙げた他の力（相互作用）に比べてかなり大きい。②水素結合は、O－HやN－Hなどの電気陰性度[*4]の大きな酸素や窒素に結合した水素と、近くに存在する強く分極[*5]した酸素や窒素との間に働く引力である。**生体内での分子認識には水素**

＊2　〝クラウン〟は王冠の意味。クラウンエーテルを斜めから見ると王冠のように見えることから名付けられた。クラウンエーテルは特定の金属イオンを選択的に捕まえる。海水中の金属イオン回収などへの利用が期待されている。

＊3　シクロデキストリン、クラウンエーテルと同様の環状構造をもつホスト分子である。分子の構造が盃の形に似ていることから、ギリシャ語のカリックス（calix：〝盃〟の意味）にちなみカリックスアレーンと呼ばれている。アレーンはベンゼンなどの芳香族化合物を指す。金属イオンに加えて有機分子を捕まえる能力がある。

＊4　原子がどれくらい電子を引き付ける強さがあるかを表した指標。酸素や窒素の電気陰性度は水素よりもずっと大きい。

結合が非常に重要な役割をしている。③ファンデルワールス相互作用は、すべての分子の間に働く力である。中性の分子に瞬間的に生じる電荷の偏り（瞬間双極子）に基づく分子間の引力を、提案者の名にちなんでファンデルワールス相互作用という。④疎水性相互作用は、水溶液中で疎水性分子（水に溶けにくい分子）どうしが互いに集まる力である。例えば、水の中に油などの疎水性分子を入れると、水との接触面積をできるだけ減少させようと油同士が集まる。この時の相互作用を疎水性相互作用という。水中の〝シクロデキストリン〟がその穴を用いてゲスト分子を捕まえるとき、主にファンデルワールス相互作用と疎水性相互作用が働いている。

ホスト分子とゲスト分子の間の相互作用を物質の分離・分析、食品、医薬品などへ応用する場合、**強すぎず弱すぎず、程よい力でゲスト分子を捕え、ある特定の刺激でゲスト分子を容易に放すこと**がホスト分子に求められる。程よい力でゲスト分子を捕え、必要な時にゲスト分子を放つことができるホスト分子の代表格が、本章で紹介する〝**シクロデキストリン**〟である。

2 ドーナツ型オリゴ糖〝シクロデキストリン〟とは？

シクロデキストリン（〝シクロ〟は〝環状〟の意味。〝サイクロデキストリン〟とも呼ばれる）は、デンプンに酵素を働かせて作られる、植物由来の環状オリゴ糖である。図7－1に示すようにD－グルコース（ブドウ糖）が環状につながった構造をもつ。特に、グルコースが6、7、8個からなるシクロデキストリンが代表的で、それぞれα－、β－、γ－シクロデキストリンと呼ばれている。これらのシクロデキストリンは内径0・5～0・9ナノメートル（1ナノメートルは1メートルの10億分の1）のドーナツ型の穴をもっており、この穴の形と大きさに合う分子をその中に取り込む性質をもつ（図7－2）。この性質を〝包接〟と呼び、シクロデキストリンの包接能力は、混合物の中から特定の分子を選択的に捕まえるための分離材料や特定の分子を検出するためのセンサーとして、また生体内に存在する酵素の機能を解明し利用するためのモデルとして、学術分野で盛んに研究さ

＊5　例えば、電気陰性度の大きな酸素と小さな水素が結合している場合、その結合に関与している電子は酸素の方に強く引き付けられる。この結果、酸素は電子が多くなってわずかにマイナスに荷電し、水素はわずかにプラスに荷電する。この現象を分極と言う。

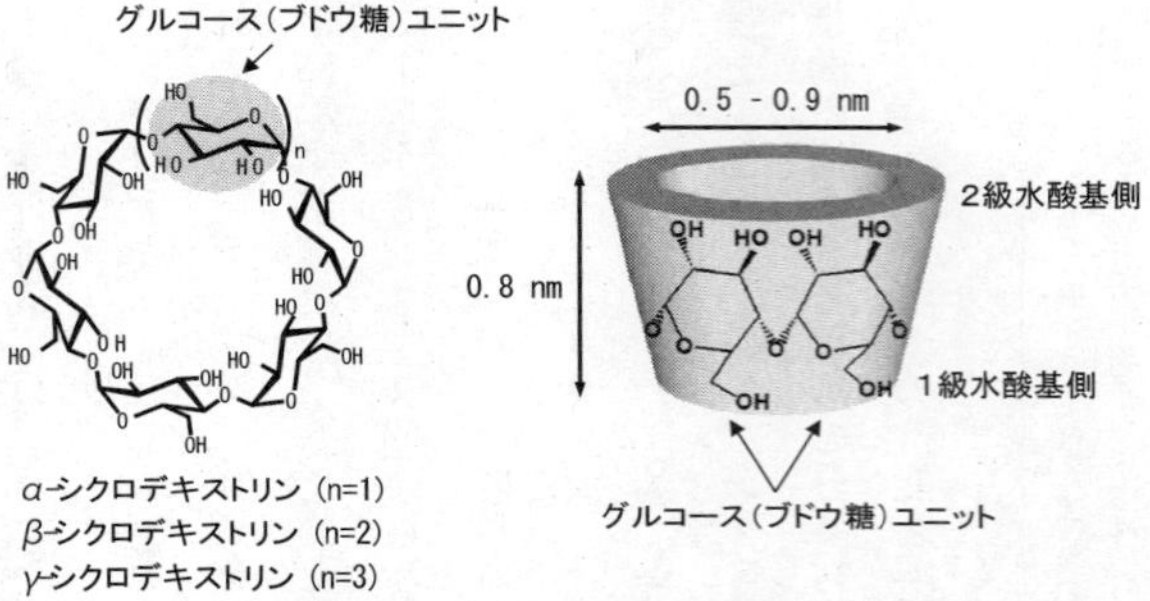

図7−1　シクロデキストリン（CD）の化学構造（左）と模式図（右）

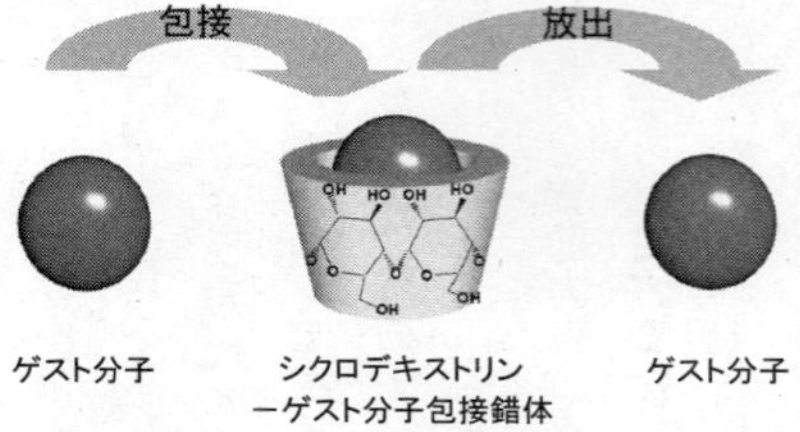

図7−2　シクロデキストリンによるゲスト分子の包接と放出の模式図

れてきた。また、前節で述べたように、シクロデキストリンは程よい力で分子を包接できるとともに、生体や環境に対して高い安全性をもつことから、食品、化粧品、医薬品などとして工業的にも広く利用されてきた。例えば、刺身を食べる時に使う〝**チューブ入りワサビ**〟にシクロデキストリンの包接機能が使われている。ワサビをすりおろすと出てくる、あのツーンとする辛み成分は揮発（蒸発）しやすいため、そのままの形では保存が困難であるが、シクロデキストリンの穴の中に取り込ませることによりその揮発が抑えられ保存が可能となる。穴の中に取り込まれた辛み成分は口の中で唾液と入れ代わりに容易に放出されることから、ワサビの辛味を長期保存後も味わうことが可能となる。その他にも、水に溶けにくい〝**コエンザイムQ10**〟などの健康食品をシクロデキストリンの穴の中に取り込んで水に溶けやすくし、体内への吸収率を高めたり（可溶化作用）、空中に漂う悪臭物質をシクロデキストリンの穴の中に閉じ込めて臭いを防いだりする（マスキング作用という。例えば、市販の消臭剤〝**ファブリーズ**〟にシクロデキストリンのマスキング作用が利用されている）ことにも使われている。

このように様々な分野で利用されているシクロデキストリンでも、取り込むゲスト分子の形や大きさに合わせて柔軟に形・大きさを変えるのが困難と考えられてきたことから、適用できるゲスト分子の種類は限られていた。筆者らは、このシクロデキストリンの弱点を克服しその用途をさらに拡大するために、シクロデキストリンの穴を作っているドーナツ型環骨格に色々なパーツ（以後スペーサーと呼ぶ）をはめ込んで（挿入して）穴の形・大きさを変えるという方法を考えた。この〝スペーサー挿入シクロデキストリン〟について次に詳しく説明しよう。

3　スペーサーを挿入してシクロデキストリンの穴の形と大きさを変える

スペーサー挿入シクロデキストリンの開発

筆者らが〝スペーサー挿入シクロデキストリン〟の研究に取り組むまでにすでに関連する二つの先行研究が報告されていた。しかし、そこで用いられている合成法はいずれも多くの反応段階からなり、かなり手間のかかるものであった。また、合成された〝スペーサー挿入シクロデキストリン〟の包接能力についてほとんど調べられていなかった。筆者らは、もっと少ない反応段階でより簡単に〝スペーサー挿入シクロデキストリン〟を合成す

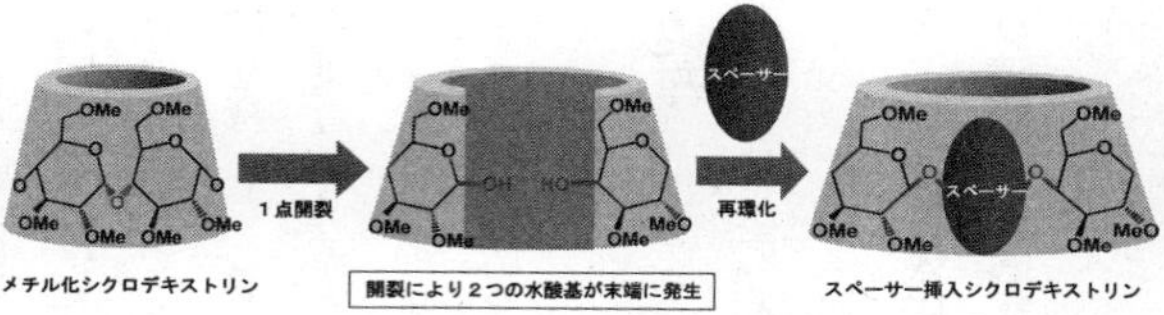

図7−3　スペーサー挿入シクロデキストリンの合成スキーム

る方法として、シクロデキストリンを構成するグルコースどうしの結合を1箇所だけ切断（1点開裂）し、その切断箇所にスペーサーを組み込んで再び環にする方法を考えた（図7−3）。つまり、**ドーナツの輪の1箇所を切断して、そこに別のパーツを組み込んで再びつなげ、大きさや形の異なるドーナツにしようという考え**である。

しかし、シクロデキストリンのグルコース間結合は、サイズの小さなα-シクロデキストリンの場合でも6箇所もあり、これらは化学的に同じ性質をもつことから、そのうちの1箇所だけを選択的に切断するのは至難の技と予想された。1つの結合が切断された後も、残りの5つの結合が次々と切断されてしまうからである。筆者らは、この1点開裂反応を種々の反応試薬と反応条件を用いて検討した結果、酸性試薬の一つである〝過塩素酸〟を用いて水溶液中で反応を行うことで、首尾よく反応が進行することを発見した。一般に、シクロデキストリンのグルコース間結合の切断反応は、酸性の試薬から供給されたプロトン（水素陽イオン）がグルコース同士をつないでいる酸素に付加することで始まることが知られている。この酸素はシクロデキストリンの穴の内側に存在することから、穴の中に取り込まれ易い酸性試薬（ここでは過塩素酸）を用いることで、酸素へのプロトンの付加が起こり易くなり、切断（開裂）反応が速やかに進行したと考えられる。一方、環が開裂した後は、過塩素酸分子とシクロデキストリンを接近させる穴がもはや存在しないことから、2点目の開裂反応の進行が抑えられたと考えられる。つまり、シクロデキストリンの穴への酸性試薬の包接現象を利用することで、1点開裂反応を首尾よく行うことができた。この方法を〝メチル化α-シクロデキストリン〟に適用した時、グルコース間結合の1箇所のみが選択的に切断（開裂）した化合物が良好な収率で得られた。この開裂反応によりグルコース鎖の末端に2つの水酸基（OH基）が新たに生じるので、これらと種々のスペーサーとの化学反応を用いて再び環にすることでスペーサー挿入シクロデキストリンを簡単に合成することができたのである。ここで**スペーサー挿入に要した反応は、開裂―再環化のわずか2段階であり、これまでの方法より時間と手間が大幅に短縮された。**

これらのスペーサー挿入シクロデキストリンの包接能力を調べた結果、包接能力は挿入するスペーサーの影響を大きく受けることがわかった。また、スペーサー挿入シクロデキストリンは、もとのシクロデキストリンよりも高い包接能力を示し、挿入したスペーサーとゲスト分子との間に働く力が包接錯体形成[*6]を促進していることが示された。このスペーサー挿入シクロデキストリンの合成法を用いることで、様々な形と大きさの穴をもつシクロデキストリンホスト分子を作ることが可能となり、包接できるゲスト分子の種類が飛躍的に拡大した。

一方、刺激に応答するパーツをスペーサーに用いれば、新しいタイプの刺激応答性シクロデキストリンを開発できる。次に、刺激に応答するシクロデキストリンについて簡単に触れよう。

刺激応答性シクロデキストリンの開発

薬物を標的の細胞へ確実に運ぶための薬物送達システム（DDS）や薬物・香料の徐放担体[*7]などへの応用を目的として、**シクロデキストリンの穴の中に取り込んだゲスト分子を**

＊6　ゲスト分子がホスト分子に包接されて生じた複合体のこと。

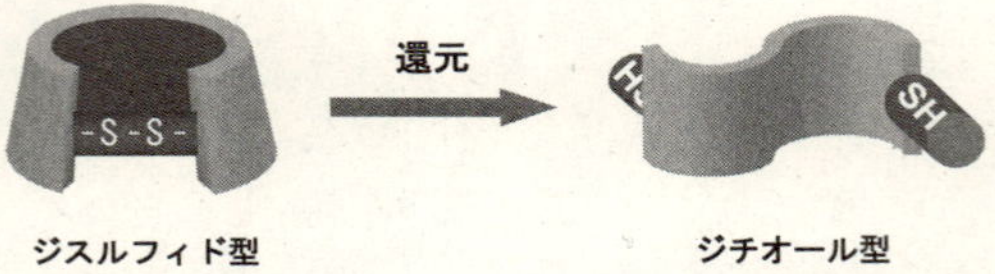

図7–4　還元によるシクロデキストリン環の開裂の模式図

光、pH、熱などの刺激により放出する研究も行われている。

筆者らは、硫黄原子が2個結合したジスルフィド（Ｓ－Ｓ）基をスペーサーとしてシクロデキストリン環骨格に挿入し、還元反応によるジスルフィドからジチオール（－ＳＨ）への変換を利用することで、取り込んだゲスト分子の放出を制御できる刺激応答性シクロデキストリンを開発した（図7－4）。この刺激応答性シクロデキストリンを用いることで、環の開裂に伴うゲスト分子の放出が実現できた。例えば、生体内に存在する還元剤[*8]であるジチオスレイトール（ＤＴＴ）をこの刺激応答性シクロデキストリンの水溶液へ添加することで、ジスルフィド基がジチオール基へと還元され、環の開裂が起こる。この開裂の速度は還元剤濃度を変えることで制御できた。このＤＴＴ添加によるシクロデキストリン環の開裂を利用することで、最初は穴の中に包接されていたゲスト分子を放出させることにも成功した。この刺激応答性シクロデキストリンは薬物等の徐放担体として広く利用できると考えられる。

4　油の中で働くシクロデキストリンをつくる

前節では、シクロデキストリンの穴の形や大きさを自在に変える方法とそれを用いてシクロデキストリンのゲスト分子放出能を制御する方法を紹介した。本節では、シクロデキストリンのもう一つの弱点である、**使用できる環境の限界を克服する方法**について述べる。

油の中で働くシクロデキストリンの開発

シクロデキストリンの包接能力はこれまで広く利用されてきたが、水の中や油の中等どのような環境下でもシクロデキストリンの穴へのゲスト分子の包接が起こるわけではない。**包接が起こるのは主に水中に限られており、**その一方で、非極性溶媒[*9]や油の中での包接は

＊7　保持した薬や香りの成分を徐々に放出させる機能をもつ物質のこと。薬物徐放担体を用いると薬効が長期間に渡って持続するために薬の服用回数を減らすことができる。また、薬の血中濃度が急激に上昇しないため、副作用が抑えられる。

＊8　相手を還元させる物質（自身は酸化する）のこと。食品添加物としてお馴染みのビタミンCが例として挙げられる。

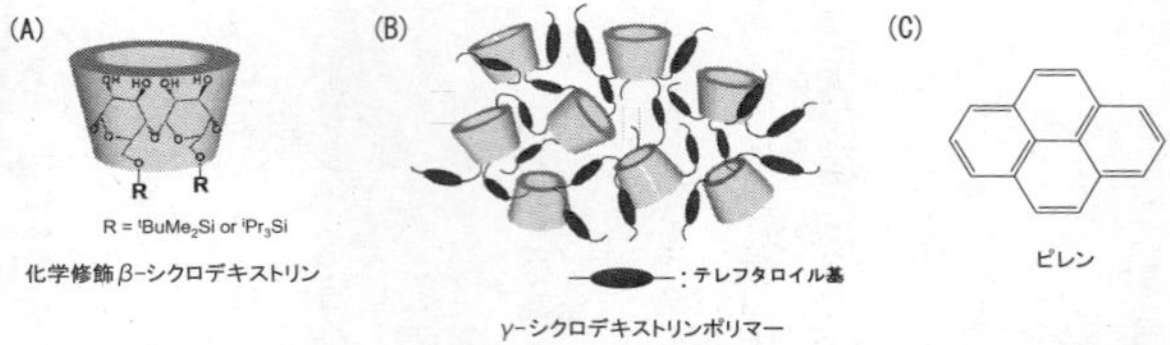

図7-5　(A)化学修飾β-シクロデキストリンと(B)γ-シクロデキストリンポリマーの模式図。(C)ピレンの化学構造。

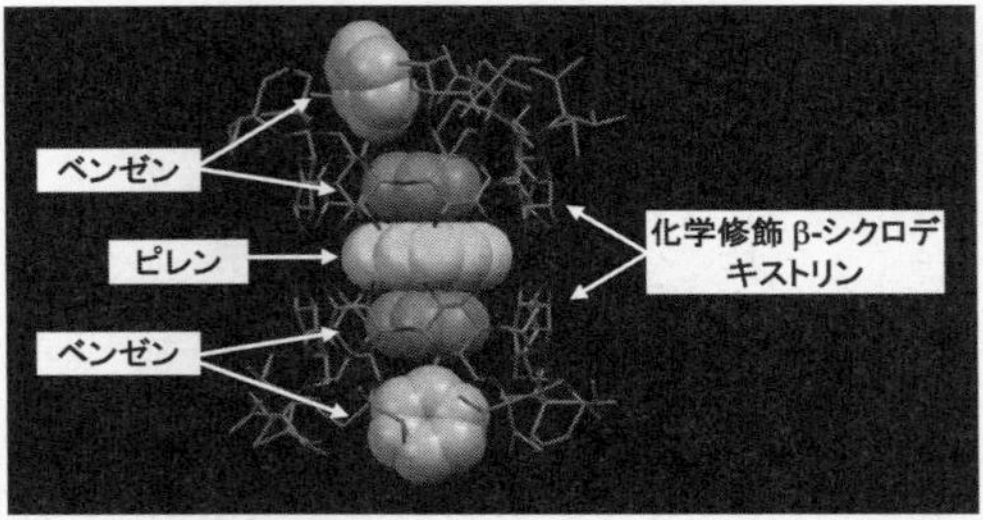

図7-6　ベンゼン中で形成された化学修飾β-シクロデキストリン－ピレン錯体の結晶構造

きわめて困難と考えられ、全く実現されていなかった。これはシクロデキストリンの穴の中が油に馴染みやすい〝親油性〟という性質をもっており、非極性溶媒や油の中では多量に存在する溶媒や油の分子がゲスト分子包接の強力な競合相手となり、ゲスト分子包接が大きく阻害されると考えられてきたからである。図7－1に示したように、シクロデキストリンには環の上と下に多数の水酸基（OH基）が存在している。筆者らは、そのうちの**1級水酸基側（シクロデキストリン環の口の狭い側）の水酸基を化学的に修飾したシクロデキストリンを用いることで、非極性溶媒中のゲスト分子をうまく包接できることを発見した。**特に、7個のグルコースからなるβ-シクロデキストリンの1級水酸基を化学修飾した化合物（図7-5A）が、非極性溶媒中に溶解した塩素化芳香族化合物、ピレン（化学構造を図7-5Cに示す）、ナフタレン類と効果的に包接錯体を形成することを明らかにした。これらの化合物のゲスト分子に対する選択性は、用いる非極性溶媒の種類により大きく影響を受けた。例えば、ベンゼン溶媒中では1,2-ジクロロベンゼンよりも1,3-ジクロロベンゼンに対し高い包接能力を示したのに対し、シクロヘキサン溶媒中では逆に1,2-ジクロロベンゼンに対し高い選択性を示した。また、これらの化学修飾シクロデキストリンはベンゼンあるいはシクロヘキサン溶媒中でピレンと2：1の包接錯体を形成し、それらの間の結合定数[*10]は、従来の水系でのβ-シクロデキストリンとピレンの結合定数よりも40倍以上も高い値を示した。このことは、シクロデキストリンの穴への

＊9　極性（電荷の偏り）をもたない溶媒分子のこと。ヘキサンやベンゼンがこれに相当する

＊10　複数の化合物が可逆的に結合・解離するとき、その結合の強弱を示す値。会合定数とも呼ばれる。結合（会合）定数が大きいほど化合物間の結合（会合）が強い。

ピレンの取り込みが水中よりも非極性溶媒中でより効果的に起こっていることを表している。ベンゼン溶媒中で形成された化学修飾シクロデキストリンとピレンの2：1錯体の単結晶X線構造解析[*11]（図7－6）から、この錯体では、シクロデキストリン2分子が互いの2級水酸基間の水素結合を介してカプセルを形成し、このカプセルの空孔の真ん中に、2つのベンゼン溶媒分子に挟まれたピレン分子が取り込まれていることがわかった。また、**この包接現象を用いることで油の中から塩素化芳香族化合物を除去することにも成功した。**例えば、100ppm[*12]の濃度の塩素化ベンゼンと低塩素化ポリクロロビフェニル（PCB）（化学構造を図7－7に示す）が溶解した絶縁油[*13]中に化学修飾β－シクロデキストリンを固体のまま入れて数時間撹拌し、固体と絶縁油を分離することで、絶縁油中の塩素化芳香族化合物の大部分が除去された。一方、3個以上の塩素が結合した中～高塩素化PCBに対してては、このシクロデキストリンはほとんど除去能を示さなかった。これらのPCBの分子サイズが、β－シクロデキストリンの穴のサイズよりも大きいために包接されなかったと考えられる。これらの結果をもとに、絶縁油中に溶解したPCBに対する吸着剤として、より大きな穴をもつγ－シクロデキストリン（8個のグルコースから構成されている）からなるγ－シクロデキストリンポリマー（図7－5B）を設計・合成した。このポリマー

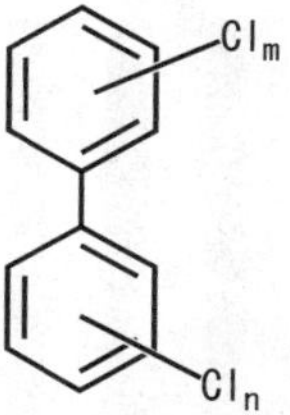

m + n = 1~10

図7-7　ポリ塩化ビフェニル（PCB）の化学構造
（209種の化合物からなる）

では、γ-シクロデキストリンの穴のサイズよりも大きなＰＣＢに対しては、複数のγ-シクロデキストリンが上下左右から囲むようにしてＰＣＢ分子を包接することが可能となる。このγ-シクロデキストリンポリマーを吸着剤に用いて絶縁油中のＰＣＢに対する吸着能を検討したところ、高塩素化ＰＣＢを含めたあらゆるＰＣＢを絶縁油中からほぼ完全に除去することができた（図7-8）。また、実際に我が国で未処理のまま保管されているＰＣＢ汚染絶縁油からもＰＣＢをほぼ完全に除去することができ、**ＰＣＢ汚染絶縁油中に混入しているＰＣＢの除去に効果的であることがわかった。**さ

*11　結晶にX線を入射すると、結晶構造に応じた回折斑点を得ることができる。この回折斑点を測定し解析することにより分子の構造を決定する方法をいう。

*12　ｐｐｍ＝１００万分率。１００万分の1の意味。parts per million の略。ある量が全体の１００万分のいくつを占めるかを表すときに用いる。

*13　液状の絶縁材料のひとつ。油入りの変圧器、コンデンサ、ケーブルなど多くの電気機器の絶縁材料として用いられている。

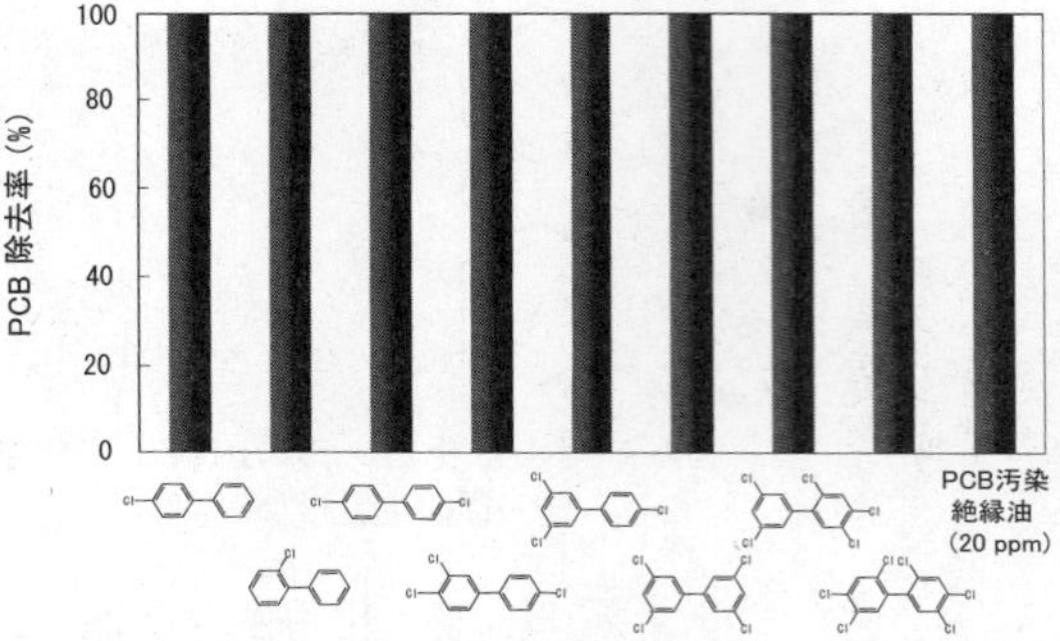

PCBの初期濃度: 100 ppm（絶縁油400 mg 中）
γ-シクロデキストリンポリマーの添加量: 200 mg

図7-8　γ-シクロデキストリンポリマーによる絶縁油中のポリ塩化ビフェニル（PCB）の除去

らに、吸着後のγ-シクロデキストリンポリマーを溶剤で洗浄することで、吸着したＰＣＢをほぼ完全に回収することができた。洗浄後のγ-シクロデキストリンポリマーは30回以上繰り返し利用できた。このポリマーをカラム[*14]内に充填し、その中をＰＣＢ汚染絶縁油が通過するシステムを組むことで、汚染絶縁油中のＰＣＢを効率的に分離濃縮することにも成功している。さて、ここで筆者らが除去の標的としている**PCB**とはどのような化合物なのか、次に詳しく説明する。

ポリ塩化ビフェニル（PCB）とは？

ポリ塩化ビフェニル（ＰＣＢ）は電気絶縁性、化学的安定性に優れ、不燃性であることから、今から50年程前までは電気機器の絶縁油、加熱・冷却用熱媒体、感圧紙などに広く利用されていた。しかし、１９６８年の「カネミ油症事件」[*15]によりその強い毒性が顕在化し、製造が中止され、１９７４年に製造・輸入・新たな使用が禁止された。ＰＣＢは化学的に非常に安定な化合物であり、かつ焼却処理により毒性のより強いダイオキシンになる危険性があることから、以後約30年にわたり使用済みＰＣＢは電力会社をはじめとする事業者により未処理のまま保管されてきた。１９９８年に脱塩素化分解法、水熱酸化分解法などの化学処理法がＰＣＢ処理技術として廃棄物処理法で認められ、日本環境安全事業㈱と各電力会社でＰＣＢ処理が開始されたが、迅速な処理は難しく、数ｐｐｍ～数十ｐｐｍ

＊14　物質の分離などに用いる円筒状の容器のこと。
＊15　１９６８年、福岡県北九州市にあるカネミ倉庫（株）で製造されていた食用油（こめ油・米糠油）の中に、熱媒体として使用されていたポリ塩化ビフェニル（ＰＣＢ）が配管部から漏れて混入し、この油を食べた人々に、顔面などへの色素沈着や塩素挫瘡（クロルアクネ）など肌の異常、頭痛、手足のしびれ、肝機能障害が起こった。また、妊娠中にこの油を食べた患者からは、皮膚に色素が沈着した状態の赤ちゃんが生まれた。

の微量ＰＣＢが混入した汚染油は現在もなお未処理のまま日本国内の各所で大量に保管されている（未処理のＰＣＢ汚染油の全量は50万トン以上と見積もられている）。さらに保管容器の劣化・腐食や地震等の自然災害による環境中へのＰＣＢの漏洩が懸念されており、**大量のＰＣＢ汚染油を早急に無害化処理できる技術の確立が求められている。**環境省では、微量ＰＣＢ汚染油の迅速な処理技術を確立するために、２００６年3月から、既存の産業廃棄物焼却処理施設で微量ＰＣＢ汚染油を安全かつ確実に焼却処理できることを確認するための実証試験を実施しており、２０１０年6月から現在までに8つの焼却施設をＰＣＢ無害化処理施設として認定している。しかし、地域住民の説得や自治体への対応、保管場所から処理施設までのＰＣＢ汚染油の安全な運搬体制の確立、処理コストなど、焼却処理を広く普及させるためには多くの課題が残されている。また、焼却処理ではＰＣＢ汚染機器等の洗浄に用いた大量の絶縁油や炭化水素系溶剤を再利用することができない。このようなことから、**より安全かつ迅速に微量ＰＣＢ汚染油を処理でき、さらにＰＣＢ除去後の油の再利用も可能となる、新しい処理技術の開発が強く望まれている。**

PCB問題解決に向けて

筆者らが開発した、γ-シクロデキストリンポリマーによるPCB分離濃縮技術を用いることで、大量のPCB汚染油から効率よく、環境に負荷を与えずにPCBを分離濃縮することが可能となり、我が国で大量に保管されているPCB汚染油の全廃に貢献できると考えられる。さらに、これまでは廃棄物として焼却されていた、有害物質除去後の油が再利用可能となることから、温室効果ガスの排出量を大幅に削減でき、地球環境保全にも貢献できる。

5　おわりに

シクロデキストリンは、代表的なホスト分子として30年以上にもわたって学術分野で研究されてきた。またその高い生体適合性ならびに環境適合性から、工業的にも広く用いられてきた。しかし、柔軟な分子設計が困難であり、また、油の中ではほとんど包接能力を示さないといった、従来からの固定観念がシクロデキストリンの応用範囲を著しく狭めていた。本章では、これまで思い込まれていたシクロデキストリンの能力の限界を打ち破り、新しいシクロデキストリン化学誕生への基盤となる技術について紹介した。筆者らが開発した、スペーサー挿入シクロデキストリンを用いることで、ゲスト分子の構造に合わせた包接空間の制御が可能となり、包接できるゲスト分子の種類が飛躍的に拡大する。また、有機溶媒や油の中で包接能力を示す化学修飾シクロデキストリンを用いることで、油中に混入したＰＣＢやトランス脂肪酸などの有害物質の除去が可能となるとともに、有機溶媒中での様々な化学反応へも利用することができる。**環境への負荷が少なく、リサイクル性と生分解性を併せもつ環境適合性機能材料であるシクロデキストリンの新しい機能を開拓し、その穴をより有効に利用することで、学術の進展に貢献できるとともに、我が国の産業の活性化にも貢献できると考えられる。**

本章を読まれて、ドーナツ型オリゴ糖〝シクロデキストリン〟を用いた、人と社会に役立つモノづくり研究の一端を少しでも感じていただければ幸いである。

ブックガイド

［１］　戸田不二緒監修、上野昭彦編『**シクロデキストリン―基礎と応用―**』、産業図書（１９９５）
［２］　シクロデキストリン学会編『**ナノマテリアルシクロデキストリン**』、米田出版（２００５）
［３］　築部 浩編著『**分子認識化学―超分子へのアプローチ―**』、三共出版（１９９７）

解説　シクロデキストリンってなに?

山下英里華
（ショセキカ／大阪大学理学部３年生）

物質を穴に取り込む“包接”ができる
つまり
取り込んだ物質を保護したり不要なものを
穴に取り込んで除去したりできる

⇒第２節　‘シクロデキストリン’とは?　p.223 へ !!

弱点１
穴の形や大きさが決まっていて
限られた物質しか取り込めない

いろいろな物質を穴でキャッチするため…
<u>穴の形や大きさを変える!</u>

1　ドーナツの一個所を切る

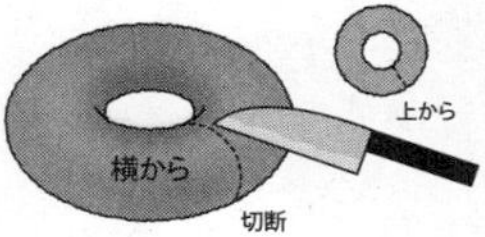

2　切り取ったところにスペーサーを入れる

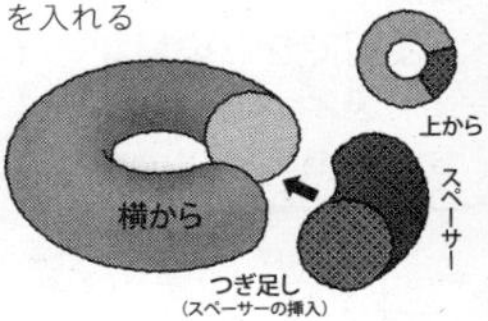

3　穴の形や大きさがスペーサーの種類によって変化する

⇒第３節　スペーサー挿入シクロデキストリンの開発　p.226 へ !!

弱点2
物質の放出が制御できない

取り込んだ物質の放出を制御するため…
ドーナツの穴をなくしたり
復元したりできるようにする!

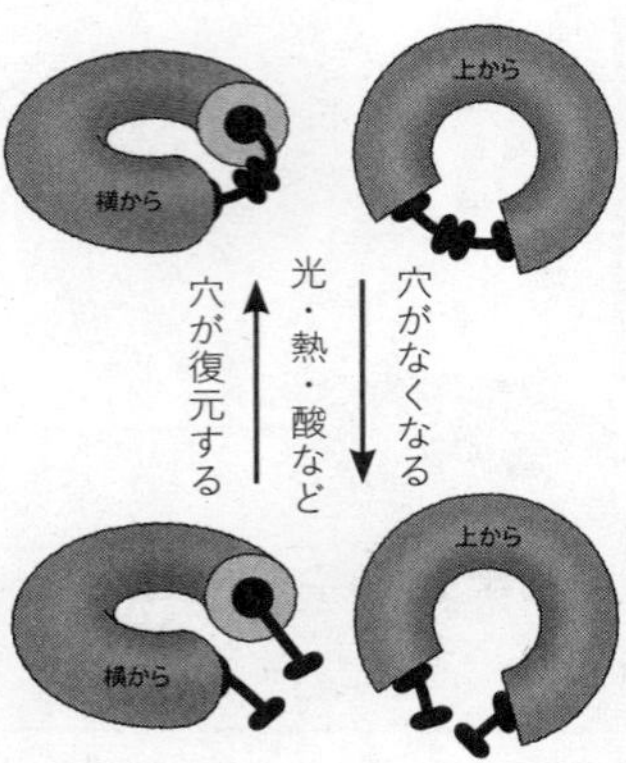

⇒第3節　刺激応答性シクロデキストリンの開発　p.229へ!!

弱点3
使用できる環境が
決まっている
(油の中で物質を取り込めない)

油の中でも物質を取り込むため…
穴の性質を変える!

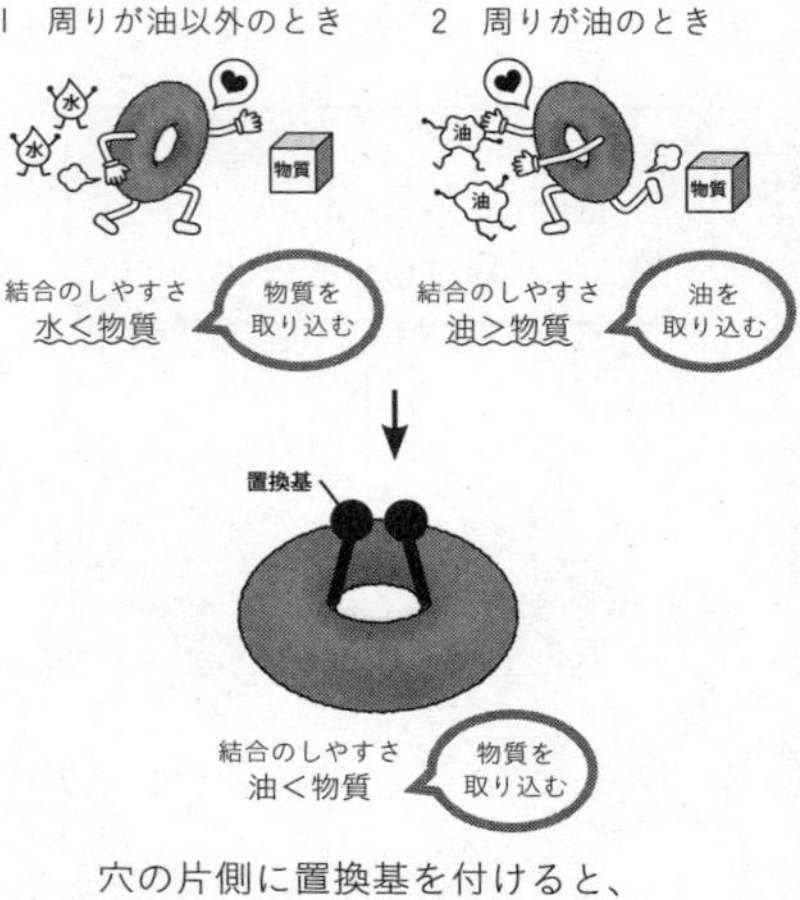

穴の片側に置換基を付けると、
油よりも物質が結合しやすくなる

⇒第4節　油の中で働くシクロデキストリンの開発　p.231へ!!

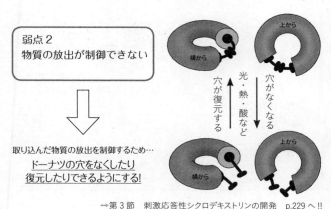

世界のドーナツコラム VOL.9 ブラジル

あのドーナツはブラジルから?! ポン・デ・ケイジョの魅力

南米の国、ブラジル。ブラジルといえばコーヒーを思い付く人が多いと思います。コーヒーとドーナツ……いい組み合わせですね。

今回、南谷先生に教えていただいたのは、現地の人にも、ブラジルを訪れた日本人にもたいへん愛されている食べ物です。名前は**「ポン・デ・ケイジョ」**。……あれ？　この名前、どこかで聞いたことありませんか？　そうです、あのミスタードーナツで絶大な人気を誇る「ポン・デ・リング」。あれはなんとこのポン・デ・ケイジョを元に考案されたものなのです。これはとても意外ですね。ブラジルの公用語はポルトガル語で、ポン・デ・ケイジョの「ポン」の部分の元 pão が日本に伝わって、今私たちが使っている「パン」という言葉になったと言われています。

ポン・デ・ケイジョは、ドーナツというよりはパンに近い食べ物です。ブラジルでメインの食材として使われる「キャッサバ芋」の粉末を原料に、卵や牛乳と一緒にこねて焼き上げます。生地をこねるときにチーズを練りこませるのが特徴です。このチーズの量や種類によって、さまざまな味の変化を出しています。

ポン・デ・ケイジョはブラジルでは**非常にポピュラーな食べ物**で、カフェやバーなどの飲食店で売られています。その中でも「カーザ・ド・

pão de queijo

ポン・デ・ケイジョ（Casa do Pão de Queijo）」というチェーン店はポン・デ・ケイジョを専門に取り扱い、ブラジルで一番初めにこのパンを売りだしたと言われています。ブラジルに行かれたら、ぜひ一度このお店に行ってみることをオススメします。

ポン・デ・ケイジョが日本のポン・デ・リングと大きく違うのは、〃そこまで甘くない〃という点です。そもそもブラジル料理に甘いものはほとんどなく、「塩辛い」ものが多いそうです。でも、**米を主食**とするところや、**凝った味付けをせず素材をそのまま生かした調理**をするところが日本人にはなじみやすいそうです。ニコニコ顔で話される南谷先生によると、大阪では心斎橋の「バルバッコア」というお店や、堺の「セリアハウス」というお店で本格的ブラジル料理が堪能できるとか。ぜひ一度味わってみてはいかがでしょうか。

インタビュイー：南谷　かおり　先生
協力：林田　雅至　先生
執筆：平野　雄大

第8章

法律家は黒を白と言いくるめる？

大久保　邦彦（おおくぼ　くにひこ）

大阪大学大学院国際公共政策研究科・教授

1963年生まれ。大阪府立北野高校、京都大学法学部卒業、京都大学大学院法学研究科博士後期課程研究指導認定退学。京都大学助手、神戸学院大学講師・助教授、甲南大学教授を経て、2008年から大阪大学大学院国際公共政策研究科教授。1999～2001年、ウィーン大学法学部民法研究所客員研究員。

高校時代は数学と物理が得意だったが、周りの友人に文系志望が多かったことから、それに流され、潰しが効く法学部に進学する。サラリーマンになりたくなかったので、司法試験を受けたが、合格させてもらえなかったため、大学院に進学する。学部時代は刑法と民事訴訟法のゼミに所属したが、大学院では一番就職しやすい民法を専攻。当初は、請求権競合論という民法と民事訴訟法の交錯領域を研究していたが、留学中、オーストリアの法学方法論を勉強していた時に、自分は民法ではなく法学方法論に興味があることを悟る（請求権競合論自体も、法学方法論に関わる）。民法に関する私のわずかな著作は、基本的には、法学方法論を民法に応用したものである（例、『民法V事務管理・不当利得・不法行為』（有斐閣LEGAL QUEST 2011）の事務管理・不当利得の部分）。最近の興味は、方法論から思想的なことへシフトしつつある。

本章では、「ドーナツを穴だけ残して食べる方法」という問いに直面した法律家（＝私）の行動を紹介することを通して、法学の特徴や思考様式を描き出す。この法律家は、「ドーナツ」をキーワードにして法令と判例を検索し、「ドーナツ事件」を発見した。そして、この事件の判決をヒントにして、「ドーナツを穴だけ残して食べる方法」を思い付く。さらに、その方法に対して屁理屈や詭弁という批判が加えられることを予想して、法が詭弁や擬制（fiction）や嘘を用いて発展してきたことを示そうとする。いやはや、呆れた人だ。このような法律家の隣には住みたくないものだ。

1　法令

法学の出発点となるのは、法令の条文である。[*1] そこでまず、「ドーナツ」という用語が出てくる法令を探してみた。すると、小売物価統計調査規則・意匠法施行規則・商標法施行規則という3つの法令が見つかった。しかし、これらの法令は、「ドーナツを穴だけ残して食べる方法」という問いに対する解答には役立たなかった。

法令は、重要な法令を体系的に収録した『六法（全書）』[*2] で調べ、『六法』に載っていない法令については、『現行法規総覧』というルーズリーフのように中身を差し替えることができる加除式の書物や、全法令を年月日順に刊行する『法令全書』で探すのが通常だった。しかし、『六法』は今でもよく使うが、現在は、総務省が運営する総合的な行政ポータルサイト「e-Gov《イーガブ》」の中に「法令データ提供システム」があり[*3]、それにより、法令を簡単に検索することができる。読者も実際に、このサイトを使って、いろいろな法令を検索してみて欲しい。たとえば、「国民の祝日に関する法律」を見れば、それぞれの祝日の意味が分かる。「『六法全書』に故意[*4]はあるけど恋はなし」とかつて言われたが、現在では「恋愛」という用語が出てくる法律もある。刑法や軽犯罪法を見れば、どのような行為が

＊1　「法令」とは、「法律」と「命令」の総称である。国会（立法機関）が制定したルールを「法律」、国の行政機関が制定したルールを「命令」と呼ぶ。「法令」が、最高裁判所規則、地方公共団体の制定する条例、条約等を含むこともある。日常用語では「法」と「法律」は区別されていないが、厳密には、「法」は、「法令」以外に、慣習法・判例法や法理念・法原理・立法趣旨などを含む広い概念である。

＊2　「六法」とは、本来は、憲法・民法・刑法・商法・民事訴訟法・刑事訴訟法という6つの代表的な法律を意味するが、『六法（全書）』には、それ以外の法令も登載されている。英語の授業には『英和辞典』を持っていくように、法学部生であれば、常に携帯すべき必須アイテムである。最近は、カラフルな外箱の『六法』が、女子学生には人気である。

＊3　https://elaws.e-gov.go.jp/search/elawsSearch/elaws_search/lsg0100/

＊4　刑罰や損害賠償責任は、原則として、加害者の悪い意思を非難できるときにのみ課される（刑法38条、民法709条）。「故意」は「わざと」という意味であり、「過失（不注意）」とともに、悪い意思である。

犯罪とされ、それに対してどのような刑罰が科されるかが分かる。殺人罪（刑法199条）よりも重い刑罰が科せられる犯罪もある。読者の中にも、軽犯罪法に違反する行為をしたことのある人は多いのではなかろうか。

法学が主に携わるのは、法令の意味内容を明らかにする「法解釈」と呼ばれる作業である。たとえば、憲法9条2項前段は「前項の目的を達するため、陸海空軍その他の戦力は、これを保持しない。」と規定するが、「戦力」とは何か、自衛隊は「戦力」に当たるのか、そもそも9条はどのような目的のために作られたのか（立法趣旨）、を探る作業が「法解釈」である。法解釈学は、法令を前提にし、それに拘束される点で、聖書を前提にする神学と共通する。神学においても、聖書を前提にして、福音書のたとえ話をどう解釈するか、イエスは神か人か、等が論じられる。実際、法解釈学は、法教義学（Rechtsdogmatik）とも呼ばれる。そのため、法学はドメスティックな学問であり[*5]、日本の民法学とドイツの民法学は別物である。他の多くの学問（自然科学や経済学）は、世界に1つしかないのと対照的である。もっとも、ナチスの時代には、ドイツ物理学とユダヤ物理学とがあるとされたが[*6]。

2　判例

次に、**判例（裁判の先例）**[*7]**を調べてみた。**「ドーナッツ」という語が出てくる判例は200ほどある。その中で、何と**「ドーナッツ」の意義について争われたものを発見した。**3節で紹介するその事件は「ドーナッツ事件」と呼ばれている。[*8]この事件の判決は、「ドーナッツ」という言葉の意味について論じた近時の文献の中で、最も詳細なものだと思われる。

＊5　空港に行くと、International（国際線）とDomestic（国内線）の表示がある。ドメスティックの意味は、そこから理解できるだろう。

＊6　ノーベル賞を授与されたこともあるフィリップ・レーナルト（Philipp Lenard）は、1936年に『ドイツ物理学4巻（Deutsche Physik in vier Bänden）』をまとめあげた。

＊7「判例」とは、裁判（判決・決定）の先例のことである。拘束力のあるものを「判例（法）」、ないものを「裁判例」と区別することもあるが、本文ではその区別をせずに、「判例」という語のみを用いている。わが国では、判例には事実上の拘束力しかないという説が有力だが、本文は、法理念を根拠に、判例に一定の法的（規範的）拘束力を認める説に立っている。

＊8　飯村敏明「商標関係訴訟～商標的使用等の論点を中心にして～」パテント65巻11号107頁、2012年。ドーナッツ事件以外にも、フジバンビの「黒糖ドーナッツ棒」という商標（登録番号第5076547号）と七尾製菓の「棒でドーナッツ黒糖」という標章が類似するか否か等が問題となった事件がある（大阪地裁平成23年9月15日判決、知財高裁平成23年3月24日判決〔判例時報2121号127頁〕）。

判例は種々の判例集に掲載されているが、判例を探すのもずいぶん楽になった。私が大学院生の頃には、『判例体系』などの加除式の判例要旨集や、1年間に公刊された判例の要旨を集めた『判例年報』をよく繰ったものだが、今では判例もデータベース化されている。それを利用すると、判例を容易に検索することができる。*9

かつて、刑法200条は、親殺し（尊属殺）を普通の殺人よりも重く処罰していたが、最高裁は、尊属殺の刑が重すぎるので、刑法200条は法の下《もと》の平等を定めた憲法14条1項に違反して無効だと判断した（最高裁昭和48年4月4日判決〔刑集27巻3号265頁〕）。裁判所ウェブサイトでこの判決を実際に検索し、なぜ娘は父親を殺したのか、最高裁はどのような理由で刑法200条を違憲と判断したのかを、確認して欲しい。

判例を調べるのは、先例に従うことが、通常、3つの法理念（正義・法的安定性・合目的性）に適合しているからである（⇒キーワード）。まず、正義は「等しいものを等しく取り扱う」ことを求める。したがって、先例と同種の事件に異なる解決を与えるのは、正義に反する。次に、法的安定性は、法が安定していること、先例が忠実に適用されることを求める。先例が適用されないと、裁判の結果に対する予測や期待が裏切られることになる。最後に、先例に従うと、裁判所は一から考える必要がなくなるので、裁判所のサービスという稀少な財を効率的に使うことができ、合目的的である。もちろん、事実状況・法状況の変化などにより先例を覆す十分な理由がある場合には、先例から離れる必要がある。しかし、そうでない限り、先例に従うべきである。**法令の拘束力には及ばないが、先例にも一定の拘束力がある。**[*10] なお、法律家にならなくても、ある問題に直面したときには、まず先例を調べるべきである。先例を調べずに、先例とは異なる解決をすると、正義に反しているという批判を受ける可能性がある。先例を固く守る必要はないが、先例から離れる十分な理由が見つからない場合には、それに従うのが無難である。

＊9　阪大では、豊中キャンパスの法学部資料室で「LEX／DBインターネット」を利用することができる。裁判所ウェブサイトの「裁判例情報」のページでも、多くの裁判例を検索できる。http://www.courts.go.jp/app/hanrei_jp/search1

＊10　Franz Bydlinski, Grundzüge der juristischen Methodenlehre, 2.Aufl, 2012, SS.116ff. 本書は、オーストリアの法学方法論に関する概説書である。

3　ドーナツ事件[*11]

事件の概要

この事件では、西川産業（原告）とテンピュール・ジャパン（被告）という寝具業界の著名な企業間において、**被告の「ドーナツクッション」という標章（図８－１）が、原告の「ドーナツ」のロゴタイプ（図８－２）の商標権を侵害しているか否かが争われた。**結論として、**裁判所は商標権侵害を否定**し、原告が敗訴、被告が勝訴した。

「商標（trademark）」とは、人の知覚によって認識することができるもののうち、文字・図形・記号・立体的形状・色彩又はこれらの結合、音その他政令で定めるもの（標章）であって、業として商品を生産・証明・譲渡する者がその商品について使用するもの等をいう（商標法２条１項）。商標は特許庁のサイトで検索できる。[*12] 西川産業の図８－２の商標の登録番号は第８２２９５１号である。「大阪大学」、「阪大」や大阪大学の校章（銀杏マーク）・ワニ博士も商標登録されている（キーワードを「国立大学法人大阪大学」として検索せよ）。商標登録を受けようとする者は、特許庁長官に商品等を指定して出願し（同

ドーナツ
クッション

ドーナツクッション

図8-1　テンピュール・ジャパンの標章

ドーナツ

図8-2　西川産業の登録商標

5条）、審査の上、商標登録を受けることにより、商標権を取得することができる（同18条1項）。商標権は、登録商標に類似する商標を、指定商品等に使用することを禁止できる権利である（同25条・36条・37条）。

原告は、図8－2のロゴタイプを、指定商品をクッション・枕・布団等として

＊11　第1審：東京地裁平成22年10月21日判決（判例時報2120号112頁）、控訴審：知財高裁平成23年3月28日判決（判例時報2120号103頁）。裁判所ウェブサイトにも、この判決は掲載されている。なお、本文の紹介では、不正競争防止法違反に関する部分を省略した。西川産業の「ドーナツ枕」、テンピュール・ジャパンの「ドーナツクッション」がどのような商品であるかについては、Web上で確認して欲しい。判決文中では、「ドーナツクッション」は、低反発素材を用いた本体とカバー等からなり、その本体の形状は、幅約40㎝×奥行約42㎝×高さ約5㎝のほぼ直方体（8つの頂点のうち4つの角がとれて丸味を帯びている立体）であって、その中央には取り外すことが可能な楕円筒形の部分（中央部分）があり、この中央部分を取り外した後の本体は、中央に楕円形の穴があいた形状となる、と説明されている。

＊12　https://www.j-platpat.inpit.go.jp/

商標登録し、「ドーナツ枕」を販売していた。他方で、被告は、図8-1の標章を、商品の包装箱等に付して「ドーナツクッション」を販売していた。そこで、原告は、被告の標章は原告の登録商標と類似しており、被告の販売行為は登録商標に類似する商標の使用に当たるため、原告の商標権を侵害していると主張して、被告に対し、図8-1の標章を包装に付した被告商品の販売等の差止め、及び、商標権侵害の不法行為に基づく2310万円の損害賠償を求めた。**消費者は、被告の図8-1の標章を見て、被告の商品を原告の商品と誤解して購入しているから、その標章の使用をやめてくれ、というのが、原告の主張である。**

裁判所はまず、商標の本質は、その商標が使用された結果、需要者が何人かの業務に係る商品であることを認識することができるもの（同3条2項）として機能すること、すなわち、商品の出所を表示し、識別する標識として機能すること、にあると解した。次に、商標がこのような出所表示機能・出所識別機能を果たす態様で用いられていると言えない場合には、形式的には商標法2条3項各号に掲げる行為に該当するとしても、その行為は、商標の「使用」に当たらず、他人の商標権を侵害しない、と解した。そして、被告の標章が商品の出所表示機能・出所識別機能を果たす態様で用いられているか、本来の商標としての「使用」がされているかどうか、について判断することにした。

この点に関する先例として、テレビ漫画「一休さん」のキャラクター商品であるカルタの箱の左上に小さく「テレビまんが」と付記する行為が、指定商品を娯楽用具等とする登録商標「テレビマンガ」を侵害するか否かが問題となった事件がある。裁判所は、被告の「テレビまんが」なる標章は、被告の販売するカルタが、周知の昔話『一休さん』のうち現にテレビ放送により放映されているテレビ漫画映画『一休さん』を基にして作られたものであり、絵札に表される登場人物のキャラクター等がそのテレビ漫画映画に由来するものであることを表示するにすぎず、自他商品の識別標識としての機能を果たす態様で使用されているとは認められないと判断して、商標権侵害を否定した。[*13]

ドーナツ事件では、被告による図8－1の標章の使用が、出所表示機能・出所識別機能を果たす態様で用いられているか、それとも単に、形状表示機能しか果たさないかが争われることになった。そして、その争いの中で、「ドーナツ」の意義が問題となった。

＊13　東京地裁昭和55年7月11日判決（無体財産権関係民事・行政裁判例集12巻2号304頁）。この判決も、裁判所ウェブサイトに掲載されている。

原告の主張

まず、商標権侵害を肯定するために、被告による標章の使用が出所表示機能・出所識別機能を果たし、形状表示機能を果たさないことを主張したい原告は、次のように述べる。「ドーナツ」の言葉から想起されるのは、小麦粉・砂糖・卵などからなる生地を油で揚げた洋菓子であり、その形状は、円形・輪形・ボール形と様々である。ドーナツの中には、円環体の形状をしたものが多いため、「ドーナツ」の言葉から円環体の洋菓子との観念も生じる。しかし、**「ドーナツ」の言葉から想起されるのは、あくまでも洋菓子あるいは円環体の洋菓子であって、円環体の「形状」ではない。**

被告の主張

これに対して、被告は、「板チョコ」が「板状のチョコレート」の普通名称として用いられるのと同じく、「ドーナツクッション」という標章は、「ドーナツ型のクッション」を指し示す形状表示機能しか果たさず、クッションという商品について自他商品識別力を有しない、と主張する。**消費者は図８―１の標章を見ても、その商品が「ドーナツ型」だと思うだけで、西川産業の商品だとは思わない、**という主張である。

①「ドーナツ」という標章は、ドーナツ型の事物の形状を簡潔に示す語として世間一般で広く使用されている。このことは、様々な辞書等で、「ドーナツ」という語について、「ドーナツ盤」、「ドーナツ現象」、「ドーナツ化現象」という用語が例示され、「ドーナツ型」、「ドーナツ状」という使用法が明確に記載されていることから明らかである。また、「ドーナツ○○」という使用法が、中央部に切り欠き部ないし窪みを有する座布団・椅子・犬用クッション・介護用パッド・フィットネス用ボールその他の事物の形状を示す際にも用いられている。

②「ドーナツ」という標章がクッションという商品について使用される場合には、中央部に切り欠き部ないし窪みを有する形状のクッションであるドーナツ型クッションを簡潔に表示するもの（形状表示）として、また、腰痛・痔疾の予防・改善その他の効能を有するケア用品としての品質・用途を簡潔に表示するもの（品質表示・用途表示）として、一般消費者において広く使用され、取引業界においても古くから慣用されている。

③したがって、図８―１の標章が被告の販売するドーナツ型クッションについて使用

されても、そこには何らの自他商品識別力も認められない。

東京地裁の判断

東京地裁は、「ドーナツ」の意義につき次のように述べ、**被告の主張を大筋で認めた。**

①「ドーナツ」には、「小麦粉に砂糖・バター・卵・牛乳・ベーキングパウダーまたはイーストなどをまぜてこね、輪形・円形などに作って油で揚げた洋菓子」（広辞苑第5版）、「小麦粉に砂糖・卵・牛乳・ベーキングパウダーなどをまぜてこね、輪形などにして油で揚げた洋菓子」（大辞泉第1版）、「小麦粉に砂糖・バター・卵などをまぜてこね、丸く輪にして油で揚げた菓子。『I型』」（大辞林第3版）の意味がある。

②「ドーナツ」の語を冠した複合語として、「ドーナツ現象」、「ドーナツ盤」が辞書に掲載されている。「ドーナツ現象」には、「大都市の居住人口が中心部から郊外に移り、人口配置がドーナツ状になること。ドーナツ化現象」（広辞苑第5版）、「大都市の中心部の居住人口が地価の高騰や生活環境の悪化などのために減少し、周辺部の人口が増大して人口分布がドーナツ状になる現象。ドーナツ化現象」（大辞泉第1版）、「地価の高騰や生活

環境の悪化などで、大都市の中心部の人口が減り、周辺部の人口が増加する現象」（大辞林第3版）の意味がある。「ドーナツ盤」には、「直径17・5cm、1分間45回転のレコードの俗称。EPレコード。中心部の穴が大きく、その形状がドーナツに似ているからという」（広辞苑第5版）、「1分間45回転で演奏するレコードのうち、中心穴が38mmのもの」（大辞林第3版）の意味がある。

③　平成21年9～11月当時、ウェブサイト上のインターネット通販で、「ドーナツ椅子」、「ドーナツウォッチ」などの「ドーナツ」の語を商品名に冠した商品が販売されていた。「ドーナツ椅子」、「ドーナツチェアー」は、着座部分の中心に円形状の穴があり、着座部分が輪形となっている椅子である。「ドーナツウォッチ」は、文字盤の中央部分に円形の穴が開いた腕時計である。また、「ドーナツ」の語を冠した複合語として、フィギュアスケートにおいて、上体を氷と平行させるように折り曲げ、片足を頭につけて輪形にして回る「ドーナツスピン」が用いられている。

④　以上の①～③を総合すれば、**「ドーナツ」の語から、小麦粉に砂糖・バター・卵などをまぜてこね、輪形・円形などに作って油で揚げた洋菓子の観念が想起される。**また、**「ドーナツ」の語を冠した複合語から、中央部分に穴のあいた円形・輪形の形状の物ある**

いはこのような円形・輪形に似た形状の物が想起される。

⑤「ドーナツ」の語から中央部に切り欠き部ないし窪みを有する事物の形状の観念が生じる旨の被告の主張に対して、原告は、そのような抽象的な形状は、円環体に限らず、竹輪・ナット・お椀・升・箱のような形状も全て含まれることになり、「ドーナツ」の言葉からこのような形状の観念が想起されることはおよそ考えられない、と反論していた。

東京地裁も次のように判断した。「ドーナツ」の語が中央部に切り欠き部ないし窪みを有する事物の形状の意味を持つことは辞書に掲載されていない。中央部に窪みを有する事物の形状と言っても、当該事物の外縁あるいは事物全体が特定されるものではなく、窪みの形状には様々なものがありうることに照らすと、そのような事物の形状には広範なものが含まれる。したがって、「ドーナツ」の語からそのような事物の形状が想起されるものとは認め難い。

東京地裁は、①～⑤のように述べて、**被告による図8－1の標章の使用は本来の商標としての使用に当たらない**として、原告の請求を斥け、被告が勝訴した。

知財高裁の判断

知財高裁も、「ドーナツ」の意義も含め、東京地裁とほぼ同じ理由で、原告の請求を認めなかった。

①「ドーナツ」には、穴のあいた円形・輪形の形から、そのような形状と結びついた物との観念が生じる。「ドーナツ盤」、「ドーナツ椅子」等の「ドーナツ」を冠した複合語の用例があることをも勘案すれば、「ドーナツ」を冠した複合語からは、「ドーナツ」とそれに続く語との間の「型」、「形」の語が省略されていたとしても、「中央部分に穴のあいた円形・輪形の形状の物あるいはこのような円形・輪形に似た形状の物」の観念が想起される。

②原告は、中央部分に穴があるのはLPレコードもEPレコードも同じだと主張する。しかし、LPレコードの中心部の穴はEPレコードの中心部の穴に比べて極めて小さく、美観上は、その小さな穴を捨象〔無視〕しても差し支えない程度のものである。それに対して、EPレコードは、中心部に大きな穴があるとの印象を強く与える。その点を考慮すれば、EPレコードのみが「ドーナツ盤」と呼ばれることも、①の結論に反するものでは

なく、ごく自然な用例と言える。

③　また、原告は、「ドーナツ椅子」、「ドーナツウォッチ」、「ドーナツスピン」などの用例は特殊なものであり、このような用例があったとしても、「ドーナツ」から「中央部分に穴のあいた円形・輪形の形状の物あるいはこのような円形・輪形に似た形状」との観念は生じない、と主張する。しかし、原告のこの主張も採用できない。ウェブサイト上のインターネット通販「Yahoo!ショッピング」の「ウッディストア・アクア」においては、「ドーナツ椅子」、「ドーナツイス」は中心部分に穴のある円形椅子であり、中央部分に穴のない「丸形椅子」とは区別されている。また、株式会社ニーズのホームページにおいても、中央部分に穴のある医療機関用の丸形椅子が「ドーナツチェアー」と表記されている。さらに、「ドーナツスピン」についても、フィギアスケートのスピン技の名称として広く知られている。その他、「ドーナツウォッチ」、「ドーナツ星雲M57」、「ドーナツターン」（自動車の運転方法）のような用例はいずれも、中空部分を有する形状の物を指す語として使用されている。これらの「ドーナツ」を冠した複合語の用例は、「中央部分に穴のあいた円形・輪形の形状の物あるいはこのような円形・輪形に似た形状」との観念を有する点において共通する。したがって、原告の主張には、理由がない。

4 「ドーナツを穴だけ残して食べる方法」

「ドーナツを穴だけ残して食べる方法」という問いにおける「ドーナツ」は、小麦粉に砂糖・バター・卵などをまぜてこね、輪形に作って油で揚げた洋菓子であることを前提にしている。しかし、ドーナツには、種々の形状のものがある。西川産業の「ドーナツ枕」は、中央部に窪みを有するもので、穴はあいていない。テンピュールの「ドーナツクッション」は四角形で、中央部分が取り外し可能になっている。**輪形以外の形状のドーナツを想定すると、「ドーナツを穴だけ残して食べる方法」についても、新たな地平が開ける。**

① **「ドーナツ枕」型の（穴のあいていない）ドーナツの中央部分だけを食べ、穴をあける。**ドーナツを食べた部分にのみ着目すれば、「穴だけ残して食べた」と言えないことはない。

② 「ドーナツクッション」のように、**穴のあいていないドーナツの中央部分を切り取り、その部分を「穴」と呼び、それ以外の部分を食べる。**この場合の「穴」は、「ドーナツを穴だけ残して食べる方法」という問いで想定された「穴」とは、その意味が異なっている。同じ概念が別の意味で使われている。この種の詭弁を「媒概念曖昧の虚偽」と呼ぶ。[*14]

「穴」の多義性に着目するならば、さらに次のような方法も考えられる。

③「穴」には、欠けて不完全な所という意味があるので（広辞苑）、たとえば、**ドーナツの焦げた部分は「穴」と呼ぶことができ、その部分を残して食べる。**

④「穴」には、窪んだ所（「落とし穴」を思え）という意味があるので（広辞苑）、たとえば、**粉砂糖をボールに入れ、ドーナツでそれに窪みをつけた後、ドーナツを食べる。**

こんなことを言うから、「法律家は悪しき隣人」、「三百代言《さんびゃくだいげん》[15]」、「法匪《ほうひ》[16]」だとか、「法律家は黒を白と言いくるめる」とか言われて、非難されるのだろう。

5 『ヴェニスの商人[17]』

しかし、**このような屁理屈・詭弁が称賛される場合もある。**

シェイクスピアの名作喜劇『ヴェニスの商人』では、ヴェニスの若き商人アントーニオが、恋に悩む友人バサーニオのために自分の胸の肉1ポンドを担保に、ユダヤ人の悪徳高利貸しシャイロックから借金をしてしまう。そして、「もし期限までにお金を返さなかったら、アントーニオは**自分の体から胸の肉1ポンドを心臓すれすれに切り取って、シャイ**

ロックに与えなければならない」という証文に署名した。ところが、彼の商船はすべて嵐で遭難し、財産をすべて失い、借金返済の当てがなくなってしまった。バサーニオは借金の3倍を払うと申し出たが、シャイロックはアントーニオの胸の肉を切り取ることに固執

＊14　野崎昭弘『詭弁論理学』中公新書、1976年、93－94頁。そこでは、「塩は水に溶ける。あなたがたは、地の塩である。ゆえに、あなたがたは水に溶ける。」という例が挙げられている。「地の塩」とは役に立つものという意味であり、イエスの「山上の垂訓（説教）」（マタイによる福音書第5章）に由来する。

＊15　明治の前半は、弁護士のことを「代言人」と呼んだ。「三百代言」とは、代言人の資格がなくて、わずかな金額で他人の弁護を引き受けた者を指したことから、現在では、弁護士に対する蔑称となっている。奥平昌洪『日本弁護士史』（有斐閣書房、1914年）、166頁には、「無学無識の徒続続この業に従事し……風儀体面の何たるを顧みず青銭（あおせん）三百文又は玄米一升の報酬にて代言を引受くる者多く遂に三百代言といへる諺を生ずるに至れり」とある。

著作権の保護期間は原則として著作者の死後70年であり（著作権法51条）、保護期間の満了が確認できた資料は、本書もそうだが、国立国会図書館デジタルコレクションで閲覧することができる。http://dl.ndl.go.jp/

＊16　第2次世界大戦前、満州で軍部が「匪賊」討伐と称される武力行動を起こし、その後内地の官僚が満州に渡って満州国を作り出し、法律を次々に制定した時、満州のインテリが日本人を「法匪」と名付けて蔑んだのが、この言葉の由来である（柴田光蔵『法のタテマエとホンネ』有斐閣選書、1983年、162頁）。本書には1980年前後の「ネオ法匪」による司法界の不祥事が紹介されている。

＊17　裁判の場面は、第4幕第1場に出てくる。以下の引用は、シェイクスピア著（福田恆在訳）『ヴェニスの商人』（新潮文庫、1993年）によるが、表記は変えた箇所がある。

する。裁判官ポーシャは、シャイロックに対し、次の判決を下す。

「この商人の肉1ポンドはお前のものである、当法廷はそれを許す。国法がそれを与えるのだ。／したがって、お前は、その男の胸を切り取らねばならぬ。法律が認め、当法廷がそれを許す。」

そして、シャイロックがナイフを逆手にアントーニオに近づこうとすると、ポーシャは続ける。

「待て、まだあとがある。この証文によれば、**血は1滴も許されていない**な——文面にははっきり『1ポンドの肉』とある。よろしい、証文のとおりにするがよい、憎い男の肉を切り取るがよい。ただし、そのさい、キリスト教徒〔アントーニオ〕の血を1滴でも流したなら、お前の土地も財産も、ヴェニスの法律に従い、国庫に没収する。／さあ、肉を切り取るがよい。血を流してはならぬぞ、また、多少を問わず目方の狂いは許さぬ、きっかり1ポンドだ。たとえわずかでも、それが重すぎたり軽すぎたりした場合、1分の差にもせよ、あるいは1分の20分の1の差でも、いや、髪の毛1本の違いで秤が傾いても、そのときは、命は無きもの、財産は没収と覚悟するがよい。」

6　イェーリング『権利のための闘争』[*18]

しかし、著名な法律家であるイェーリングは、名著『権利のための闘争』の中で、ポーシャの詭弁を批判する。

「法律家がこの筋書きを批判するとしたら、当然こう言うことになるであろう。すなわち、**この証文は良俗に反するものであるから、それ自体無効である。**この理由によって、裁判官は、証文をはじめから斥けるべきであった。しかし裁判官がそうしなかった以上、すなわち『賢明なダニエル様』〔ポーシャ〕がそれでもこの証文を有効と認めた以上、生きている体から1ポンドの肉を切り取る権利を認められた者に対して切断につきものの流血を禁ずるのは、みっともない肩透《かたす》かし、くだらない三百代言的手管《てくだ》と言うしかない。」

イェーリングは、この批判に対する攻撃を受けて、本書の後の版の「序文」で、さらに次のように付け加えている。

「私は、裁判官がシャイロックの証文を有効と認めるべきであった、などと主張している

*18　イェーリング著（村上淳一訳）『権利のための闘争』岩波文庫、1982年。以下はその96頁と17－18頁（序文）からの引用である。

のではない。私の言いたいのは、**裁判官が証文の有効性を一旦認めた以上、あとから、判決の執行にさいして、汚い策略によってこれを反故《ほご》にすることは許されない**、ということである。裁判官は証文を有効と認めることも無効と認めることもできたが、第一の途《みち》を選んだのである。シェイクスピアは、この判断だけが法にかなったものであったかのように、事態を描き出している。ヴェニスにおいてこの証文の有効性を疑う者はいなかった。アントーニオの友人たちも、アントーニオ自身も、総督も、裁判所も、すべてがこのユダヤ人を合法的な権利の持主と認めていた。シャイロックは、誰もが認める自分の権利を確かなものと信じ切って裁判所に助けを求めたのであり、『賢明なダニエル様』は――復讐を渇望するこの債権者の権利を放棄させようと試みて失敗した後に――この権利を認めたのである。そして、判決が言い渡され、このユダヤ人の権利についてのあらゆる疑問点が裁判官自身によって除去され、この権利に対するどんな異議ももう唱えられなくなり、総督を含めた出席者全員が判決の逃れられない力に服した後に、勝訴者が自分のものをわがものと信じ切って判決が認めた権利を実行しようとしたその瞬間、たった今かれの権利を荘重に承認したばかりの裁判官が、まじめに反論するまでもないほどお粗末な策略と言うしかない異議を持ち出して、その権利を反故にしてしまったのである。およそ血のない肉などというものが考えられるだろうか。**アントーニオの身体から1ポンドの肉を切り取る権利をシャイロックに認めた裁判官は、そのことによって、肉につきものの血をもシャイロックに与えたのである。**そして、1ポンドを切り取る権利をもつ者は、**欲するならば1ポンドより少ない量を切り取るにとどめることもできるはずである。**しかし、そのいずれもが、このユダヤ人には許されなかった。かれは、血を取らずに肉だけを、多すぎも少なすぎもせぬ1ポンドかっきりだけ、切り取るように命じられた。このユダヤ人は権利を騙し取られた、と言ったのは私の言いすぎだったろうか？　むろんこれは、人道のためになされたことである。しかし、人道のためであれば不法は不法でなくなるものであろうか？　かりに神聖な目的が手段を正当化するとしても、なぜそのことを判決の中で行なわず、判決を下したあとで行なったのであろうか？」

7　法における詭弁

かりに今日、同様の裁判が起こされたとすると、裁判所は、「問題の証文は良俗に反し無効なので、胸の肉1ポンドを切り取る権利は認められない」と判決するであろう。[*19] ポーシャのような詭弁を認めると、法に対する人々の尊敬が失われる。現在のまっとうな法学は、そのような詭弁を許さない。イェーリングの批判は、その限りで当たっている。

しかし、イェーリングが活躍した19世紀後半と、『ヴェニスの商人』が書かれた16世紀末とでは、法のシステムが異なる。したがって、イェーリングの批判は、歴史的な背景を無視している。[*20] **法が擬制や嘘によって発展するのはよくあることである。**[*21] たとえば、ローマでは、奇形児は人でなく鬼子（monstrum）だとして、奇形児を殺した母を殺人の罪に問わなかった。協議離婚が認められない欧米諸国では、夫婦が離婚の訴えを起こし、裁判上の離婚原因に当たる事実があるかのごとく芝居をし、裁判官が欺かれ又は事実の真相に疑念を抱きつつも離婚の判決を下す、という手続を経て、夫婦は離婚できた。[*22] わが国には、大岡越前守がいた。

最近わが国では、民法の中の債権法（契約法）が改正された。その際、改正推進派の中心人物である内田貴[*23]に対して、改正反対派からは、内田は立法を実現するために詭弁を弄している、との批判が加えられた。[*24] その批判が当たっているとすれば、詭弁によって法が発展する事例が付け加えられたことになる（詭弁が用いられる場面は前述の例とは異なるが）。国会で「ご飯論法」の答弁が横行しているという指摘もある。立法過程で詭弁が用いられていないか、今後も国民は注視する必要があるだろう。

キーワード

法理念：法全体が実現すべき究極の価値を「法理念」と呼ぶ。法理念としては、通常、正義・法的安定性・合目的性の3つが挙げられる。正義は、「等しいものを等しく、等しくないものを等しくないように取り扱う」ことを求める。法的安定性は、平和や秩序のほか、法自体が安定し、裁判の結果が予測できることを求める。合目的性は、法が、その都度追求される個別の目的を実現するために適合的な手段であることを求める。

ところで、学問は、目に見えるもの（経験）を目に見えないもの（法則や原理など）で説明する営みである。たとえば、リンゴの落下と天体の運行の背後に万有引力の法則を見出したり、われわれが話したり書いたりする言葉の背後に文法を見出したりする営みである。そして、ニュートンの万有引力の法則が、ガリレオの落体の法則とケプラーの惑星運動の法則を統一したように、学問は体系化を目指す。しかし、体系の頂

＊19　日本民法90条も、「公の秩序又は善良の風俗に反する法律行為〔契約〕は、無効とする。」と規定する。

＊20　村上淳一『「権利のための闘争」を読む』岩波書店、1983年、7－10頁。

＊21　末弘厳太郎『末弘著作集Ⅳ・嘘の効用〔第2版〕』日本評論社、1980年、3－39頁（この部分の初出は1922年である）。

＊22　離婚に関する英・独・仏における近時の動向については、大村敦志ほか編『比較家族法研究―離婚・親子・親権を中心に』商事法務、2012年に所収の、森山浩江「離婚の成立」57頁以下、同「離婚の成立に関する各国の状況」323頁以下を参照。

＊23　内田の民法改正に関する著作のうち、最も入手しやすいものとして、内田貴『民法改正―契約のルールが百年ぶりに変わる』（ちくま新書、2011年）を挙げておく。

＊24　鈴木仁志『民法改正の真実―自壊する日本の法と社会』講談社、2013年。本書は、わが国で政策がどのように決定されていくかを知る上でも、興味深い素材を提供する。

点は単一である必要はない。実際、ユークリッド幾何学は、5つの公準を前提とする。ユークリッド幾何学の5つの公準――①どんな2点の間にも1本の線分が引ける。②線分を好きなだけ延長できる。③好きな点を中心に好きな半径の円を描くことができる。④直角はどれも等しい。⑤直線外の1点を通ってその直線に平行な直線を1本だけ引くことができる（橋爪大三郎『はじめての構造主義』、講談社現代新書〔1988〕135頁の定式による）――は互いに矛盾しない。その結果、演繹によって、多くの命題（定理）が証明される。正しい答えは1つしかない（もっとも、公準は証明なしに承認が要請される命題なので、ユークリッドの公準を認めなければ、別の幾何学も成立しうる）。

法学は、法令や判例の背後に法原理を見出し、それを法理念にまとめあげる。法理念は法体系の頂点に位置する。しかし、ユークリッド幾何学の公準とは異なり、正義・法的安定性・合目的性という3つの法理念は、互いに衝突しうる。今の日本では、借金を返さなくても財産を差し押さえられるだけだが、かつては奴隷にされたり、命を奪われることさえあった。シェイクスピアの時代もシャイロックの証文は有効とされており、胸の肉1ポンドを心臓すれすれに切り取られれば、命を落とす可能性が高い。しかし他方で、ポーシャの詭弁が喝采を受けたことからすると、証文を有効とする法は正義に反するとの観念が、当時すでにあったと見られる。ポーシャの判決は、法的安定性の観点を優先させ、正義に反する法を忠実に適用した。イェーリングは、正義の観点を優先し、証文を無効とすることを説いた。この例では、証文の効力をめぐり法的安定性と正義とが互いに衝突しているが、どちらが優先されるかは、国や時代によって異なる。自然科学とは異なり、法学において正しい答えが1つとは限らないのは、法理念や法原理が互いに衝突し合っている場面で、その調整方法が1つでないことに基づいている。

ブックガイド

法における詭弁に興味がある読者には、入門書として、①末弘厳太郎『**末弘著作集Ⅳ・嘘の効用〔第2版〕**』（日本評論社、1980年）を、本格的なものとして、②来栖三郎『**法とフィクション**』（東京大学出版会、1999年）を挙げておく。

法学自体に興味を持った読者には、数ある入門書の中から、③P．G．ヴィノグラドフ著／末延三次・伊藤正己訳**『法における常識』**（岩波文庫、1972年）を勧める。なお、④イェーリング著（村上淳一訳）**『権利のための闘争』**（岩波文庫、1982年）は、法学部生の必読書とされている。

法律家がすっかり嫌いになった読者には、小説だが、⑤トルストイ著／木村浩訳**『復活（上）（下）』**（新潮文庫、2004年）を勧める。法律家が、けちょんけちょんにけなされている。

第9章

ドーナツ化現象と経済学

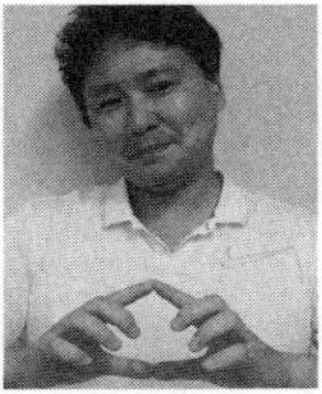

松行　輝昌（まつゆき　てるまさ）

大阪大学学際融合教育研究センター・准教授

東京大学卒業、ノースウエスタン大学大学院修了。横浜国立大学ベンチャー・ビジネス・ラボラトリー講師、東洋大学国際共生社会研究センター客員研究員などを経て現職。専門分野は、ミクロ経済理論、産業組織論、アントレプレナーシップ、建築と経済学。近年は建築家などと共同で住居の形態とコミュニティの関係に関する学際研究を行っている。

1　はじめに

筆者は大学で経済学を研究し教える教員である。「ドーナツを穴だけ残して食べる方法」と聞いた時すぐに思い浮かんだのはドーナツ化現象であった。ドーナツ化現象とは大都市の中心市街地の人口が減少し、郊外への人口移動が進む現象を指し、わが国では高度成長期からバブル期にかけて顕著に見られたものである。ドーナツ化現象という用語は主に日本で用いられるもので一般には郊外化や都心部の荒廃などと呼ばれることが多い。**本章ではドーナツ化現象の背後にある日本の経済成長やそれを可能にした戦後日本経済システムについて解説する。**少子高齢化し成熟化する現代のわが国ではドーナツ化現象は過去のものとなった。私たちはドーナツ化現象に代わる新たな社会的課題に直面している。こうした課題に対処するためにはこれまで見られなかったような様々な分野の専門家によるコラボレーションが重要である。本章では建築家と社会科学者の協働による社会的課題への取り組みを取り上げながら異分野融合の魅力や可能性をお伝えしたいと思う。

2　ドーナツ化現象と現代の社会的課題

戦後わが国が経済成長を遂げるにつれドーナツ化現象という人口移動に伴う郊外化が見られた。そして、ドーナツ化が進むことにより様々な問題が発生した。都心部では会社の事業所や商業施設などが集中し騒音や排気ガスなどにより居住環境が悪化した。都心部に住む人びと、特に児童の数が減ったために小中学校が統廃合されるなど、コミュニティの劣化や崩壊などが起こった。一方郊外では逆に急激な居住人口増により小中学校の不足が問題となったほか、郊外の開発が進むにつれ職住分離の傾向が強くなり通勤ラッシュや通勤時間の増加などの問題が生じた。

わが国では戦後の復興期、高度成長期に地方から東京、大阪をはじめとする大都市に大量の人口が流入した。大都市では戦災により多くの住居が消失した上にこうした大量の人口流入が見られたために住居不足は深刻な問題であった。戦後のいわゆる持ち家政策と呼ばれる住宅政策はこうした住宅不足解消と経済成長を同時に達成するものであった。[*1] 人口

＊1　戦後の住宅政策、特に持ち家政策の概要については平山（2009）を参照されたい。

流入の結果、一極集中といわれるように東京をはじめとした大都市に産業や人口が集中し、かつて一億総中流といわれたように社会の中間層を大量に生み出した。都市に住む人びとは結婚し家庭を持つと長期ローンを組んで「夢のマイホーム」を購入した。マイホームの多くはこの時期に開発された郊外に建設された。中間層による住宅購入は高度経済成長を支えた。

ドーナツ化現象はこのような戦後の高度経済成長や住宅政策と密接に関係するものである。この時期の日本人の典型的なライフコースは以下のようなものであった。男性は終身雇用や年功序列を前提として会社で働き、マイホーム購入にあたりローンを組む際には会社の援助を受け、それが会社への忠誠を促す。また、マイホームを持つことにより社会的に一人前になったことを認められた。女性は結婚を機に「寿退社」し家庭に入り育児、高齢者介護、家事を担う。人びとはマイホームを購入し経済成長に貢献する。こうしたステレオタイプ化された人びとの生き方は多様性に欠けてはいたが社会的にサポートを受け、同時にこれ以外の生き方を選ぶものには冷たい社会であった。しかし、高度成長期にはこうした標準化された生き方を選択した人びとは日々生活が豊かになることを実感した。このような「標準ライフコース」ひいては社会システムの設計はお互いが相補うように上手くできている。実際、戦後の経済システムの研究[*2]によりこの時期に社会システムには制度的補完性が強く働いていたことが明らかにされている。このように**ドーナツ化現象の背景には高度経済成長を達成した非常によくできた戦後日本経済システムがある。**

また、こうした戦後の日本経済システムは1940年前後の戦時体制に起源を持つとする「1940年体制」[*3]という仮説もよく知られている。例えば、住宅については戦前には持ち家ではなく借家に住む人びとの割合が高かったが、1930年代から40年代にかけて出された家賃統制令により、大家から借り主へ住宅の売却が一気に進んだ。これは家賃を上げることができなくなり貸家業が成り立たなくなったためである。

家賃統制令は戦時体制を整えるために発布されたものであるが、戦後経済システムで重要な役割を果たす持ち家政策の起源にもなったのである。その他にも、年功賃金制、終身雇用制、企業別労働組合、メインバンク制、護送船団方式や産業政策などの政府ー企業間関係などが実質的に始まったのは1930年代から1940年代であると考えられている。

さて、わが国は経済成長を達成した後、バブル期の後、「失われた20年」と呼ばれる経

＊2　岡崎・奥野（1993）が代表的な研究である。
＊3　1940年体制について詳しくは野口（2010）および岡崎・奥野（1993）をご覧頂きたい。

済低迷期を経験した。1970年代の第2次ベビーブームをピークに出生数は低減する一方、高齢者の人口に占める割合は上昇を続け、**日本は先進諸国に先駆け少子高齢社会に移行しつつある。**しかしながら、私たちは少子高齢社会に移行することに苦慮している。もちろんこれまでに経験したことのないことに直面しているのだから戸惑うのは当たり前だとも言えるが、日本の場合は戦後経済システムが制度的補完性を持った非常によくできたものであったために、新しい経済システムへの移行がより難しくなっている側面もあるのではないだろうか。もしそうであるならば新しい社会を設計するためにはどのようなことを考えればいいのだろうか。

最近、「逆ドーナツ化現象」または都心回帰という現象が見られるようになった。これまで大企業や政府系機関などが所有してきた社員寮をはじめとする福利厚生施設やその他の財産が売却されたために、大都市中心部の一等地の再開発が進み、超高層マンションなどの建設が進み都心居住の傾向が強まっている。また、かつては広いキャンパスを求めて郊外に移転した有力大学が、土地を買い求めキャンパスを都心に戻す動きがある。こうした動きは戦後経済システムから新たなシステムへの移行を象徴するものだろう。高度成長期に企業は社員に対し福利厚生施設をはじめとする様々な特典や恩恵を与え、それが社員の企業に対する忠誠を育んだ。しかしながら、時代の流れから企業はこうした施設を手放さざるを得なくなっている。企業は安定成長時代にあって福利厚生施設を持つ余裕もなくなりつつある。また、株式持ち合いの解消などにより株主から短期的には利益を生むとは見なされない福利厚生施設の売却を求められる場合もあり、都心部の好立地の施設の売却が1990年代以降進んだ。

かつては当然のこととされた終身雇用も今就職活動している大学生にとっては過去の歴史になっているのだろう。こうした逆ドーナツ化現象は時には「アンパン化現象」とも呼ばれる。住居や大学など都市にとって重要な施設が都心部に戻っているためである。**都市はドーナツになったりアンパンになったりして大変なのであるが、社会の変化に対応してダイナミックに変化するものなのである。**今私たちは新しい社会への移行期にいる。私たちはどうすれば新しい社会を設計することができるだろうか。

もう一度戦後経済システムに話を戻そう。当時は地方から大都市に出てきた人びとが家庭を持ち、ひとつの（核）家族がひとつの住宅（一軒家、マンション）に住むという仕組みであった。現代に生きる私たちにとってはこうした住み方は当たり前に感じられるが、例えば戦前の社会では3世代が同居することが自然であった。人びとがどのように住むかということはその時代を反映するものなのである。また、戦後の住宅政策は経済成長に大きく貢献した。例えば、マンションの間取りも2DK、3LDKなど規格化されている。自分の好みで独自の間取りやデザインの住宅を造ろうとすれば、ハウスメーカーなどが提供する標準化された住宅を購入する場合に比べてかなりの費用がかかってしまう。住宅には様々な機能があるが、デザインが優れそこにいるだけで心安らぐような居住空間は、私たちの生活を豊かにするという機能を持つ。また、私たちは住宅を購入したり借りたりすることに対してかなりの費用を負担しているが、もし安価な賃貸住宅がより多く提供され住宅価格が今よりも安くなれば、このような負担も軽減されるだろう。持ち家政策は経済成長期に適した政策である。安定成長期に移行しつつある今日、それに代わる時代に即した住宅や住宅政策が提供されるべきではないだろうか。[*4] 戦後住宅を購入した人びとにとってはこうした住宅は近代的でプライバシーが確保された理想の住居であったのだろう。

しかしながら、かつて存在した地域のコミュニティは減退し、また少子高齢化などにより単身世帯が増加する中、どのような住居をつくればいいのだろう？　逆にいうと、私たちは新しい住居を考案することにより新しい社会をデザインすることができるのかもしれないのである。**新しい社会への移行期に生きる私たちは多くの苦労を背負っているが、裏**

を返せば私たちは自分たちのアイデアで新しい社会を構築できると言えるのではないだろうか。本章では私自身が関わっている未来の住宅とコミュニティを構想する「地域社会圏」に関する研究を紹介する。地域社会圏は経済成長期を経た社会に求められる集合住宅の構想である。研究の中心にいるのは建築家であるが、建築物だけではなくそこから生まれるコミュニティの構想も行うため社会学、経済学をはじめとした多分野の専門家が研究に参画している。**本章ではこのような未来の社会を設計する際に、経済学を学ぶ者にはどのような貢献が可能かお話ししたいと思う。**

3　地域社会圏

地域社会圏[*5]とは建築家山本理顕が提唱する集合住宅の様式である。戦後の１つの住宅に

＊4　こうした安心して居住する権利に関しては居住福祉の議論がある。詳しくは早川（2007）などをご覧頂きたい。
＊5　地域社会圏については山本・中村・藤村・長谷川・原・金子・東（2010）および山本・金子・平山・上野・仲・末光・Y-GSA・松行（2013）が基本的な文献である。

1つの家族が住むという方式は高度成長期までは非常に上手く機能した。しかし高度成長期が始まると、標準ライフコースに乗った家族は家を購入し、会社が中間体となった。よって、何か困ったことがあった場合に頼れるのは地域のコミュニティではなく家族や会社となった。**かつての地域に根ざしたコミュニティは存在意義が薄くなり、住居の形態はプライバシーを重視したものになったため、近所に住む人びととの接点も減っていった。**現代の標準的なマンションの間取りである2DK、3LDKといった様式は51C型[*6]と呼ばれ戦後に確立されたものである。平均的なマンションでは外と内を分けるものはドアひとつである。鉄製のドアを開けて部屋に入るとそこは外からは閉ざされた空間となる。また、集合住宅の共有部分は廊下など極めて限られた部分のみである。こうしたことは当時木造住宅では火事が多かったという事情もあり防火性能を高めたことや、当時の人びとがプライバシーの確保を望んだことなどを反映したものとされている。すなわち当時の一般の人びとにとってこうした住居形態は彼らが望んだものであった。

　しかしながら、今日では少子高齢化により単身世帯が増加し、企業もかつてのような終身雇用制度を維持することが難しくなっている。戦後社会の中間体（互いに拠り所とするような一定規模の集団のこと）となった家族や会社自体が揺らぐ中、我々はどのような住居をつくっていけばいいのだろうか？　このような問題意識の下、地域社会圏では数百人規模の集合住宅を構想する。以下地域社会圏の特徴のいくつかを紹介する。

空間デザインと公―共―私、シェア、フレキシビリティ

地域社会圏でまず特徴的なのは共有部分の広さである。占有（私有）部分はかなり狭くなるがその代わりに他の住人や場合によっては外部の人と共有する部分が広く取られている。住民の多くは水回り（お風呂、水道、トイレ）やキッチンなどを共有する。このように共有部分を広く取る集合住宅としては近年一般的になりつつあるシェアハウスがある。シェアハウスでは個室と共有スペースがあり、大型のテレビなどのＡＶ電化製品や大型の家具など一人暮らしでは保有することのできないものを共同で所有することができるのが特徴である。また、空間だけではなく自分の所有物を家族以外の他者と共有することを促すサービスが出てきている。例えば、リブライズ[*7]は自分の所有する本を共有し他者とある

＊６　51Ｃ型については鈴木・上野・山本・布野・五十嵐・山本（２００４）や鈴木（２００６）を参照されたい。

図9–1　地域社会圏　貸しレストラン

種のローカルな「図書館」をつくることを促す仕組みである。このように**今日ではものを共有する文化が普及しつつあり、地域社会圏でも共有部分を広く取ることで共有（シェア）を促す仕組みをつくっている。**こうしたものに加えて、貸しレストランや貸しカフェが集合住宅の中にあり自分の店を開くことができるようになっている（図9―1）。

また、専有部分（イエ）は「寝間」と「見世」という部分に分かれ、見世では「ちょっとした商売」をすることができるようになっている。例えば、英会話が得意な人が週末に英会話教室を開いたり、裁縫が得意な人が洋服の修繕を行ったりすることができるようになっている。当然のことながら見世にはお客さんがやってくるので自然と人の交流が起こるような仕組みになっている。また、例えば会社勤めをしている人でもその他に週末などに第2の仕事をつくることができるような仕組みになっている（図9－2）。

平山洋介（2009）は標準ライフコースが人びとの選択肢あるいは「所属のフレキシビリティ」を狭めたことを指摘している。すなわち戦後の日本ではある人は社会では「○○社の課長さんで2人の子供のお父さん」、「◎◎さんの奥さん」などというように社会の中間体である会社や家族での役割がその人の社会的な立場を表していた。標準ライフコースは経済成長を達成するためには適していたが、今日の社会で人びとの生活に豊かさを与えるためには所属のフレキシビリティをつくり出す仕組みが必要である。空間を公－共－私（Public－Common－Private）で分類した時に私たちの社会では共の部分が極端に少ないことに気づくだろう。マンションの構造を見ても自分の部屋を出ると廊下やエレベーター、玄関などのわずかな共有部分があるだけで玄関を出るとすぐに公共の空間に出てしま

＊7　http://librize.com

図9–2　地域社会圏　ちょっとした商売

う。

また、公―共―私の境界が明確である。マンションの部屋と廊下は扉一枚で区切られているし、マンションと公道の境界は入り口のドアで区切られている。最近のマンションでは入り口のセキュリティも厳しく、鍵がなければ入れないマンションも多い。地域社会圏では公―共―私の共の部分を増やすだけではなく公―共―私の境界を曖昧にしようとする。すなわち、集合住宅の一部分では外部からも人が入れるようにする。人が住むだけではなく、小さな商いを行うことで外から人が入ってくる仕掛けとしている。また、外部からは入れない部分でも住民同士であれば共有部分で生活の一部を共にすることができる。その他に、建物の入り口や入り口から部屋に到る経路を複数用意することにより部屋への行き方を多様にしている。このように空間デザインが人々の行動経路にフレキシビリティを持たせ、人々の交流の多様性を生み出すことで新たなコミュニティが生み出されると考えている。これらの例は公―共―私というパラメーターで空間デザインを変えることにより人びとの行動を変え、人と人の交流を生み出すというアイデアに基づいている。

コミュニティ、シェアの単位、階層性

今日少子高齢化により単身世帯が増え、家族に代わる社会の中間体、あるいはセーフティーネットが求められている。今までは何か困ったことがあれば会社や家族に頼ることができたかもしれないが、**単身者が増える現代社会では、会社や家族以外の新たな社会の中間体あるいはコミュニティを形成することが必要である。**地域社会圏では数百人規模の集合住宅を構想している。住居の空間デザインにより数百人の住民やその周りに住む人々が相互扶助を行うようなコミュニティが自然に生まれるような仕組みを考案している。しか

し、本当に数百人規模のコミュニティが社会の中間体の規模としてふさわしいのか？　数十人から百人程度のマンション管理組合ですら合意を形成するのが大変なのに数百人規模のコミュニティが本当に機能するのか？　などすぐに色々な疑問が思い浮かぶのであるが、地域社会圏の構想は実験的なもので実際にやってみないとわからない部分もある。

こうしたコミュニティがうまく機能するための工夫は施されている。まずはシェアについてもう一度考えてみる。ここでは色々なものをシェアしている。まず、ミニキッチン、トイレ、シャワーなどの水回りがある。

また、地域社会圏ではエネルギーの生産を行う。これまでの大規模な発電所で電気をつくり送電するという仕組みだけではなく、コミュニティで再生型エネルギーを生産し、分散型エネルギーシステムを持つことを構想している。戦後日本の社会システムは中央集権的であった。産業や政府・行政の主要機能を、東京をはじめとする大都市に集中させる仕組みであった。このような中央集権的な社会システムにはいくらかの問題があり、大規模発電所から電力を供給するという仕組みは自然災害などに対して脆弱な側面があると指摘されている。こうした中央集権的な仕組みから徐々に分権型社会へ移行するため、また環境への負担を軽減するためにも分散型エネルギーシステムを構築していくことは重要であると考えられる。ここではソーラーパネルによる太陽光発電や生ゴミを微生物により発酵させ電力をつくりだすバイオマス発電などを行うこととしている。もちろん現時点では再生エネルギーを日常生活に取り入れることには様々なハードルがあり、理想的な分散型エネルギーシステムを構築することは難しいだろう。しかしながら、地域社会圏が分権型社会の中間体として機能するためにはこうしたエネルギーシステムを構想することが重要である。

シェアの話に戻ると、こうした再生型／分散型エネルギーシステムにも適正なシェアの規模が存在する。例えば、太陽光発電を行う場合には30人から45人位でひとつのエネルギーファーム（太陽光発電機などをまとめたシステム）をシェアすることを構想している。

その他にシェアするものとして生活インフラに関わるものがある。住民が一日単位でレストランやカフェを開くことができるビストロやキッチン、銭湯のような大きな風呂やランドリー、自分の持ち物を収納できるロッカーのようなコモン収納[*8]などは120人から

＊8　コモン収納とは共有部分にある自分の所有物を保管できる場所のことである。地域社会圏の中で引っ越しをする場合にはコモン収納に保管してあるものはそのままにしておくことができる。自分の収納部分には鍵をかけることができる。

150人程度でシェアすることを考えている。また、コジェネレーション[*9]という発電装置も導入することとしており、これもやはり120人から150人程度でシェアしようとしている（上述したエネルギーファームよりは大きい規模を必要とする）。

コモン収納を設ける理由は身軽な移動を促すためである。これまでの社会では住宅を手に入れ、様々なものを購入しそれらを住宅に保管していた。そうするとものは個人によって保有され使用されるか、または家族でシェアされ使用されることがほとんどであった。それ以外では例えば本やCD、DVDなどを親しい友人同士で貸し借りする程度だっただろう。

通常住宅を購入する際にはそこに長い間住むことを前提とする。家族向けの賃貸住宅市場や中古住宅市場が未発達な我が国では住み替えには費用がかかるためである。しかし、**地域社会圏では「身軽に」生活する環境を整えようとしている。**まず、なるべく個人の所有物を減らし、色々なものをシェアすることを促す。また、個人や家族の所有物も住居の専有部分に置くのではなくコモン収納を使用して保管する。例えば、少し気分転換をしたいときに建物の中で部屋を移るとする。その時に専有部分に置いてある荷物は少ないので気軽に引っ越しをすることができる。また、結婚をして子供が生まれ建物内のより広い部屋に移ることも容易である。このような身軽さは住居に関するフレキシビリティを生みだす。これまでは一度住宅を購入するとなかなかその土地を離れることができなかったが、このような仕組みを使うと気軽に住む場所を変えることができる。この建物での暮らしやコミュニティが気に入ればその建物の中での移動が簡単にできる様になる。これも社会における所属のフレキシビリティを生み出す仕組みとなっている。

これらに加えて「生活コンビニ」と呼ばれる生活支援のための施設をシェアする（図９－３）。ひとつの生活コンビニは５００人程度でシェアすることとする。生活用品を販売するコンビニエンスストアの他に生活ステーションや介護・育児スペースを設けることとする。これらを合わせて生活コンビニと呼ぶことにする。

ここでは一般的な生活相談をすることができる他、介護施設、託児施設、診察室がある。また、サポートリーダー、マネージャー、生活サポーターと呼ばれる人々がいて利用者のサポートを行っている。ここでは相互扶助を行うコミュニティが形成されており、この集合住宅に住む住民や地域の住民は生活サポーターとなり簡易なケアを行うことを想定して

＊９　コジェネレーションとは熱電併給とも呼ばれ、通常の発電時に排出される熱を再利用した発電方法のことである。

図9-3　地域社会圏　生活コンビニ

いる。生活サポーターはしかるべきトレーニングを受け、こうしたサポートの対価として金銭的な報酬を受け取る。しかし、報酬額は市場価格よりは低く設定し、金銭的なインセンティブに加えて社会貢献やボランティア的なモチベーションを持つようにする。

戦後かつてあったコミュニティが減退したことや新たなコミュニティを作る必要性を指摘したが、人々のライフスタイルや価値観が変容した今では新たなコミュニティがかつてあったようなムラ共同体的なウェットなものであることは考えにくい。しかしながら、人々の間の全ての取引が市場で行われるようなドライなコミュニティも現実的には考えにくい。両者の中間的なコミュニティを設計することが求められている。こうしたコミュニティをつくりだす仕組みの一部としてコミュニティ構成員によるサポート活動に対する報酬を金銭的なものと社会貢献や自己実現的なものを織り交ぜるようにしている。また、生活コンビニでは同じ場所で介護、託児、障害者支援などができることが特徴である。

戦後の社会システムが中央集権的であることを述べたが、その特徴として「縦割り行政」というものがある。中央省庁や役所は管轄する範囲を決めて管轄外には口を出さないというのが特徴である。中央集権型社会ではこのような仕組みはうまく機能したが、この仕組みは管轄を超えた横の連携が不得手であった。現代のような移行期には横の連携を促進し、柔軟に社会を変えていくことが必要である。**現時点で連携が余り見られない介護、育児、障害者支援を融合させることには意味がある。**例えば、介護が必要な高齢者は通常介護施設に入居するとケアを一方的に受ける存在となる。しかし体の状態にもよるが介護施設に入居している高齢者でも社会に果たすことができる役割があるのではなかろうか。こうした高齢者でも子供の面倒を見ることや障害者支援の一部を担うことなどがその例である。

このように介護、育児、障害者支援の機能を融合させることで、高齢者が社会に主体的に関わる機会や高齢者の所属のフレキシビリティを生み出すことができるかもしれない。子供や障害者の新たな社会における役割を作ることができるかもしれない。もちろん、こうしたことを実現するためには法規制をはじめ様々なハードルをクリアしなければならないだろう。しかし、**介護、託児、障害者支援施設を空間的に融合しそれを機能させる社会的な仕組みをつくることにより所属のフレキシビリティを生み出すというのは面白いアイデアではなかろうか。**

これまで空間デザインは建築家やデザイナーによって行われ、コミュニティ形成については社会科学者をはじめとした研究者や現場の人々によって研究がされてきた。しかし、これからの社会づくりにはこうした様々な分野の人々が協働することが重要だと思われる。行政だけではなく社会全体としてこれまでなかったような協働やコラボレーションを行うことにより、新しい社会をつくる時代が来ている。地域社会圏のような新たな集合住宅の中に生活コンビニのような横のつながりを促すような仕組みを導入することは、草の根的に縦割り社会を変える可能性があるのではないだろうか。

これまで様々なもののシェアの例を紹介してきた。まずシェアの最小単位である5～7人（Sとする）で生活に必要なベーシックグループを形成する。次にエネルギーファーム

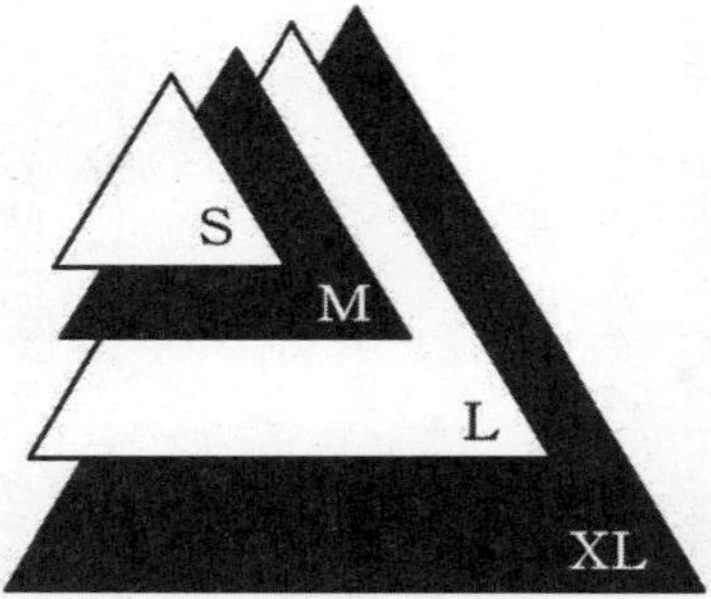

●S（5〜7人）
ミニキッチン、トイレ、シャワーなど
●M（30〜45人）
太陽光発電システムなど
●L（120〜150人）
ビストロ、キッチン、コモン収納など
コジェネレーション
●XL（500人）
地域社会圏コミュニティ全体

図9-4 シェアの階層性

は30〜45人（Mとする）でシェアする。MはSが6ユニットほど集まったものである。生活インフラは120〜150人（Lとする）であり、これはMが4つほど集まったものである。最後に生活コンビニは500人（XLとする）で成り立ち、Lが4つほど集まったものである。ここでは500人のコミュニティは階層構造を成している。シェアの単位がS、M、L、XLと4つあり、これをもとに階層構造ができている（図9－4）。

ただ500人のコミュニティが存在するのではなく、シェアという行為を通してコミュニティがまとまることを想定している。いいコミュニティを維持するには様々な仕組みが必要である。ここでは相互扶助を自然に行うようなコミュニティを想定しているが、実際にこのようなコミュニティがあればフリーライド（ただ乗り）の誘惑があるだろう。すなわち、自分は怠けて他の人の努力に頼るような人が出てくる可能性である。中長期にわたりこのようなフリーライダーがあまり出てこないようないいコミュニティをつくるためには、しかるべきルールが要求される。例えば、フリーライドした人にはある種のペナルティーを与えるという罰則を定めてみる。人々にはフリーライドしたことが見つかるとペナルティーを科されるということを事前に織り込み、フリーライドしないようにうまくルールを設計する。実際にはある人がフリーライドしたかどうかを完全に観測することは難しいかも知れないが、そうした場合にもフリーライドしないようなルールを設計する必要がある。こうした**長期にわたっていいコミュニティを作るためのルールづくりには経済学で研究が進んでいるゲーム理論の「繰り返しゲーム」という手法が有効である。**

ここでは、繰り返しゲームの単純なモデルを見てみよう。今2人のプレイヤーがお互いに協力すると大きな利得を得られるが、相手が協力しているときに自分が抜け駆けして裏切るとそれよりも高い利得が得られるような状況を考えよう。

表9－1は囚人のジレンマの利得表である。利得の左側の数字をプレイヤー1の利得、

右側をプレイヤー2の利得とする。戦略はC（協力）とD（裏切り）の2つである。一般にはこれらの2つを一定の確率で（「くじをひいて」）プレイする混合戦略（例えば、Cを0・3の確率、Dを0・7の確率でランダムにプレイする戦略）も考えるが、ここでは単純化のために混合戦略は考慮しないことにする。

ゲーム理論ではナッシュ均衡という均衡概念が用いられ、そのゲームで達成される状況を表すと考える。ナッシュ均衡ではお互いの戦略が最適反応（自分の戦略が相手の戦略に対して最善のものになっている）になっていて、一人だけが戦略を変更しても得をしないような状態であると定義される。囚人のジレンマでは（D, D）が唯一のナッシュ均衡である。（D, D）では各プレイヤーの利得は3である。どちらか一人のプレイヤーだけがここから逸脱してCをプレイすると利得は2と減少してしまう。なお、（C, C）では各プレイヤーの利得は5となり理想的な状況であるが、これはナッシュ均衡にはならない。なぜなら、プレイヤー1だけがここから逸脱してDをプレイしたとすると利得が8に増える、すなわち（C, C）の状態から一人だけ抜け駆けする誘因があるからである。（C, D）もナッシュ均衡ではない。なぜならばこの

表9-1　囚人のジレンマ利得表

	C	D
C	5, 5	2, 8
D	8, 2	3, 3

一度だけの関係では協力関係はできないが、長期的な関係があれば協力できるかもしれない…

図9–5　繰り返しゲーム　概念図

状態からプレイヤー1だけがDに戦略を変えると利得が2から3に増えるからである。もちろん、(D, C) も同様にナッシュ均衡ではない。

社会的な問題や課題を分析する際にはこのような囚人のジレンマ的な状況が多く見られる。さて、囚人のジレンマが繰り返し無限回プレイされるとしよう。このようなゲームを繰り返し囚人のジレンマという(図9–5)。

ここで、各プレイヤーの戦略は第1期から未来永劫に渡る毎期の行動計画とする。すなわち、各プレイヤーは事前にすべての起こりうるケースを考え、それぞれに応じてCまたはDのどちらを取るか決めると仮定する。単純化のために、毎期各プレイヤーはそれまでのプレイヤーの行動を完全に観測できるとしよう。また、将来の利得の割引因子をδ（$0<\delta<1$）とする。例えば、一年の利子率が5％だとすると、来年もらえる100円は現時点では実質的には100/105の価値しかない。この例では割引因子は1/1.05となる。囚人のジレンマが無限回繰り返されるため、このゲームは第2期、第3期、……から始まる囚人のジレンマの無限回の繰り返し（これを部分ゲームという）が入れ子状に埋め込まれている。ここでは各部分ゲームでナッシュ均衡が達成されているような状態を部分ゲーム完全均衡と呼び、これを均衡概念とする。なぜこのような均衡概念を使うか直感的に言うと、このゲームでは裏切ったプレイヤーに対するある種の罰則を設けることにより各プレイヤーが裏切る誘因を削ぐことが肝となるのであるが、この罰則が「空脅し」になる（実際に罰則フェーズに入ったときにプレイヤーが取るべき行動を取らないような状態）場合があるので、そのようなケースを排除するためにナッシュ均衡より精緻な概念である部分ゲーム完全均衡が必要となるためである。

さて、この繰り返し囚人のジレンマで協力解（各プレイヤーが毎期Cをプレイする）を達成できるか考えてみよう。ここでは以下のような戦略を考える。「第1期にはCをプレイする。第2期以降はそれまで誰もDをプレイしたことがなければCをプレイする。誰かが過去に一度でもDをプレイしたことがあればDをプレイする。」

これは裏切りがあった場合には（D, D）を永遠にプレイするという罰則フェーズを設けることにより裏切りを予防しようとする戦略である。両者ともにこの戦略をとることが部分ゲームナッシュ均衡になっていることを見よう。相手がこの戦略を取っているときに、裏切りにより得られる最大の利得は第1期にDを取り、以後はこの戦略に従いDを取ることによる利得であり、$8+3\delta+3\delta^2+3\delta^3+\cdots\cdots=8+(3\delta)/(1-\delta)$……①となる。一方、相手がこの戦略を取っているときに自分もこの戦略に従う場合の利得は$3+3\delta^2+3\delta^2+3\delta^3+\cdots\cdots=3/(1-\delta)$……②となる。ここで、②>①すなわち$\delta>3/5$が両プレイヤーがこの戦略を取り、協力解が達成される条件である。なお、これが部分ゲーム均衡であることは、各部分ゲームでそれまで裏切りがなかった場合はゲーム全体と同じ構造になっており、裏切りがあった場合には（D, D）は囚人のジレンマゲームのナッシュ均衡であったから、部分ゲームで毎期（D, D）をプレイすることがナッシュ均衡になることによる。

各プレイヤーは（割引因子がある程度高く将来の利得が一定の重要性を持つ場合）裏切

って短期的に利益を得ることができるが、その場合はすぐに罰則フェーズに陥ってしまい長期的に見ると損をすることがわかっているので毎期Cを取るのである。実は、繰り返し囚人のジレンマの研究はかなり進んでおり、各プレイヤーの行動が十分には観測できない場合やプレイヤーの数が多い場合などでも一定の条件の下に協力解が得られることがわかっている。いずれの場合でも、プレイヤーが裏切った場合に何らかの罰則フェーズを設けているのが特徴である。

さて、地域社会圏の話に戻ると、共有部分の面積を増やして相互扶助が自然と行われるようなコミュニティをつくるのが目的である。**コミュニティで他人を助ける場合には、もちろん博愛精神や他者を助けたいという欲求から行うこともあるが、将来自分が困ったときに他者に助けてもらえるかもしれないとの期待からの場合もあるだろう。**

実は、繰り返し囚人のジレンマで各プレイヤーが毎期Dを取るというのも部分ゲームナッシュ均衡である。これはある種退廃したコミュニティを表しているといえる。各プレイヤーが利己的に行動するために(D, D)という社会的に非効率な状態に陥る可能性は常にあるのである。同じように地域社会圏においても、場合によっては相互扶助が行われないという状況が現れうる。つまり、相互扶助を行いやすいような空間デザインとともにコミユニティにおける適切な罰則またはルールを設定することが必要であり、そこでは経済学の繰り返しゲームの研究が重要な役割を果たすのである。繰り返し囚人のジレンマについては様々な状況下での分析が進み、協力解を達成するための方法が知られている。一方地域社会圏のような相互扶助や協力を生み出すような空間デザインについては建築家が多くの知見を持っている。どういう設計をすれば人が集まりやすくなるか？　どういう設計をすれば人びとの交流が生まれるか？　などといった事柄について建築家は多くのことを知っている。**建築家は空間デザインにより、経済学者は社会的なルールのデザインにより人びとが協力する状況をつくる術を心得ている。**ゆえに建築と経済学のコラボレーションにより協力や相互扶助に関する理解が深まり、来るべき新しいコミュニティや社会の設計を行うことが期待されている。

4　戦後経済システムと補完性

戦後日本の経済システムは終身雇用制、年功賃金、系列企業、下請け制度、メインバンク制、間接金融などある種「特殊な」システムであったが、岡崎哲二・奥野正寛（19

表9–2　コーディネーションゲーム

	R	L
R	5, 5	0, 0
L	0, 0	5, 5

93)[*10]に詳細に述べられているようにこうした様々な仕組みはお互いが相補うような補完性を持つものであった。**ゲーム理論で補完性が存在するような状況をモデル化する「コーディネーションゲーム」というものがある。**例えば、歩道を歩く人のことを考えよう。大半の人が歩道の右側を歩いているときには自分も右側を歩いた方が他の人にぶつかることが少ないだろう。同じ理由で大半の人が左側を歩いている場合には自分も左側を歩いた方がいいだろう。

表9－2はこのような状況をゲームとして表現したものでコーディネーションゲームと呼ばれるものである。ここでは単純化のために2人のプレイヤーが右側通行または左側通行を選ぶ状況を考えている。Rは右側通行、Lは左側通行を表す。このゲームで（R, R）と（L, L）両方がナッシュ均衡になる。ここからわかることは**補完性が存在するような状況では均衡が複数存在する可能性があり、どちらの均衡が実際に達成されるかは歴**

＊10　戦後日本経済システムの比較制度分析を行い、金融システム、メインバンクシステム、企業システム、労使関係、業界団体、財政システム、農業システムなどについての分析を行っている。

史的な経緯や人々の共通認識、文化などに依存することがあるということである。東京では左側通行をしていて、大阪では右側通行なのは昔からそうであるからであり、また人々が将来もそうであると信じている限り続くものなのかも知れない。江戸時代に武士が帯刀していた時代ならいざ知らず（刀は身体の左側に身につけたので左側通行の方が都合がよかったと考えられる）、現代では左側通行と右側通行に優劣をつけるのは難しい。

本章で取り上げた持ち家政策は戦後日本経済システムの中で補完性を持っていたといえる。終身雇用制や年功賃金は自分が勤める会社に対して忠誠心を育み、標準ライフコースの形成に寄与した。長期の住宅ローンを（時には会社からの援助を受けて）組んでマイホームを購入することは、こうした戦後日本に特徴的な労働システムと補完性を持っていたのである。持ち家政策は1930年代から始まった家賃統制令に起源を持つ。戦前の日本では貸家に住む人が多かった。しかし、戦時体制の下、家賃値上げなどによる社会的混乱を防ぐために家賃統制令が敷かれ、その結果多くの大家が住宅を住人に払い下げたことが持ち家政策の基盤となった。そういう意味で持ち家政策も1940年体制の一翼を担ったと考えることができよう。

これまで戦後日本経済システムは「特殊」であり欧米、特にアングロ・サクソン諸国の経済システム（アングロ・サクソン型システム）とは異質であると考えられてきた。しかしながら、岡崎・奥野（１９９３）などの研究などにより、戦後日本経済システムは複数ある均衡のひとつに過ぎず、合理性を欠く特殊なシステムと言うよりは戦時体制という歴史的経緯から生まれたもので、アングロ・サクソン型とは別の均衡に過ぎないと考える方がむしろ自然であるという見方が広まった。さて、現代の我が国は経済成長を終え、成熟社会へ移行しようとしている。先に述べたように戦後日本の経済システムは各種の仕組み同士が補完性を持ったシステムである。高度経済成長を達成する上では見事に機能したこのシステムから次のシステムに移行しようとする今、どのようなことに留意すべきだろうか。

コーディネーションゲームでは2つの均衡があった。一つの均衡からもう一つの均衡に移るためには何が必要だろうか？　例えば、今右側通行をしている大阪で何らかの理由で左側通行に変えなければならないとしたらどうすればいいだろうか？　おそらく一人一人がそれぞれ思うがままに左側通行に移行する（そうすれば大きな混乱が起こるだろう）よりは、ある日を境に左側通行に移行すると決めて（お互いコーディネートしながら）実行した方がいいだろう。地域社会圏は新しい住居のデザインだけでなく、コミュニティ、ケア（高齢者介護、育児、障害者支援など）、モビリティ、エネルギーシステムなどを包括的に提案するものである。新しい社会に移行しようとする現代において、このように様々な仕組みを提案することは上で見たように経済学の視点からも理にかなったものなのである。

ここでも建築家の視点と経済学者の視点が制度設計という共通の場で融合しているのを見ることができる。このような時代だからこそ、これまでコラボレーションすることが少なかった建築家と経済学者という専門家が協働することにより新しい社会を構想することには大きな意義があると思う。

5　おわりに

本章ではドーナツ化現象を入り口にして戦後経済システムの話をした。特に、持ち家政策は高度経済成長を支えたが、こうした戦後経済システムは疲弊しつつあり、**新たな社会をつくるために住居のデザインを変えるという地域社会圏構想を紹介**した。実は、建築と経済は密接に関連しており、建築と経済学というこれまではあまり見られなかったコラボレーションにより新しい社会を構想することは非常に重要なことなのである。読者の皆さんが社会の理解を少しでも深め、建築や経済学の魅力に気づいて頂けたのであれば望外の喜びである。

キーワード

ゲーム理論：人びとが互いに相手の出方を予想するような状況（戦略的状況）を分析する数理的なツールで経済学や応用数学の一分野である。経済学での研究が進み、産業組織論、マクロ経済学、労働経済学、組織の経済学をはじめ多くの分野に応用されている。ゲーム理論の発展により、経済学の対象が純粋な競争市場以外のものに大幅に拡張されたと考えられている。

比較制度分析：経済学においてゲーム理論などを用いて社会制度を分析する手法のことである。ゲーム理論、特にその一分野である契約理論の発展などにより内部組織の理論的研究が進んだ。こうした研究の蓄積を基に経済学において社会制度の数理的な分析が活発に行われるようになった。関連する分野として経済史をゲーム理論の手法などにより理論的な分析を行う比較歴史制度分析がある。

ブックガイド

■大学の経済学ではゲーム理論はミクロ経済学の授業で教えられることが多い。ミクロ経済学の入門書には良書が多いが、例えば以下をおすすめする。

八田達夫『**ミクロ経済学 Expressway**』東洋経済新報社、２０１３年

■同じ著者によるもう少し本格的なミクロ経済学の教科書として以下を挙げる。

八田達夫『**ミクロ経済学Ⅰ、Ⅱ**』東洋経済新報社、２００８年

■ゲーム理論の入門書にも良書が多いがここでは以下の２冊をおすすめする。

松井彰彦『**高校生からのゲーム理論**』ちくまプリマー新書、２０１０年

岡田章『**ゲーム理論・入門**』有斐閣、2008年
■ゲーム理論を本格的に学びたい方は以下に当たられたい。
岡田章『**ゲーム理論**』有斐閣、2011年
■経済学による制度の分析については以下の3冊を読むと大まかに把握できる。
青木昌彦『**比較制度分析序説**』講談社学術文庫、2008年
青木昌彦、奥野正寛『**経済システムの比較制度分析**』東京大学出版会、1996年
中林真幸、石黒真吾（編）『**比較制度分析・入門**』有斐閣、2010年
■比較歴史制度分析については以下が代表的な文献である。
アブナー・グライフ『**比較歴史制度分析**』NTT出版、2009年

参考文献

岡崎哲二、奥野正寛（編）『現代日本経済システムの源流』日本経済新聞社、1993年
鈴木成文『五一C白書』住まいの図書館出版局、2006年
鈴木成文、上野千鶴子、山本理顕、布野修司、五十嵐太郎、山本喜美恵『「51C」家族を容れるハコの戦後と現在』平凡社、2004年
平山洋介『住宅政策のどこが問題か』光文社、2009年
野口悠紀雄『1940年体制（増補改訂版）』東洋経済新報社、2010年
早川和男『居住福祉』岩波書店、2007年
山本理顕、金子勝、平山洋介、上野千鶴子、仲俊治、末光弘和、Y-GSA、松行輝昌『地域社会圏主義　増補改訂版』LIXIL出版、2013年
山本理顕、中村拓志、藤村龍至、長谷川豪、原広司、金子勝、東浩紀『地域社会園モデル』INAX出版、2010年

＊図9-1、9-2、9-3 イラスト：なるの　はるみ

第10章

ドーナツという「近代」

宮原　曉（みやはら　ぎょう）

大阪大学グローバルコラボレーションセンター（GLOCOL）・准教授。同副センター長。大阪大学外国語学部フィリピン語専攻代表、大阪大学大学院人間科学研究科グローバル人間学専攻兼任（「超域地域論」担当）

大阪外国語大学外国語学部インドネシア・フィリピン語科卒業。東京都立大学大学院社会科学研究科博士後期課程社会人類学専攻中退。博士（社会人類学）。専門は、社会人類学、華僑華人研究。16世紀、メキシコからフィリピン諸島にもたらされた飲料としてのチョコレートがどのように諸島に普及していったか、また、その受容に、どのような人が関わっていたのかを目下の研究テーマとしている。16世紀の東・東南アジアには、カトリックをはじめとしてヨーロッパから様々な新しい技術や思想が流入した。それらは、この地域の社会関係や文化的条件、さらには自然環境を劇的に変化させる契機となった。チョコレートを手がかりに、東アジアにおける近代の胚胎、さらには今日の東アジアの勃興による世界の再フォーマット化を多角的に問うてみようというのである。

ドーナツがいつ頃つくりはじめられたのかにはいくつかの説がある。ドーナツの本質をどこに求めるかによって、ドーナツの見え方が変わってくるからだ。ドーナツは見る人によって円形にも、リング型にも見える。時代によって、ものの見え方が異なるのだとすれば、ドーナツの歴史は、**「人はドーナツをどう見てきたか」**という問題に置き換えることもできよう。

もしもドーナツを、本書が企画された出発点でもある4次元を彷彿とさせる立体――3次元には存在しえないものを想像させるきっかけとなる立体――として見るならば、ドーナツの発明は、間違いなく**「近代」**の想像力をもってして始まる。古代や中世における世界観では、ドーナツは、いま私たちの多くが見ているようには見えない。本章の残りの部分は、それがなぜなのか、手を換え、品を換え、説明することに費やされる。

1　ドーナツの空間

皆さんは、ドーナツの形状をどう表現するだろうか。もちろん、「ドーナツ型」という言葉を用いないとすればという話だ。幾何学的に表現すると厳密にはどうなるかは知らな

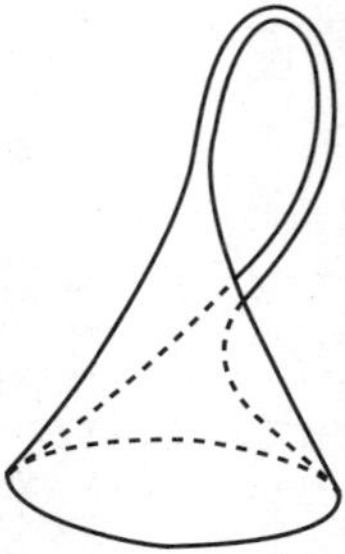

図10−1 クラインの壺（浅田、1983：108の図をもとに筆者が作成。）

いが、ドーナツは、円管や螺旋を経由して、最終的には**《クラインの壺》**になぞらえることができる、とここでは考えたい。

《クラインの壺》と聴いて、本章でこれからどのようなことが記されるかがわかったとすれば、筆者と同世代の人であろうか。《クラインの壺》とは、**メビウスの輪**を立体化した図形、すなわち図形の表面をたどっていくといつの間にか裏面に行き着く、「内」がいつの間にか「外」になっているという立体だ。したがってメビウスの輪が、現実に再現できるのに対して、《クラインの壺》は通常、3次元空間では再現できないとされる。

かつて浅田彰[*1]は、表紙と裏表紙に《クラインの壺》の図柄を配した著書『構造と力』において、この壺によって「近代」を図示した。「近代は**脱コード化**[*2]の運動によって特徴付

＊1 1983年に著した『構造と力』がベストセラーとなり、ニューアカデミズムの旗手の一人として、一世を風靡した。当時の人文系学生の多くが、この書物を読んだ（あるいは読んだふりをした）。

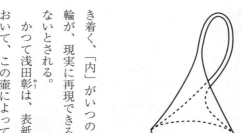

けられる。それは（中略）共同体の象徴秩序を侵食し解体し尽くしていくプロセスにほかならない。（中略）近代資本性が確立されるやいなや、それはとめどもない膨張運動を開始し、脱コード化の全面展開をもたらすに至った」とする（浅田、1983：194-195）。

そのうえで、前近代における象徴秩序が解体され、「神」「王」「父」に代わって中心に見いだされるようになるのが、**貨幣**だというのだ（同上、195）。こうした貨幣は、《クラインの壺》において、表側が裏側とつながる鶴の首のように細長くなっている部分に契機として登場し、すべてを飲み込んでいくということになる。

近代において我々が出発点とした空間と時間の二元性は本源的に解消されている。秩序／混沌、内／外、上下、表層深層、日常／非日常といった対立そのものが、《クラインの壺》に投げ込まれ、なしくずしにされているのである（同上、197）。

歴史的な事実として、ドーナツが《クラインの壺》のイメージにもとづいて考案されたかどうかは、じつのところあまり重要ではない。近代が、空間的に《クラインの壺》のイメージに沿って理解できるのだとすれば、同じく《クラインの壺》を彷彿とさせるドーナツは、近代においておさまりのよい形状をしている、と言うことさえできれば充分だからだ。あるいはドーナツは、それを《クラインの壺》にみたてることにさしたる違和感を感じない時代に考案された、と推測しておくべきだろうか。

いずれにしても《クラインの壺》を経由して、ドーナツは、近代をかたちづくる他の様々なイメージと結びつく。近代国家は、ドーナツ型をしているとうそぶいてみるのもよいだろう。

浅田は、近代における空間の特徴として、柄谷行人[*3]を引きながら、「反転を生じざるを得ないような或る『空虚』」とも表現していた（同上、１９９）。これは、近代国民国家をウォルター・ベンヤミンの言葉「均質で空虚な時間」（homogeneous empty time）の観念においてとらえたベネディクト・アンダーソン[*4]の見解にも通じる（Anderson, 1991 : 24. アンダーソン、1997 : 50）。

*2　近代を特徴づける「脱コード化の運動」をイメージするには、「法の支配」を思い浮かべるとよい。近代以前の神権、王権、父権による支配に代わり、「法の支配」が確立されると、王であれ、聖職者であれ、法の下では平等に扱われる。封建制度の下では、父親が子を殺した場合と子が父親を殺した場合で刑罰に違いがあることもあったが、近代ではその区別がなくなるのである。

*3　文芸評論家、思想家。雑誌『現代思想』への寄稿により、現代思想ブームの一端を担った。

国民と国家の関係は、二重の意味で**内と外の反転**を伴っている。あなたがどこかの国民だとしてそれはなぜなのか、そして、ある国家がある国家だとして、それはなぜなのかという問いは、簡単には答えられない問いであろう。「そこで生まれたから」とか、「長年住んでいるから」といっても、そこで生まれても外国人の人もいるし、あなたよりも長くその場所に住んでいる外国人もいる。「両親や先祖がそうだから」という答えは、もっともらしく聞こえるが、同じ質問は両親や祖先にも投げかけることができる。唯一、正しい答えは、人類すべてがアフリカ出身ということだろうが、数万年前に私たちの祖先がアフリカを出発したとき、国家と国民はなかった。へ理屈のように見えるが、この問いに答えるには、「あなたがある国の国民であるのは、他の国の国民ではないからだ」「ある国家がその国家であるのは、他の国家ではないからだ」と答えるしかない。

このような問答から想像されるのは、内側をずっとたどっていくといつの間にか外側にたどり着く図形、つまり《クラインの壷》である。「近代国民国家は、ドーナツ型をしている」という本章の主題も、あながち唐突ではないと言えそうである。

2　ドーナツ以前

ドーナツが近代をもって想像することが可能となる空間のイメージだとすれば、近代以前には、そうした空間のイメージが存在しないことになる。**では、近代以前は空間的にどのような特質を持つものだったのだろうか。**

この点に関しても浅田は明快に、二元論的な象徴秩序の図式を描いてみせるのだが、その基本にあるのは**フラットな平面**である。そこから**超越的な中心**と、**放逐されるスケープゴート**（図10－2）が分離することで象徴秩序が生み出される（同上、188）。もともとのフラットな状態は、**人が対等であること**を表している。そこから離れて上下両方向に位置づけられる存在が出てくることで、**対等な状態にはなかった秩序**が生ずる、というのである。

カトリックの大聖堂や王宮などは、そうした象徴秩序が具現化されたものである。写真の大聖堂は、神聖ローマ帝国の皇帝の戴冠式が行われたアーヘン大聖堂だ。カトリックの

＊4　インドネシア、フィリピンをフィールドとする地域研究者。『想像の共同体』は、ぜひ読んでおくべき本である。

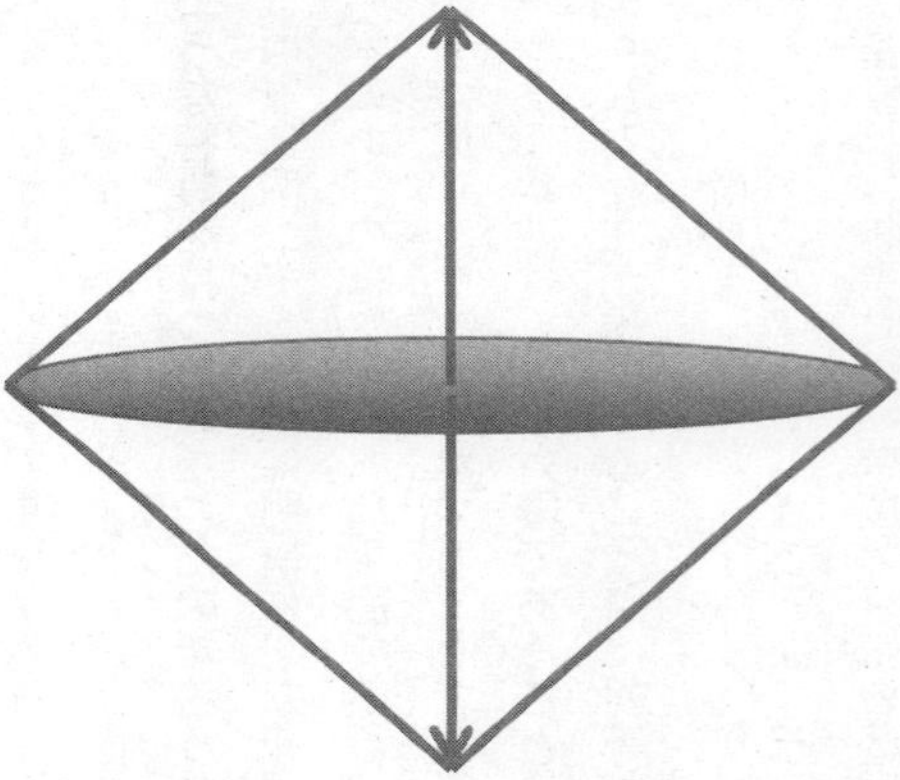

図10–2　階層的図式
（浅田、1983：108の図をもとに筆者が作成。）

教会は、どこの大聖堂もそうであるが、その立体感によって神と人との間の、あるいは神と王、王と人との間の象徴秩序を映し出している。

一般の住宅はどうだろうか。ヨーロッパにおいても、またアジアにおいても高層の建造物は、古代にも中世にも存在していた。しかし、住宅となると話は別だ。古代ローマには、インスラと呼ばれる6、7階建ての高層住宅が存在していたが、これを例外とすれば、親族関係を持たない個人や家族が居住する高層住宅ができるようになるのは、概ね19世紀を待たなければならない。

多くの場合、こうした住宅は、都市人口の増加に伴い自然発生的に登場したとされるが、考えてみると見ず知らずの他人が同じ建物に、しかも上下に重なりあって居住するというのは不自然だ。中国南部や台湾には、三合院様式と呼ばれる建築様式があるが、そこでは祖先の位牌が祀られる祠堂《しどう》の位置が決まっている。福建省永定県や南靖県などに見られる土楼や広東省開平市の碉楼《ティアオロウ》などの高層化し、祖先を共有する多くの世帯が居住する住宅も、基本的には祠堂が複数配置されることはない。もっとも碉楼も土楼も、多くは19世紀以降に華僑の送金によって建てられたものであり、高層化したのは、近代の影響と言えなくもない。

アーヘン大聖堂

三合院（福建省南安市）

土楼外観（福建省永定）

土楼内部（福建省永定）

3　ドーナツ以後

近代以前の居住空間は、ドーナツ以後どのように変化するのだろうか。今日、中国や香港、台湾で私たちは高層住宅が林立するのを当たり前のように見ている。しかし、香港の公共集合住宅は、それ程古くから見られたわけではない。その端緒となったのは、1953年の別名クリスマス大火と呼ばれる石硤尾《せきこうび》大火だ。

折から、香港には中国の混乱を避けて大量の難民が流入していたが、こうした人たちの居住環境は劣悪で火災等も頻発した。こうした状況を改善するために、治安対策も兼ねて、火災の跡地等に整備されたのが、第1型、第2型と呼ばれる6、7階建ての公共住宅であった。

当時の公共住宅は、6、7階建てで5人家族につき11・15平方メートルの非常に狭い住宅であった。トイレ、浴室は共同で、部屋には水や電気の供給もなかった（楊・王（編）2003：46）。ちなみに、第1型、第2型住宅は、ドーナツ型ではなく、H型、「日」型であった。

ヨーロッパや合衆国、日本にも**近代以降、よくみるとドーナツに見えてくる建築物が増加する。**とくに万国博覧会のパビリオンのなかには、大阪万博のオーストラリア館のようにそれらしきものが多い。近代は、ドーナツ型の空間を創造することを可能にしたのだ。

“East Facing”（東向き）は、運気を気にする東南アジアの中国系住民等が今日、住居や分譲地を選ぶ基準の一つである。風水にせよ、こうした観念にせよ、住宅の建築様式を気にする人たちが、住居の高層化には無頓着であるのはなぜなのか、考えてみると不思議である。

4　近代とは

さてこれまで本章では**「近代」とは何か**敢えて問わずに話を進めてきた。ドーナツの起源に諸説があるように、「近代」の起源にも諸説がある。ドーナツを生み出した空間は、とりもなおさず「近代」を生み出した空間認識でもある。地理的発見を大きなドーナツの発見とするのは、こじつけが過ぎるとしても、**宗教改革**によるキリスト教の世俗化ばかりではなく、カトリック側でもイエズス会による**科学的認識と相対主義的見方の獲得**や、政治的には17世紀の**ウェストファリア体制**による世俗的国家による領域統治の確立など、近代を生み出す胎動をいたる所にみることができる。

近代国民国家という点では、もちろん**フランス革命**は最も顕著な近代の発現ではあろうが、それに先立つ時代に、**中南米のスペイン植民地**でみられた空間認識の転換は、注目してよい。スペイン継承戦争によるハプスブルグからブルボン朝への移行に関連して、18世紀半ばのスペイン植民地では、大規模な植民地経営改革が断行された。**ブルボン改革**として知られるこの植民地改革では、貿易の管理、新大陸生まれの役人に代わる本国生まれの官僚の登用、ペルー副王領の分割など、植民地経営の効率化が図られたが、その前提の一つとして、出生地による官僚のランクづけがあった。同じスペイン人であっても中南米で生まれたクレオールやフィリピンで生まれたフィリピノと、イベリア半島生まれのペニンシュラーレスは、待遇の点で区別されたのだ。

言ってみれば、今日の日本の官僚制におけるキャリアとノンキャリアの区別のようなものであるが、アンダーソンによると、ノンキャリアであるクレオールの官僚が、植民地内の細分化された地域を任地として転々とすることで、今日の中南米諸国のそれぞれの国境を範囲とする国家意識が醸成されたという（Anderson, 1991：54–55. アンダーソン、1997：100）。

同様のことは、かたちを変えてフィリピンでもみられるが、フィリピン諸島生まれのスペイン人が少なかったこともあって、ここで**中間層として国家意識**にいち早く目覚めたのは、**中国人とフィリピン人の混血**であった。「中国系メスティソ」と呼ばれるこうした混血の人たちは、18世紀半ば、キリスト教に改宗し、現地の女性と結婚した中国系商人の子孫であり、フィリピン諸島での流通の担い手となっていった。中南米のクレオールが中間官僚としての任地経験を通して国民意識を形成していったように、中国系メスティソは、**諸島内の流通を通して、地理的認識を獲得**し、国民意識を持つようになったのである。

近代の胎動には、「ドーナツを発明した」といわれるオランダも別のかたちで関わっている。1581年、独立戦争を経てオランダは、スペインから独立した。ここに、後に中南米で見られるような国民意識の醸成を見いだすことはいささか無理があるとしても、オランダが持つ**スペインやカトリックとの距離感（世俗性）**や、世界をまたにかけた**東インド会社、西インド会社の活躍**は、オランダが近代に至る道の先導役の一人であったことを物語っている。

ドーナツの原型の「**オイルケーキ**」は、オランダ系移民の手によって、当時はまだ（「ニューヨーク」ではなく）「ニューアムステルダム」と呼ばれていたマンハッタンに到達した。後に穴のあいたドーナツを考案したハンソン・グレゴリー（Hanson Gregory）をオランダ系アメリカ人の船乗りとする解説もいくつかある。往事のオランダは、ニューアムステルダムの他に、ジャワやモルッカ諸島のアンボイナ島[*5]などに拠点を持っていた。鎖国期に、中国人と並んで長崎出島での交易を許されていたのもオランダであった。新大陸のクレオールたちとは、異なった仕方ではあろうが、オランダ人の目にも、近代の世界像が映っていたに違いない。

それにしても、世界に対するオランダ人の見方はユニークである。今日、「無宗教」であることを公言するオランダ人に出会うことはそれほど難しくない。**ヨーロッパでは、どこでも見ることのできる教会と広場も、オランダではそこだけぽっかりあいた穴のように、宗教性をのみこみ、世俗を紡ぎだしているかに見える。**今日的な無宗教と過去の世俗性を混同することはできないのだろうが、こうした街の空気は、やはりドーナツの穴はオランダ人ならではであろうか、と思わせるのである。

5　ドーナツの穴

ヨーロッパの近代の最大の原動力となったものが、18世紀半ば以降の**産業革命**であったことは、言を俟つまい。資本主義と工業化の長い物語を本章で繰り返している余裕はない

＊5　モルッカ諸島のアンボイナ島は、丁子や胡椒、ナツメグを産出する香料諸島の一角をなす島である。

し、その必要もなかろう。ここではその一局面として、「近代」とりわけ「近代的な所有・領有の観念」に関して筆者がかねてから疑問に思っていたことについて述べ、本章を閉じることとしたい。近代は、多様なかたちで欧州やスペイン植民地にあらわれるが、特に**「所有」**や**「領有」の概念**に関して、その標準化がどうなされるか、という疑問である。

「所有・領有」の概念というと即座に想起されるのは、アブラハムが約束された土地や、**第1次、第2次エンクロージャー**であるが、ここでは多少仮説的な考察を含めてヨーロッパの領主たちによる土地の領有について考えてみたい。

ウェストファリア体制により、「領土」「領有」という観念そのものについては、**神聖ローマ帝国**との関係で世俗的に確立していたものの、ヨーロッパの領主たちの間で標準化された「領有」の観念が、すぐさま共有されたかというと疑問が残る。

今日でも先祖伝来の土地は、可処分権があいまいになりがちである。同様に近代以前の土地の領有も必然的に幅がある。コロンブスやマゼランなどの航海者は、イスパニョラ島やセブ島に十字架をたてたり、命名したりすることで、その土地に対してどのような権利を得たのだろうか。そうした植民地において、植民することや徴税や布教、土地経営の権利を持つことは、どのような形態の領有と言えるのだろうか。またウェストファリア条約によって、アルザス、ロレーヌが神聖ローマ帝国から離脱し、フランスが同地方の一部を獲得したというのは、封建的な土地所有と自由な商取引による土地のやりとりとの間のどの段階に位置づけることができるだろうか。

私的所有権は、1789年のフランス革命の際に採択された**フランス人権宣言**に規定される。自由と平等、主権在民、言論の自由、三権分立が謳われたかの有名な宣言だ。とは言え、その後のフランスにおいてもなかなかこの理念を実現することはできなかったようであるが。ともあれ土地が商取引の対象となることは、所有の概念の根幹であり、それがある程度標準化されたかたちで確立することは、近代が成立する重要な与件となろう。この点で**ナポレオン・ボナパルト**の存在は重要である。

ナポレオンは欧州を「領有」しようとした。領有の顕著なかたちは武力による占領であったかも知れないが、そうした占領には、所有の名義変更が見られる。1809年から1813年の間、ナポレオンが領有したスロベニアのブレッド城来歴には次のように説明される。

スロベニアのブリクセンの司教領は、800年の歴史を持つが、1803年にオーストリア大公国に収用され国有化されたのち、１８０９年から１８１３年の間、ナポレオンのスロベニア占領により、フランス皇帝にしてイタリア王であるナポレオンに名義変更された。ナポレオンの占領後、オーストリアは１８３８年に司教領を返還したが、その後、封建的な支配は終わり、１８５８年に司教は、鉄細工業者に売却した。

このやりとりのなかで、もともと司教により支配されていた土地がナポレオン時代を経ることで、**次第に「所有」の概念が意識されるようになっていく**ことはたいへん興味深い。

スロベニアも、またオランダもナポレオンによって占領された経験を持つ。フランス革命後、欧州で曲がりなりにも近代国民国家と呼び得る国は、一時期のフランスのみであり、あとは公国あり、王国あり、様々な統治の形態が混在していた。そうした地域で「所有・領有」の概念が標準化され、近代国家の概念が普及していくのに、ナポレオンは大きな意味を持ったのではないか、と思うのである。そこでの国民国家は帝国にすりかえられるとはいえ、ナポレオンを通過することで、欧州はある種普遍的価値を共有する欧州になったのだ。

ナポレオンがめざしたものが、国民国家ではなく、**帝国**であること、そうした帝国が国民国家を成立させる近代とどの程度同じで、どの程度違うかは、注意深く検討すべき課題ではあるし、本章では近代の成立にナポレオンが果たした役割をごく概念的に述べたにすぎないが、**多様な出発点を持つ「近代」が、その後、21世紀までの長い期間、世界を席巻していくためには、**どこかで標準化される必要があること、またそこでの近代のかたちは、あらかじめ決められたかたちがあらわれるわけではなく、歴史の偶然によって決まることを考えると、何がしか**所有の概念の標準化と普及に役割を果たすしくみが必要**であろう。**ドーナツの穴は、そうした近代が具現化されたものなのである。**

参考文献

浅田彰『構造と力―記号論を超えて』勁草書房、1983年

アンダーソン、ベネディクト『増補　想像の共同体―ナショナリズムの起源と流行』NTT出版、1997年

Anderson, Benedict *Imagined Communities: Reflections on the Origin and Spread of Nationalism. Revised Edition.* Verso, 1991

楊汝萬・王家英（編）『香港公営房屋五十年』中文大学出版社、2003年

解説　わかりやすい近代の話

保道　晴奈
（ショセキカ／大阪大学外国語学部2年生）

本章は「ドーナツから近代を考える」というテーマでしたが、「メスティソ…？」「ウェストファリア体制？」と、読者の方によってはわからない用語が出てきたかもしれません。でも、これらはすべて高校の世界史で学習する用語なのです。そればかりでなく、あなたは「フランス革命」を的確に説明することはできますか？　高校の世界史を知っていれば、フランス革命を説明することはたやすいでしょう。

これらの用語を知り背景知識も獲得すれば、あなたはより「ドーナツの近代」について深く考えることができるでしょう。と言うことで、大航海時代～近代の西洋社会について、高校世界史レベルの噛み砕いたコラムをお読みいただきたいと思います。

1. 宗教改革と大航海時代

15世紀のヨーロッパでは、**「海の向こう側の世界」への関心が高まっていました。**アジアの**香辛料**や**金**を求めて、また**キリスト教の新たな布教先**を求めて**ポルトガル**や**スペイン**は積極的に**航海**を行いました。その結果、**アフリカ**や**南米**など多くの地域にポルトガル・スペインの船が到着します。現在のブラジルにポルトガル人の**カブラル**、現在のメキシコにスペイン人の**コルテス**、チリにスペイン人の**ピサロ**が到達しています。この後、南米はポルトガル・スペインによって植民が行われました。ヨーロッパからの移民の白人と原住民の混血化が進み、現在の「人種のるつぼ」と呼ばれる現状に至りました。植民地生まれの白人を**クリオーリョ**、白人と原住民の混血者を**メスティソ**、白人と黒人の混血者を**ムラート**と呼びます。

一方当時の**キリスト教社会ではカトリック教会への批判が高まってゆきます。**1517年、ドイツで**ルター**が**九十五か条の論題**を発表することで**宗教改革**を始めました。ルターはカトリック教会の**免罪符（贖宥状）**を批判し、**聖書を中心に据えたキリスト教信仰**を唱えました。スイスでも**ツヴィングリ**が宗教改革を起こしており、これらの宗教改革に共鳴した人々がそれまでの**旧教徒（カトリック）**に対し、**新教徒（プロテスタント）**と呼ばれました。

結果、カトリック教会のみが支配的だった西欧社会に、プロテスタントという新たな勢力が生まれたのです。

2. ヨーロッパ主権国家体制への過程

16世紀、ヨーロッパの国々は**絶対王政**と呼ばれる中央集権体制を築いていました。国王が絶対的な権力を持ち、国王が一定の領域を支配する体制です。中でも強大な権力を持っていたのは**フランス王家**と**ハプスブルク家**。ハプスブルク家は**オーストリア地域（オーストリア系）**とスペイン・南イタリア・現在のベルギー・オランダである**ネーデルラント地域（スペイン系）**を支配していました。

新教徒の多かった**ネーデルラント**は商業が発達していました。そこでネーデルラントは1581年に独立を宣言し、1609年には**オランダ独立戦争**を終え独立を勝ち取りました。

旧教国であったフランスでは**ユグノー**と呼ばれる新教徒勢力が無視できなくなり、**ユグノー戦争**が勃発しました。フランス王家の**ブルボン家**はユグノーに大きな信教の自由を与え、戦争を終わらせています。のちに「太陽王」と呼ばれた**ルイ14世**が即位し、王の権力は強化されていきます。

絶対王政に基づく国家が築かれる中、異色だったのは**神聖ローマ帝国**です。現在のドイツにあたる神聖ローマ帝国は国王が絶対的な権力を持つのではなく、領主がそれぞれ**領邦**を所有しそれぞれで統治を行い、国家が所有していたのは帝国としてのゆるい支配権でした。

17世紀にはいると16世紀に続いていた経済成長が止まり、ヨーロッパ社会全体が危機的な状況に陥りました。そのような状況下でオーストリアの属領**ベーメン（ボヘミア）**の新教徒がハプスブルク家のカトリック信仰の強制に反抗したことで三十年戦争が勃発します。**三十年戦争**では、新教と旧教が対立軸となりました。新教側・旧教側の国家をそれぞれ整理してみましょう。

新教側：イギリス・オランダ・スウェーデン・デンマーク・フランス（フランスは旧教

国だが新教側についた)

旧教側：ハプスブルク家（オーストリア・スペイン）

つまりこの対立は**フランスとハプスブルク家の対立**であるともいえるのです。

三十年戦争は**ウェストファリア条約**によって終結しました。ウェストファリア条約ではスイス・オランダの独立が国際的に承認され、ドイツ諸邦の完全な主権が認められました。

これにより、**神聖ローマ帝国は事実上解体**され、ヨーロッパの**主権国家体制は確立されました。**

3. ヨーロッパ主権国家体制からフランス革命へ

三十年戦争を経て王が主権を持った国家が確立されたヨーロッパでは、国家が経済に介入して経済を発展させようとする**重商主義政策**がとられました。

フランスでは**ルイ14世**が絶対的な権力を持ちました。ルイ14世の后はスペイン王女だったため、１７００年にスペインのハプスブルク家が断絶したとき、フランスはスペインの王位をブルボン家が継承することを主張して、ハプスブルク家と対立しました。これが**スペイン継承戦争**です、最終的にスペイン・フランスは合同しないという条件でブルボン家がスペインのハプスブルク家を継ぐことを認めさせ、戦争は終結します。その一方で一般の国民は不況に苦しみ、そのうえ新教を信仰する自由が認められなくなったため新教徒の商工業者が大量に亡命しました。そのために余計に不況が進み、国内の荒廃が進んでゆきます。

このころ、ヨーロッパ諸国は大航海時代にもまして海外へ進出していきました。**スペイン**はフィリピンの**マニラ**を拠点にアジア貿易を行い、オランダは**東インド会社**を設立してインドネシアの**バタヴィア**（現在のジャカルタ）で貿易を行いました。オランダは当時江戸時代で鎖国政策がとられていた日本とも貿易を行いました。

18世紀、イギリスやスペイン、フランスの植民地にされていた**北アメリカ**は独立宣言を発表しました。およそ10年に及ぶ**アメリカ独立戦争**を経て、アメリカ合衆国は独立を承認されました。

18世紀後半のフランスは強力な絶対王制が敷かれた国でした。この国でこれから言わずと知れた**フランス革命**が起こります。革命以前、国民は3つの身分に分かれていました。

第一身分の聖職者と**第二身分の貴族**がほとんどの富を握り、**第三身分**の農民が苦しい生活を送っていました。一方で第三身分の商工業者は富を蓄えていたようです。そのような資産を持つ第三市民は実力にふさわしい待遇を受けられないことを不満に感じていました。

フランス王家の財政は行き詰まっていました。１７８９年、３つの階級の国民が集まる**三部会**が招集されることになりましたが、第一・第二身分と第三身分の間に議決方法の差別があるとして激怒した第三身分の議員が集まりました。自らが本当の意味で国民を代表する**国民議会**であると宣言し、これが**球戯場の誓い**と呼ばれます。

第一・第二身分からもこれに同調する者があらわれ、国王もこの動きを無視できなくなり、国王は武力で国民議会を弾圧しようとしました。しかし国民議会はこれに反発し、バスティーユ牢獄を襲撃しました。これを契機に**第三身分による抵抗運動**がフランス全土に広がりました。

国民議会はこれまでの不公平な制度を一新し、**フランス人権宣言**を採択しました。フランス人権宣言では、すべての人間の自由・平等、言論の自由、私有財産の不可侵など、近代社会で当たり前に認められるようになる権利に言及していました。

フランス市民はヴェルサイユに行進し王家をパリに移転させ、王家の権力を奪っていきました。国王は逃亡を試みましたが失敗し余計に信頼を失って、王権政治はほぼ完全に失墜しました。

のちのフランスでは**共和政**が敷かれ、王による政治ではなく議会による政治の体制が敷かれていきます。皇帝ナポレオンの登場はありますが、フランスはいち早く民主主義に基づいた政治を行った国と言えるでしょう。

いかがでしょうか。高校の世界史と言えば覚えるのが大変というイメージが付きまといますが、覚えなくてもまずは知ることで新たに世界が広がるのではないでしょうか。

ここで語った歴史は人間の歴史のほんの一部に過ぎません。興味をお持ちになった読者の方は、ぜひ歴史の本を1冊、ドーナツを食べながらでも読んでみることをお勧めします。

第11章

法の穴と法規制のパラドックス
――自由を損なう行動や選択の自己決定 =自由をどれだけ法で規制するべきなのか？

瀬戸山　晃一（せとやま　こういち）

大阪大学未来戦略機構第一部門・特任教授（常勤）

広島市出身。大阪大学大学院法学研究科修了（博士（法学））。米国ウィスコンシン大学マディソン校ロースクールM.L.I.、LL.M.、S.J.D.プログラム留学（1998年～2004年）。大阪大学大学院法学研究科専任講師、大阪大学留学生センター・国際教育交流センター准教授などを経て、2013年4月より現職。大阪大学高等司法研究科招聘教授、大学院法学研究科招聘教授。京都大学再生医科学研究所物理―細胞統合システム拠点及びiPS細胞研究所合同「医の倫理委員会」委員。2010年以降、大阪大学附属病院治験審査委員会や臨床研究倫理審査委員会委員。

【専門分野】医療と法、生命倫理学、法哲学・法理学、法と行動経済学。

【教育・授業】2011年12月より大阪大学リーディング大学院超域イノベーション博士課程プログラムの運営にあたっている。大阪大学共通教育賞（平成16年度第2学期「現代医療と法」）。2005年以降Z会の特集「難関大学の名物授業」に取上げられる。その他、英語で授業を行う「国際交流科目」や法科大学院で「生命倫理と法」などを教える。

【研究者になったきっかけ】12歳～17歳の間に立続けに父と祖父母をなくし、人間の死や医療問題に関心を抱く。高校時代の校則規制から自由と規制の問題に関心を抱き法学部に進学する。

【趣味】音楽鑑賞と弾き語りやカラオケで熱唱すること。高校時代は、シンガーソングライターを夢見て新聞配達とバンドの練習に明け暮れる日々。人（若者）にメッセージを伝え、影響を与えられる仕事をしたいと考える。大学の教育研究者になった今、日々の授業はコンサートで、論文執筆や出版は、楽曲やアルバム作りやリリースのように捉えている。

はじめに

いかなる社会にもルールや法制度が必要であることは歴史的にだれもが認める事実である。しかし、人間が作り出した法という道具によって何をどこまで規制していくべきかという規範に関わる認識は、国や社会や時代によって異なっており、常にその是非について様々な論争が繰り広げられてきている。およそ副作用のない薬はないように、法規制も現実社会の諸問題解決の処方箋になるとともに意図せざる結果や逆機能などのいわば**知の穴**と言うべきジレンマ構造をはらむ場合があり、まさに「ドーナツを穴だけ残して食べる」的な状況に直面する場合が少なくない。本章では、科学技術の進展とグローバル化が加速していく現代における**「法の役割の意義と限界」**について様々な角度から考えるための知的枠組みを提供したい。特に、自由論には、自らの自由や自律を損なう結果になる選択や行動の自由をどこまで認めるべきなのかというパラドキシカルなアポリア（難問）がある。私が研究してきた個人の自由を規制・制約する法的パターナリズム論や行動経済学の知見や洞察に、このような法的**知の穴**とでもいうべきアポリアに対するひとつの知的処方箋があることをみていきたい。

1 法の世界は概念とパラドックスにあふれている

都会を離れて田舎に行くと、空気がおいしいねと言われることがある。しかし、通常空気は匂うことはできるけれど、物理的には、食べることはできない。たしかに、おいしい空気のもとでは食欲が出てドーナツが美味しく感じることはあるかもしれない。だがドーナツの穴に何かクリーム等を詰め込んであれば別だが、ドーナツの穴は、単なる空間であって実際に食べることはできない。しかし、我々は、ドーナツの穴という**「概念」**を作って、それをめぐって、いろいろと時間をかけて考えてこの書籍もできている。概念というのは、人間が作り出したものであり、それによって人間の行動や判断や思考は大きく左右される。思想家や小説家の言説をいちいち引用するまでもなく「死」も「国家」も「恋愛」も「ブランド」もある意味、全て幻想なのかもしれない。人間は様々な概念を作り上げることによって、世の中の不条理を納得させようとしたり、共同幻想によって秩序維持を図ったり、人々の行動を抑制したりもするし、一生懸命、励んだり自己犠牲をしたりする存在でもある。

法の世界は、概念がひしめく概念天国である。いくら記憶力がよくとも、概念を理解することが苦手であったり、概念操作ができなかったりすれば、司法試験には合格できないであろう。

法学部の学生でなくとも教養の授業などで法学なる学問分野を多少なりとも試食したことのある者は、法学の主な部分は、**法の解釈学**であることを知っている。本章では、「ドーナツの穴だけ残して食べる方法」というパラドキシカルな概念フレーズ（命題）を解釈して、特にルールや規制と自由の問題を考えてみよう。

普通に考えれば、真ん中に穴の開いたドーナツをすべて食べてしまうと、穴の周りを覆っている枠としてのドーナツがなくなり、穴がなくなってしまうので、このフレーズは、パラドキシカルなアポリアのひとつとして解釈できる。法にもパラドックスがたくさん存在する。

例えば、様々な法をめぐる議論や争いは、その根底で人々の自由と平等が問題となっていることが多い。**法には、知のブラインドスポットとでもいうべき知的ホール（穴）がある。**悪意のある犯罪者ではなくとも合理的な利益追求者は、法規制（ルール）の網の目をくぐって金儲けをしようとする。法は人間が作り出した制度（ルール）であって、完全なものではなくブラインドスポット（知的死角）が存在する。その抜け穴を防ぐために、さらなる法規制が設けられたりする。法規制という薬漬けになり、自由がどんどん制限されていってしまう危険性があるのである。

自由を規制する法政策は、ある正当な目的をもって人々の行動を制限するのであるが、それが意図せざる副作用や結果を生む場合がある。法は薬と同じように副作用を伴う場合が多い。規制目的が合理的であっても、その**手段の妥当性**や法の**長期的な波及効果や逆機能**を考えておく必要がある。

以下、本章では、**法制度や規制の様々な穴、すなわちパラドックスや逆機能などについて考えてみよう**。特に将来の自由を阻害するような自己決定や選択・行動の自由をどの程度認めるべきなのかという自由に内在するアポリアについて行動経済学とパターナリズムの観点から料理して読者の方々に味わっていただきたい。そして、法という人間が作り出し運用していく制度やルールの意味と役割に対する洞察を深める知的栄養を吸収していただければ幸いである。

2　自由と平等のどっちを優先するべきなのか？

自由と平等は、古来より法が追求すべき重要な基本的な価値として並べられることが多い。しかし、少し考えればわかることだが、**自由と平等は、相対立する場合が通常なのである。**人々の自由を認めれば認めるほど、能力あるものとない者、強者と弱者の格差は広がり、搾取構造も生まれ、人々の平等はなくなっていく場合が現実には多い。格差を是正し平等を実現していくためには、個々人の自由を制限する必要が出てくる。また、自由というときも、消極的自由や積極的自由というように、いろんな自由があり、どの自由を優先するかによって、意見や対応が異なる。同様に、平等も「スタートの平等」なのか、「ゴールの平等」なのか、形式的平等なのか、実質的平等なのか、機会の平等なのか、能力の平等なのかによって、現実的な政策に全く違いが生じる。ある側面での平等は、他の側面での不平等を助長する結果になる構造は珍しくない。スポーツ競技において身長ほか平均的な運動能力に違いのある男女を分けて競争させるのが平等なのであろうか？　所得水準に応じて税金を累進課税にすることは平等なのだろうか？　出身大学などの学歴のみにおいて、就職等において優遇することは、平等なのだろうか？　自分の努力ではどうしようもない、遺伝子の優劣（すなわち将来の病気発症のリスク）に基づいて、昇進評価や保険料率が設定されるのは、不平等なのであろうか？

このように自由と平等は、どちらかを持ちあげれば他方が下がるトレードオフの関係にあるだけではなく、平等の中でもどの側面での平等を重視するのか、自由の中でも何の自由を尊重するのかで、**同じ概念内で利益が相反するトレードオフの関係にあることを理解する必要がある。**実際のところ、これらの論点をめぐっては、従来から政治哲学者や法哲学者その他において、一定の福祉国家の必要性とそのための富の再配分を認める平等主義的な**「リベラリズム」**と自由市場への法規制に批判的で最小国家を唱える**「リバタリアニズム」**の激しい論争が正義論として展開されてきており、簡単にどちらかに軍配を上げるようなことは、お互いに魅力的な議論を提示しており、なかなかできない。みなさんにとって、どちらが美味しく思われるかは、法哲学や政治哲学という学問領域の書物を味わっていただきたい。

3　平等と不平等：アファーマティブ・アクションと逆差別

例えば、自己の選択ではなく、たまたま生まれてきた出自によって、長い過去に差別を受け続けてマイノリティーとされてきた人種や、社会的に少数者である女性の一定の職種への参画を実現するために、アファーマティブ・アクションあるいはポジティブ・アクションと呼ばれる積極的優遇政策を導入することがある。現実の格差是正や平等の実現のためにこのような政策を導入することは、同じ能力や結果を出したマジョリティーや男性のカテゴリーにたまたま属する者が政策的に不利に扱われる結果となり、**逆差別**と批判されることがある。

アファーマティブ・アクションは、これまで黒人などの特定の人種であったり、女性であったりという本人の選択によらない「**属性**」によって、差別的な扱いを受けてきたカテゴリーに属する人たちを、そのカテゴリーに属するからという理由で優遇措置を与えようとするものである。

それは、逆を言えば、自己の選択によらずたまたま白人であったり男性であったり、これまで多数派であったり、支配的な人種やジェンダーというカテゴリーに属していたが故に、不利に扱われることになる。アファーマティブ・アクションなどの積極的是正措置は、**不平等（格差）を不平等な取り扱いという政策で実現しようとする本質的な矛盾を抱えた政策なのである。**

しかし、特定の人種の患者や被害者や被告人が一定数以上いるので、一定の割合の人種の弁護士や医者の社会的なニーズがあり、望ましいという政策的な目的で正当化される場合がある。また、あまりにも格差が固定化したところで歴史的に差別的な構造から抜け出せない社会が過渡的に採用する、必要悪・犠牲としてのみ許容されるとする見解もある。雇用や人事において黒人や女性を優遇して採用したり起用するアファーマティブ・アクション制度を義務付ければ、本当は能力が劣っているわけではなく実力で採用された黒人や女性が、黒人や女性だからそのポストを得られているのだという目で見られてしまい偏見を助長する結果になる場合がある。みなさんには、このような政策をどのような属性に対してどの程度導入されるべきか考えてみてもらいたい。

4　法の逆機能・法規制の意図せざる波及効果

不平等を是正したり、人権を保護したりするための目的で導入される法規制が、**逆機能や望ましくない波及効果を生む**場合がしばしばある。それらの例をいくつか以下、紹介しておきたい。

ひとつは、女性の社会参画を促進するための積極的な優遇政策や保護政策が、結果的に女性差別を助長することになる場合である。ジェンダー（社会的な性差）の平等指標ランキングで世界130数カ国の中で今年度105位という底辺にある日本で、働く女性を応援し、女性の社会的参画を促進するために、長い育児休暇制度や仕事と家庭を両立できるような配慮を特別に女性に与える制度を法的に義務付ける政策を導入することが考えられる。この政策の目的は正しく、また一定の効果が期待できるが、企業に一律に法的義務を課し、従わない事業主にはペナルティーを科すような政策は、結果として採用段階で女性候補者が不利に扱われる結果になる危険性が強くある。営利を追求する私企業は、会社に実質的に貢献する人材の採用を求めており、男女のいずれかが育児休暇を取得できるようにしても、現実にはほとんど子どもを生んだ女性が育児休暇を取得する現実からすると、出産可能な年齢期の女性を採用することは、結婚して仕事を辞める寿退社のリスクに加え、女性を採用することのコストやリスクを強めることになる。そして結果的に経営者や人事担当者に統計的にリスクの少ない男性候補者採用のインセンティブを与えてしまう結果になるのである。その結果、大学生で就職活動をしている女子学生が、採用段階で不利になり、結果的に差別される現象を生むことが懸念される。

また一定の賃金以下で働かせることを禁止する最低賃金法も、その賃金に見合う労働力を提供できない潜在的な労働者が市場から排除されていってしまうことになることもしばしば指摘されているところである。

もうひとつ例をあげると、非正規雇用や非常勤職員が、正規職員に比べ弱い立場で雇用され続けることを防ぐ労働者保護のための政策が、その意図とは裏腹にこれらの弱い立場の労働者を切り捨てることになる場合がある。労働契約法が2013年4月より改正され、契約社員、嘱託、アルバイトやパート、非常勤職員その他の期間の定めのある有期労働契約の場合、契約を更新し通算5年間以上雇い続ける場合には、無期労働契約にしなければならないとされた。この改正法は、短い有期契約の更新が繰り返され、いつまでも正規社員になれない弱い立場の労働者の雇止の不安を解消し不合理な労働条件を課されることを防止する労働者保護が目的であるとされている。しかし、この法の改正は、有期雇用でも働き続けたいという労働者と、その個人を雇い続けたいという使用者の双方の意思に反して、無期雇用にできなければ5年後には雇止にしなければならないという帰結（副作用）を生む結果になる。実際のところ、大学の非常勤教職員がさらに不安定な状況に追いやられてしまい、大学でもこの問題をめぐって様々な議論がおき始めている。

その他、法が制定された当初は想定していなかった事例や状況が生じ、法の条文をそのまま事例に当てはめると、明らかに正義や公平や平等の観点から不当だと思われる場合に対して、これまで裁判所が法を運用する過程で、**例外事項などを設け、立法趣旨（目的）に反しない限りにおいて柔軟に対応するという対策も採られてきている。**

法制度や政策は、人間が作るものである以上、万能ではなく、ある目的は達成するが、特定の人々に対して規制に伴うしわ寄せ（コストの転嫁）が行く副作用を持つ場合が少なくない。**そのような副作用を軽減するためにはどうしたらよいのであろうか？**

例えば、先ほどの女性差別の事例で言えば、採用されている女性を保護する結果、採用前の女性が不利になる副作用の防止対策としては、育児休暇を自主的に促進した企業は、税制を優遇するなどの手段を講じ、育児休業に伴うマイナスの費用などに対し補助金を国が与えコストを企業自体が背負わなくてよい方法を考えることができる。企業に強制するのではなく、自主的に導入した企業にインセンティブを与える政策を導入することでそのような制度を設ける企業は自然と増える可能性がある。このように逆機能の一つの解決策として考えられるのは、法的に強制や禁止などの**否定的なサンクション（制裁）**を科すのではなく、育児休暇制度や期限のない正規職員へ移行するシステムを導入した企業には税制や補助金支給その他で優遇するといった、いわゆる**ポジティヴな優遇措置政策**を実施することである。これにより同じ目的を達成することが可能である。強制ではなくベネフィットを与えるという規制の手段の工夫次第で副作用を防止したり軽減することが可能になるというわけである。

また**法規制の限界（法の抜け穴）**という問題も考えておく必要がある。例えば、現在、社会のグローバル化がすさまじい勢いで進んでいっている。そのなかで、生殖補助医療技術の利用を考えてみると、日本で代理出産が禁止されていれば、お金のある人は法で禁止されていない海外か、禁止されているが闇市場で事実上野放しに行われている国や地域に行けばよい。臓器売買などの医療のツーリズムという言葉をよく耳にするようになってきたが、現代においては、一国内で禁止しても海外に渡航する金銭的その他のコストが小さくなってきており、人々の行動を完全に規制することは不可能になってきている。これは研究についても言える。倫理的な問題から例えば、日本国内で生物兵器の開発やｉＰＳ技術による生殖細胞や受精卵の作成、遺伝子工学技術に関する一定以上の医学研究を禁止したとしても、他の国で許されて研究されて特許を取られてしまうと、日本が研究や安全保障の面での後進国になってしまう可能性もある。グローバルな時代において倫理上の問題で先端医科学研究をどの程度法で規制していくのかという問題は極めて悩ましい問題なのである。

5　法概念：犯罪者を減らすもっとも手っ取り早い方法は？

法の世界が専門用語（＝概念）で埋めつくされているということは、私の授業の初回アンケートで受講生に尋ねる質問のひとつである以下の問いを考えればすぐに理解できる。

「犯罪者数を減らすためには、どうしたらよいですか？」

それに対して、ほとんどの学生は、もっと警察の取締り機能を強化したり厳罰化したりするべきと答える。しかし、法学的な答えは、そのまったく逆なのである。犯罪者数を減らすためには、脱刑罰化し、同じ反社会的な行為をした者を犯罪の対象から外したり、警察権力を弱体化して、刑法を犯した者をなかなか逮捕できなくすれば、犯罪者数を劇的に減らすことができるのである。刑法の基本原則に**「罪刑法定主義」**というものがある。何が罪となってどの様な刑罰が科されるかが、予め刑法典に明記されていなければならないというものである。ある国において刑罰で罰せられている同じ行為が他の国では罰せられていないということはよくある。米国では州によって刑法が異なるので、例えば、ウィスコンシン州で罰せられる行為は、同じく五大湖に面したお隣のシカゴのあるイリノイ州で行っても罰せられないということもある。州によって、レイプ（強姦）の定義（年齢や同意要件など犯罪構成要件や**違法性阻却**《そきゃく》（＝免除）要件）も異なり、ある州では、レイプとなる行為が他の州ではレイプにならないこともある。また時代が変われば同じ国や州でも刑罰（犯罪を構成する要件）が異なる。

婚姻関係のある人が浮気（性的な関係）をすれば、死刑になる国もある。犯罪とは、刑法典の構成要件に該当した反社会的な行為であり、自分や第三者を守るなどの**正当防衛**や**緊急避難**の場合でその行為の違法性を阻却することが認定されず、**責任能力**が認められる場合に有罪になり刑罰が科される。何が犯罪を構成する要件となるかは時代や社会によって異なるのである。例えば、いわゆるストーカー法や虐待防止法や迷惑防止条例が制定されるまでは、同じ行為をした者を罰することはできなかったのである。したがって、犯罪者というのも今のある社会のなかで、**どういう行為や行動をもって犯罪とするかを決める制度（ルール）によって定義され規定（レッテルをラベリング）されるものである以上、他ならない社会が犯罪を創り出しているとも**言えるのである。また刑法は、過去の行為にも適用される**遡及効**が禁止されている。もし、20歳未満の学生がお酒を飲んだら、例外なく退学にすべしという規則を大学が定めて、しかもそれを遡及的にルールができる前に行った者にも及ぶとするならば、多くの大学生は退学になってしまう可能性が出て学生が激減し大学経営に問題がでてくる可能性がありうる。

6　自由の規制原理とパターナリズムと行動経済学

我々は、これまで様々な自己決定や決断をした結果、今の自分があり、過去の自己決定の集積は、現在の自由の範囲や価値観や自己決定の判断に極めて強い影響を与えている。人々の自由は、どこまで認められ尊重されるべきなのであろうか。自由を阻害し、小さくすることになる自己決定・選択や行動の自由をどこまで認めるべきなのであろうか？　自殺の自由や麻薬を楽しむ自由やギャンブル、毎年一定数の死者の出る冬山登山などの危険なレジャーや浮気や不倫の自由など、自由にすればするほど、現実にはその後の本人の自由を奪ったり選択肢を失わせたりするケースは、数え切れないほど見受けられるのである。**人々が自由を損なう、自由を失う危険性の高い自由をどこまで保障するべきなのか？**　自由について考える者は、誰もがこのアポリア（難問）を真剣に考える必要がある。これには、まさにドーナツの穴の命題と同様なパラドキシカルな構造が存在している。本節では、本章のメインディッシュであるこの問題について少し真剣に考えてみよう。

現代社会において法における重要な価値とされる自己決定や自由を規制し制限するためには、もっともな目的や正当な意図がなければならない。そこで法的規制目的の検証が行われている。ここで自己決定を制約する主な**法的規制原理**について、簡単にみておきたい。

他者に危害を及ぼすような自由や行為は法的禁止の対象だと、自由論の祖ジョン・スチュアート・ミルは19世紀に唱えている。他者への加害や自由を侵害してまで自分の自由を追求することは自由論の立場からも認められない（**危害防止原理**）。他者に危害を及ぼすとまではいえないが、不快（offence）なものを防止する目的での規制が2つ目の原理でである。例えば、公然わいせつ罪などがこれにあたり、また煙草の煙が不快だから分煙にしたり、喫煙コーナーを設けたりすることがこの範疇に入るであろう。それから行為が社会道徳に反して不道徳だから禁止しましょうという**モラリズム原理**がある。民法の公序良俗などの一般条項の規定はこれにあたると言える。その他に、本人自身のために好ましくない場合に、その行動や選択を規制するという原理がある。例えばシートベルトやヘルメット着用義務や麻薬禁止、未成年者保護のための行動規制とか臓器売買の禁止など、自発的な同意や承認がある、すなわち被害者がいなくても本人自身を守るための規制が多くある。これらのように、他者に危害を与えないけれど、それらの自由を認めることによって、その後の自由や本人の利益が著しく損なわれる場合に、それを規制しようとするのが**パターナリズム**（キーワード参照）なのである。有名大学に合格するために受験勉強しなさいと親御さんから言われた経験があるひとも少なくないであろう。やりたいことを我慢して受験勉強をすることも本人の将来のためにそのときの自由が制限されている点で、パターナリズムの典型と言える。その意味では、教育とかしつけは、パターナリスティックな制度といえるのである。かつて社会問題化した、女子中高生が金銭の対価を見返りとして行う援助交際も、強制されたわけではなくお互いの同意に基づくものである限りで、契約の自由の原則でいえば認めてもいいのではないかという意見もあり得る。けれども未成年者でまだ判断能力が十分でないので、往々にして性が搾取されてしまう。まだ判断能力が十分でない将来のある青少年の健全育成が阻害されてしまう。そういう場合は規制しましょうというのがパターナリズムなのである。このように、一般的に未成年者に対する規制には、パターナリスティックな目的の規制が多いのである。それから、労働法とか保護的な規制、社会保障法では、パターナリズムに基づく規制が多くみられる。

自由を制約する法的規制の是非を考える際には、このような様々な規制目的が重複して存在する場合があり、規制の中でどの目的が主要で重要なものなのかということを考えていく必要がある。「自由を損なう自由をどれだけ法で規制するべきなのか？」というアポリアを考える際に一番重要になる規制原理は、まさにパターナリズムに他ならない。

はじめて付き合って一番信じていた大好きな彼氏や彼女に振られてしまい大失恋した将来のある大学生が、絶望して自殺する場合や、事故や病気の手術で輸血をすれば命は助かるが宗教上の理由でそれを拒否して命をなくしてしまう自由をどのように考えればよいのであろうか？　また病苦から逃れるための自発的安楽死や尊厳死は認めるべきなのであろうか？　年齢に関係なく自殺の自由や輸血拒否の自由は認めるべきなのであろうか？　失恋して、その人なしでの人生なんて何の価値も見出せず、やる気も出ず自殺する自由は認めるべきなのであろうか？　過去に大失恋して、その後、また別の愛する人にめぐり合い恋愛を経験したものであれば、そのような失恋で自殺する若者に対しては思いとどまるようにパターナリスティックに説得する場合が少なくないであろう。法で自殺を禁止することはできないと思われる方もいるかと思うが、自殺者の埋葬を禁止するなど自殺を抑制しようとする法は、歴史上には存在していた。もっともその場合には、パターナリズムの理由によるよりかは、自殺は不道徳な行為であるというモラリズム的な宗教上の理由に基づいている場合が多かったと言えるであろう。

様々な事例において、将来の自由を保護するために現在の行動や選択の自由をどの程度パターナリズムによって規制、制限するべきなのであろうか？　その際に、年齢その他、どのような要素を考慮に入れるべきなのであろうか？　リバタリアンなどの自由主義者からは、パターナリズムは余計なお世話やお節介で、介入者側の価値観を押し付ける胡散臭いものであると主張されることが多い。読者の多くも親の愛情に基づくパターナリスティックな規制や言動に対してそのように感じた方も少なくないことであろう。しかし、一定のパターナリスティックな自由や自己決定に対する制限や配慮が、**より多くの自由を享受したり選択肢を増やしたり、長期的な意味での真の自律を養っていく上では必要だ**ということも経験的事実であり、そのために義務教育等の制度も存在すると捉えることも可能である。

また自殺などの将来の自由を不可逆的に抹消する極端な例ではなく、日常の行動レベルでの様々な場面で一定のパターナリズムが求められる理由を補強する、知見や洞察が近年**行動経済学**（キーワード参照）から提供されてきている。一口でいえば、認知心理学の研究成果に着目し、人間は自らの決断をする際に、**様々な認知バイアス等に冒されていて、伝統的な経済学が言うような「自らの利益についての合理的な判断」から逸脱する場合が、一定の予測をもって指摘することができる**という洞察である。ダイエットしたいと思ってもダイエットできなかったり、禁煙したいと思っても禁煙できないように、意志力にも限界があり、多かれ少なかれ人々は近視眼的であり、またリスクを過小評価したりするなど、自らの利益を損なう決断をする場合がいかに多いかを日常の行動などによって実証的に明らかにしている。これらの知見はパターナリズム的な法的配慮が必要なことを示すものとして捉えることが可能である。例えば、医療保険や自動車賠償保険加入や国民年金を義務付けたりする制度もパターナリズム的根拠に基づく制度であるということが可能である。

近年、米国オバマ政権のブレーンの一人でハーバード大学ロースクール教授のキャス・サンステイン教授などから、行動経済学の知見を取り入れた**「リバタリアン・パターナリズム」**（キーワード参照）という立場から、上記のような強制ではなく優遇措置を与える等の非強制的な方法や**ナッジ**（キーワード参照）することで同じ目的を達成することを主張する議論が注目を浴びて来ている。行動経済学は、様々な興味深い知的洞察と政策提言を行っているが、ここで紹介する紙幅がないので、詳しくは章末に挙げた関連文献を是非読んで頂きたい。

7　法的思考のレトリック：司法判断は客観的なのか？

法で禁止すべき扱いには「不当な差別」というレッテルを貼る。法で禁止するとまで判断できないものは「合理的区別」という言い方がされることがある。たとえ同じ現象であっても、そこに価値判断が入り、何らかの判断が求められるとき、それを正当化する論理（ロジック）と説得する言語と表現が必要になる。法学においては、それが概念であったり、法的思考であったりする。戦後日本の法学界では、**法は科学であるのか**という論争が真剣に繰り広げられてきた。アメリカ法の歴史では、**リーガルリアリズム**や**批判的法学研究**とよばれる法の運用場面や裁判官の司法判断（法解釈）を分析した運動が、**法の恣意性**や**非客観性**などを暴露したり、**裁判官の判断に個人的な価値判断が入ったりする危険性**を指摘してきている。読者の皆さんは、どう思われるであろうか？　法的司法判断が客観的であるならば、事実をルールに照らし合わせれば、同じ答えがでるはずであるが、裁判官や法学者によって関係する法律の条文の解釈適用に違いがでて、鋭い対立が生まれることは珍しくない。法的な司法判断は、裁判官の個人的な価値観や専門家としての経験による暗黙知に基づいて、答えを先に導き出し、それを法的判断として正当化するために、あるいは、法的なルールの縛りを逸脱しないように一定の制限を加えるために、様々な法的な専門用語（概念）を生み出した法的なレトリック・ゲームにすぎないのであろうか？　裁判員制度が導入され、20歳以上の選挙権を有する市民は、裁判員に選出される可能性がある現在、是非司法判断についても予め考えてみておいてもらえればと思う。

8　おわりに：苦い食後酒

法は、人間が作り出し運用していく制度やルール（きまり）であり、完全なものではなく、薬と同じように効用のみならず副作用もある場合が少なくない。それを検証するためには、法の目的のみに着目していたのでは、知的なブラインドスポット（穴＝知的死角）に陥ることになる。目的の正当性のみならず、それを達成する手段として、どのような選択肢が考えられるのか。すなわち、より自由の制限がなく、副作用の少ない目的を達成するための手段はないのかを常に探求する必要がある。そして、将来志向的に時間軸を考慮した長期的な視点における自由や平等や公正（正義）の観点からもっとも妥当と思われる法政策を導き出さなければならない。そのために、思考過程における様々な知的死角であるホール（穴）を認識して、それに敏感な法曹（裁判官・検察官・弁護士）や立法者（政治家）や行政官（役人）が今強く求められている。しかし、それだけでは不十分である。民主主義国家において、有権者は投票を通じて、またまだ有権者でない方も、**社会の問題について考え他者と議論し、市民の声を政治に反映していく責務を子孫や将来世代に対して負っていることにも自覚的であってほしい**と思う。

本章では、法学の分野での様々な知的ブラインドスポット（ホール＝穴＝死角）について考えてきた。とりわけメインディッシュとしては、自由についての難問（パラドックス）についてご賞味頂いた。食後酒は、グラッパのように甘くはない、説教じみたものになってしまったが、法は、専門家だけではなく**我々市民が作り、運用し、改変していく制度（ルール）に他ならない**のである。

キーワード

法的パターナリズム：選択や行動の自己決定＝自由の規制根拠となる原理のひとつで、本人自身のために自己加害防止や自己利益増進を理由に制約や禁止を行う規制原理。以前は、パターナリズムは、自由や自律を制限する権威主義的なものとして批判されてきたが、将来の自由や自律のためには、現在の自己決定や自由に対する一定のパターナリスティックな配慮や規制が必要である場合が結構ある。強制的に情報を開示し自己決定をするべきであるというのは、自己決定の押し付けになり、知らないでいる権利を侵害する恐れもあり、かえってパターナリスティックであると言える。

法と行動経済学：認知心理学の洞察や知見を経済学に導入した実験経済学・行動経済学は、現実の人間行動をよりよく説明し、誰もが有する認知や判断の様々なバイアスを指摘し、それらに影響を受けた行動について解き明かしてくれるので、日常的な行動や恋愛や結婚といった人生にとって重要な決断にも応用することができる豊富な知見を提供してくれている。それを法制度や法政策の分析や考察に取り入れたのが、法の行動経済学的分析であり、米国では１９９０年代後半より、多くの研究や論文が発表されてきている。

リバタリアン・パターナリズムとナッジ：人々は様々な認知バイアスの影響を受け、自らの行動のリスクとベネフィットの判断を誤ることがしばしばあり、健康のために人々をよりよい方向に誘導するためには、法的禁止や罰則を科して強制するのではなく、最終的な判断は、本人の自由な判断に任せる余地を残しつつ、パターナリスティックな目的を達成しようとするもの。ブックガイド［2］の文献によれば、**ナッジ**は命令ではなく、注意や合図のために人の横腹を特にひじでやさしく押したり、軽く突いたりすることや他人に注意を喚起させたり、気づかせたり、控えめに警告したりすること。選択を禁じることも、経済的なインセンティブを大きく変えることもなく、人々の行動を予測可能な形で変える選択アークテクチャーのあらゆる要素を意味する。純粋なナッジとみなすには、介入を低コストで容易に避けられなければいけないとされる。規制をできる限り排除し小さな国家を唱え自由を尊重する**リバタリアン**の立場からも正当化できるということで、ナッジはリバタリアン・パターナリズムの規制方法と言うことができる。

ブックガイド

［1］**『現代社会再考―これからを生きるための23の視座』**水曜社、２０１３年

宗教学者や哲学者、政治学者、文化人類学者、医師、精神科医、ルポライターなど様々な分野の識者が、各自の専門の知見から規制や情報や健康などに関する現代の諸問題に切り込んでいる。私は「法政策について考える～法規制とリバタリアン・パターナリズム～」を寄稿し、法規制の副作用やコスト転嫁の問題や、たばこの規制などについて分かりやすく語っている。阪大の関係では、前総長の鷲田清一先生の「生きることの作法―真の自立を身に付ける」が掲載されている。

［2］**『実践行動経済学：健康、富、幸福への聡明な選択』**

オバマ政権のブレーンの一人に抜擢されたハーバードロースクールのキャス・サンスティン教授とシカゴ大学ビジネススクール教授のリチャード・セイラーの共著（遠藤真美訳）（日経ＢＰ社、２００９年）は、全米でベストセラーになっている。

［3］**『予想どおりに不合理：行動経済学が明かす「あなたがそれを選ぶわけ」』**

行動経済学研究の第一人者で米国デューク大学教授のダン・アリエリー著（熊谷淳子訳）（早川ノンフィクション文庫、２０１３年）。

本書の原書は、amazon.comの2008年のビジネス書部門のベストオブザブックに選ばれており、行動経済学について面白く分かりやすく一般向けに説明されていて、翻訳文庫版では、本学副学長の大竹文雄先生も推薦され巻末の解説を書かれている。

[4] ハワード・ダンフォード著**『不合理な地球人：お金とココロの行動経済学』**朝日新聞出版、2010年

身近な様々な人間の選択行動などの事例を行動経済学の観点から分析したもので、フレーミング効果やハーディング効果、ヒューリスティックなどの行動経済学の基本概念を大変分かりやすく興味深く説明している。

その他、行動経済学の概念用語や洞察について図解を使い分かりやすく説明したものとして、以下のものをあげておく。

[5] 川西諭**『図解よく分かる行動経済学「不合理行動」とのつきあい方』**秀和システム、2010年

[6] 筒井義郎・山根承子**『図解雑学シリーズ行動経済学』**ナツメ社、2012年

第12章

アメリカの「トンデモ訴訟」とその背景

松本　充郎（まつもと　みつお）

大阪大学大学院国際公共政策研究科・准教授

1971年生まれ。1996年3月東京大学法学部卒業、都市銀行勤務を経て、2004年3月上智大学大学院法学研究科法律学専攻単位取得満期退学。修士（法学）。高知大学人文学部講師・准教授を経て、2012年4月より現職。2010年3月～2011年3月カリフォルニア大学バークレー校ロースクール客員研究員。

専門分野は行政法・環境法。日本の環境法研究は、公害問題から出発しており、その重要性は強調してもし過ぎることはありません。しかし、私自身は、人間が最低限の健康状態を維持するだけではなく、森・川・海等の自然環境を持続的に利用・管理する仕組み、特に「水法」（すいほう—水問題に関する法）に関心を持っています。現在、水法において、水資源の有効利用・洪水被害の低減・生態系保全の統合と、地表水・地下水の統合的利用が重要な課題です。また、3.11後は、水力発電だけではなく、原子力発電等を含むエネルギー法の環境法化を目標に、少しずつ研究を進めています。

1　はじめに

もともと、「『ドーナツを穴だけ残して食べる方法』という本の企画をしています。アメリカのどこかの自治体に『ドーナツの穴を売ってはならない』という条例があるらしいので、その条例かその他の条例に関するガセネタについて書いていただけませんか」という依頼を受けていた。確かに、Google 等で検索をかけると、ネブラスカ州法又は同州Lehigh 町条例において「ドーナツの穴を売ってはならないというルールがある（あるそうだが本当か）」という趣旨の書き込みに複数出会った。[*1] しかし、同趣旨の州法や条例は、州や自治体自身のURLや Lexis－Nexis 等の正規の法令検索サイトではついに発見できなかった。[*2] また、残念ながらドーナツに関する事件もトンデモ条例に関する逸話も発見できなかった。

そこで、以下では、**現実に存在した「トンデモ訴訟」として有名な、マクドナルド・コーヒー事件（Liebeck v. McDonald's Restaurants）の背景とその結末について検討する。**本件は、マクドナルドで熱いコーヒーをこぼしてやけどを負った女性に対して、陪審員が評決において総額3億円近くの賠償を命じたことで広く知られている。[*3]

2 マクドナルド・コーヒー事件

新聞報道と本件の一般的な評価

１９９２年２月、ステラ・リーベック（当時79歳の女性）は、マクドナルドで注文した高温のコーヒーを膝にこぼし、３度のやけどを負った。[*4] **リーベックは、マクドナルドに対して損害賠償を請求**し、１９９４年９月17日、**陪審員は16万ドルの損害賠償と２７０万ドルの懲罰賠償の計２８６万ドル**（１ドル＝１００円として２億８千６百万円）**を認めた。**[*5]

＊１　例えば、http://informationcentral0.tripod.com/id7.html を参照（２０１３年６月19日閲覧）。

＊２　アメリカ法について、法令や裁判例などの一次資料や論文などの二次資料を検索する場合、Lexis－Nexis や Westlaw などの有料のサイトで検索するのが一番効率的である。

＊３　事実関係については、次の文献を参照。*See* Michael McCann, William Haltom, and Anne Bloom, *Java Jive; Genealogy of a Juridical Icon* [*Java Jive*], 56 U. Miami L. Rev. 113, 2001. and Kevin G. Cain, And Now, The Rest of the Story ： About the McDonald's Coffee Lawsuit [The Rest of the Story], Journal of Consumer & Commercial Law, Fall 2007, p.14. 邦語文献として、樋口範雄『はじめてのアメリカ法』（有斐閣、２０１０年）１２０－１２８頁。

＊４　もっとも重度のやけどで、傷は表皮から皮下組織に及び、ケロイドや瘢痕《はんこん》が残る。

＊５　*See* Associated Press, Woman Burned By Hot McDonald's Coffee Gets $2.9 Million, August 18, 1994.

この報道だけを読むと、「コーヒーが熱いのは当たり前ではないか。」「自分がコーヒーをこぼしておいて損害賠償請求を行うとはけしからん。自己責任ではないか。」「顧客の多くは熱いコーヒーを飲みたいのではないか」「アメリカの不法行為制度がおかしいのではないか」等の疑問が湧いてくる。[*6] **しかし、次に検討するように、この事案の解決は意外に合理的である**とする見解も広く存在する。

補足的な「事実」と和解の合理性

1992年2月、リーベックは、孫の運転中、マクドナルドのドライブ・スルーにおいて、エッグマフィンセットを注文した。しかし、停車中にコーヒーにミルクと砂糖を入れるためにふたを開けたところ、コーヒーを膝にこぼし、前述のやけどを負った。リーベックは、体の表面のうち足の付け根や臀部を含む6%に3度のやけど・16%により軽傷のやけどを負い、8日間入院した。リーベックは、共和党の家庭に生まれ育った人で、**それまで一度も裁判を起こしたことはなかった。**本件でも、当初は弁護士を立てずにマクドナルドに対して次の3点について回答を求めた。(1)コーヒーマシーンやコーヒーを淹れる過程に問題がなかったかどうか点検し、⑵顧客にコーヒーを出す際の温度の基準を再検討し、⑶皮膚移植手術等の費用・附随的費用を出すこと。その後、リーベックは⑶について具体的な金額を査定し、1-1・5万ドル（約100-150万円）・附随的費用を入れて2万ドル（約200万円）を請求した。要するに、当初、リーベックは**法外な賠償金ではなく、実損の補てんと再発防止という誠意ある対応を求めたに過ぎない。**しかし、6か月後、マクドナルドは「個人賠償は800ドル限り」と回答した。

リーベックは、マクドナルドの回答にしびれを切らし、近隣の弁護士を通じて、同様の事件について実績のあるヒューストンのリード・モーガン弁護士に訴訟代理を依頼し、1993年にニューメキシコ州地方裁判所に提訴した。州地裁は、判決の前に調停手続に入ることを命じ、調停人は、陪審員の申し出通りの額である22・5万ドル（2250万円）での和解を勧告した。しかし、マクドナルドは、この勧告の受諾も拒否した。[*7] ここで初めて、原告は、2万ドルの損害賠償と270万ドルの懲罰賠償を請求した（懲罰賠償の金額

＊6 *See Java Jive, supra* note 2, pp.123–126.

＊7 See Gregory Nathan Hoole, *In the Wake of Seemingly Exorbitant Punitive-Damage Awards America Demands Caps on Punitive Damages - Are We Barking Up the Wrong Tree?*, 22 J. CONTEMP. L. 459, 471 (1996).

は、マクドナルドにおけるコーヒーの2日分の売上相当額である）。懲罰賠償は、不法行為が故意・詐欺などの悪い動機でなされ、または他人に害を与える可能性を全く無視して行われるなど、加害者の悪質性が高い場合に認められる。請求に懲罰的賠償が含まれていたため、陪審裁判が行われた。[*8]

モーガン弁護士は、次のように主張し、マクドナルド側の責任を追及した。通常家庭で出されるコーヒーは華氏135－140度（摂氏60度前後）であるのに対して、マクドナルドは華氏180－190度（摂氏82－88度）でコーヒーを出し、通常顧客が口にする段階では華氏165－170度（摂氏75度前後）であった。また、コーヒーがこぼれることは日常的であり、こぼれると2－7秒でやけどを負うため、服を脱ぐ暇がない。殆どの消費者は、この温度のコーヒーの危険性を知らなかったが、**マクドナルドはこの事件までの過去10年間に700件ものクレームを受け、危険性を知っていた。マクドナルドは、文字の大きさ・色・表現において分かりやすい表示によって消費者に危険性を知らせるかコーヒーの温度を下げるかすべきであったのに、それを怠った。**[*9]

陪審員による評決は、原告側の落ち度を一部認めたが、大筋では請求を認容した。すなわち、原告側が（停車中とはいえ）コーヒーをこぼしたことについて請求額の2割の過失相殺を行い、16万ドルの損害賠償と270万ドルの懲罰的賠償を認容した。これに対して、州地裁の裁判官は、州法に基づき懲罰賠償の金額を損害賠償の3倍の48万ドルに減額し、**控訴せずに和解することを勧め、後日、この勧告に沿った和解が行われた**（金額は16万ドルと48万ドルを合わせた64万ドルを下回る40万－60万ドル以下だと推測されている）。[*10]

事件及び新聞報道に対する学術論文の評価

この事件は、次の点で非常に象徴的である。本章が依拠した学術論文によると、新聞報道を網羅的に検証した結果、報道上の「事実」は、傷害の程度・マクドナルドのコーヒー

＊8　懲罰賠償（懲罰的損害賠償）とは、加害行為の悪性が高い場合に、加害者に対する懲罰および一般的抑止効果を目的として、通常の損害賠償のほかに認められる賠償である。手続的には、陪審裁判によって認められるが、裁判官は損害賠償の3倍に減額できる。田中英夫『英米法総論（下）』（東京大学出版会、1980年）545－551頁を参照。

＊9　原告側の二人の鑑定人が同弁護士の主張を科学的に裏付け、被告側もこれを認めている。*See* Ralph Nader and Wesley Smith, No Contest: Corporate Lawyers and the Perversion of Justice in America, Random House 1997, pp.270–271.

＊10　*See The Rest of the Story, supra* note 2, p.17.

の温度・コーヒーをこぼした事実・陪審の評決が命じた賠償額の合計の4点に集中している。[*11] これに対して、学術論文において述べられた「事実」は、陪審員を大きく動かした事実であるが、新聞報道において省略されている。第一に、75度前後では脱衣する前に大やけどを負う。第二に、マクドナルドは危険性を知っていたにもかかわらず、有効な表示も温度を下げることもしなかった。第三に、懲罰賠償額が過大と判断された場合、裁判官は州法に基づき損害賠償の3倍に減額することができ、本件でも現実に減額が行われ、この線で和解が行われた。第四に、この事件後、マクドナルドは大きな字で「Hot, Hot, Hot」という表示を行うようになった。学術論文の多くは、メディア報道の多くが重要な「事実」を省略することによって「無責任な原告が大企業に言いがかりをつけ、巨額の賠償金をせしめた」というイメージが作られたと評価する。[*12]

3　結語——残された謎——

本章で紹介した新聞報道は、解決を裏付ける科学的・法的根拠や、過度に高額な懲罰賠償を抑制する仕組み、事件の解決、そして事件の社会的影響について述べておらず、**本件**

やアメリカの不法行為法の理解を歪めている可能性が高い。新聞記事は、手短に万人に対して事実を伝えるのが使命であるが、記事の紙幅と技術的な論点であることを理由にこれらを割愛しているとすると、それは大きな問題である。実際、学術論文の少なくとも一部は、「マクドナルド・コーヒー事件」の判決については一定の合理性を認めている（原告側の落ち度と被告マクドナルド側のそれがどの程度やけどに結びついたか＝過失割合については議論が分かれるかもしれない）。

実は、本件には事件番号が割り振られ、しばしば引用されているにもかかわらず、[*13] Lexis－Nexis や New Mexico 州裁判所のＵＲＬからは判決文にアクセスできず、和解額は全く公表された形跡すらない。有名な事件としては異例なことに、この事件が「トンデモ訴訟」であるかないかは、判決や和解文書の原文から検証できなかったのである。しかし、**「トンデモ訴訟」の根底にある真実が解明されていないからこそ、イメージが独り歩**

＊11　*See Java Jive, supra* note 2, pp.140–141.
＊12　*See Java Jive, supra* note 2, p.143 and The Rest of the Story, supra note 2, p.17.
＊13　See Liebeck v. McDonald's Restaurants, P.T.S., Inc., No. D–202 CV–93–02419, 1995 WL 360309 (Bernalillo County, N.M. Dist. Ct. August 18, 1994). 樋口前掲もよく読むと孫引きであり、同『アメリカ不法行為法』（弘文堂、２００９年）には本件は引用されていない。

きしてしまったのではないか。あえて憶測をさしはさむと、突拍子もない評決のあとに下された、意外に常識的な判決を見て見ぬふりをすることにより、「トンデモ訴訟」に仕立て、得をした人がいる可能性がある。[*14] **「トンデモ話には隠された裏がある」**という「教訓」をもって結びとしたい。

＊14　その背景については〝Hot Coffee〟という映画が示唆的である。

おわりに

世の中は、人の手によって作られた数多くの作品で溢れています。ＣＭや映画などの映像は、ＣＧ技術によって本当に多彩な表現が可能になりました。マンガや雑誌なども、ビジュアル性に富んだイラストやレイアウト、さらには豊富な色彩で表現されています。それらに比べて、今回私たちが作った作品はどのようなものなのか。白黒で、ページのほとんどが字で構成されていて、音が出ることもない……。そう、本は形になってしまえば、ただの字の集まりなのです。

パソコンで早々と字が打てるこの時代、２００ページ余りを字で埋めるだけならば、なんら時間はかからないでしょう。そう考えてしまえば本1冊作ることなど、ただ文字を書きつづるという単純な作業にすぎない、ついそんなふうに思うこともありました。しかし、この本を1冊作り上げる過程で、この想像をはるかに超えた時間と労力がかかることを思い知らされました。

この『ドーナツを穴だけ残して食べる方法』という企画をショセキカプロジェクトで本

にすることが決まるまでにおよそ3ヶ月。その間、提案され、選ばれなかった企画がいくつもありました。また、今回ご執筆いただいた12名の先生方とインタビューにご協力いただいた9人の先生方。みなさんもともと執筆が決まっていたのではなく、何千人もの大阪大学教員の中からプロジェクトメンバーが手探りで探しました。しかも、この倍の数の先生にメールでアポイントメントを取り、執筆依頼のためにお邪魔して、ようやくお引き受けいただいたのです。そして、先生方にいただいた一番初めの原稿には、学生メンバーが目を通し、話し合って、難しいと思われる用語や言い回しはほぼカット、もしくは書き換えをお願いしました。この作業をさらにもう一度、多い先生では三回も四回も行っています。本には載らなかったけれど、生み出されて使われなかった言葉がたくさんあるのです。本のデザインも同じく、何回もボツになりながら、今の形に仕上がりました。けっして一度で決まったものではありません。

1日もあれば読めてしまう1冊の本。この1冊を作るのに1年以上の時間がかかっています。何十人もの学生、教員、出版会のメンバーが力を合わせて、工夫を凝らしています。この本だけでなく、本屋に並んでいるすべての本の背景にも、同じような、もしかするともっと多くの苦労と工夫があるかもしれません。もし普段本に書いてある字だけを飲み込んでいる方がいれば、これから本を読むときのほんの一瞬でも、その字、その文が載るまでに至った背景にも考えを巡らせていただけたら、本の制作に携わった人間として幸せなことです。

この本で伝えたいこと

「ドーナツを穴だけ残して食べる方法」というタイトルを見て、思わず手に取ったけど、中身を見たら「うわっ、教科書や参考書みたい」と思った方は多いかもしれません。普段そういう本を読み慣れていない方にとっては抵抗のある内容だと思います。ただ、この本は、そう考えがちな方々のために作ったといっても過言ではありません。

「勉強」や「学問」というと、多くの人が取り組むことに抵抗を感じると思います。難しい。面倒くさい。周りの人もそう考えるから自分も嫌悪感を抱いてしまう。そう思ってしまうことを批判しようとは思いません。

ただ、全部好きになれなくてもその中の一部でも興味がわくものがあるのではないでしょうか。難しそうな大学の勉強を、理解できそうにないからと距離を置くのではなく、ぜひ一度触れてみてほしい。この本にはそのきっかけになればと、様々な工夫を凝らしています。例えば、文系にはとっつきにくい数学の「次元」や化学の章には、学生メンバーによる解説をつけました。文理問わず、あらゆる分野の学問がドーナツを通して紹介されています。この中のたった一つだけでも、読者のみなさんが興味の持てる学問を見つけてくだされば、とても嬉しいです。まだ読んでいない方はそのことを考えながら、もう読んでしまった方は視点を変えてもう一度、この本を読んでください。きっと、あなたの人生をちょっぴり楽しくするヒントが見つけられると思います。

あなたの元へ届けるために

私たちショセキカプロジェクトの活動内容は、本の企画、制作だけではありません。多くの人たちにお読みいただきたい、できることなら実際に買って手に取ってほしいという思いのもと、あらゆる方面での広報活動を展開してきました。SNS（Twitter、Facebook）での日常的な報告をしながら、新聞、ラジオ、TVといったメディアへの進出、学外とのコラボレーションも行いました。大阪大学からメディア向けに発信したプレスリリースも、いろいろな方にアドバイスをいただきながら学生が作成しました。Ｗｅｂ上では「阪大生を作った１００冊」という書評サイトの制作も行いました。もしかしたらこれらのうちのどれかをきっかけに、この本をお知りになった方もいらっしゃるかもしれません。

こういった広報活動はこの本から直接見えてくるものではありませんが、出版過程の中で不可欠なものです。ここまでを学生が担った点がこのプロジェクトの特色であり、ひそかに誇らしく思う部分であるということを、少しだけ書いておきたいと思います。

本をつくる――大阪大学ショセキカプロジェクト

プロジェクト発足から『ドーナツを穴だけ残して食べる方法』の出版まで、およそ2年。出版するからにはお金を払って買う価値のあるものを作らなければならない、学生の自己満足で終わらせてはならない。この思いと格闘しながら活動を続けていたことが、昨日のことのように思い出されます。

このような私たちの思いを支えてくれた存在がありました。執筆してくださった先生方やインタビューに応じてくださった先生方はもちろん、学内外でコラボをしてくださった企業、団体の方々、他にもレクチャーに来てくださった方々やショセキカを取材してくださった方々——そして誰よりも、毎回のミーティングで私たち学生と同じテーブルに着いて議論してくださった、プロジェクト担当教員である先生方と大阪大学出版会のお二人です。出版について右も左もわからない私たちのことを、社会人として時に後ろから支え、時に前に立って引っ張ってくださいました。プロジェクトが発足したばかりの時は学生・教員・出版会の三者はぎこちない関係でしたが、「本をつくる」という行為を通して協力することができたと思います。この三者が協力して出版するということは、当初の目的の一つでもありました。

またこのプロジェクトの根底には、「本」という媒体を通して、「知の世界」に触れる機会をより多くの人に提供したいという思いがあります。読者のみなさんがこの本を読んで「大学ではこんなおもしろいことをしているのか！」と思ってくださったのであれば、このプロジェクトは成功だと言えるでしょう。

この本も、本棚に収めてしまえばその中のたった一冊の本にすぎません。でも、本づくりに携わった非常に多くの人々の並々ならぬ思いが渦巻いている一冊であると言えます。

渦の中心は、空洞です。ドーナツの穴のようにぽっかりと空いています。それを埋めるのは、読者のみなさん自身です。読んで、知識を得て、どうするか。穴は穴として放っておいてもいいけれど、せっかくなら埋めてしまったほうが面白いかもしれません。埋めた穴の上に立って周囲の渦を眺めると、今まで気付きもしなかった、新しい世界が見えるはずです。この本がみなさんの日常のスパイスとして、何かを考えたり行動したりするきっかけになれば――最後にプロジェクトメンバー一同の願いを書きつづって、この本を締めくくりたいと思います。

大阪大学ショセキカプロジェクト
学生一同

2014年1月

文庫版あとがき

本書が刊行されてから5年半が経ちました。

2014年2月に出版された当時、本書は幸いにして多くの反響を呼びました。「ドーナツを穴だけ残して食べる方法」というタイトルのインパクトが、なによりも大きかったのではないかと思います。また、大阪大学の学生が、出版企画から制作、編集、販売までを中心になって担ったことも注目を集めました。

本書の刊行前後には、多くの新聞紙面やテレビ、ラジオ、そしてネットメディアでも、連日のように取り上げていただいたことを思い出します。2016年の夏には韓国語版も出版されました。大阪大学出版会という地味な出版社から出版したにもかかわらず、これほどの反響を呼ぶことになるとは……。それは、私たちの予想をおおきく超えるものでした。

そして今回、日経ビジネス人文庫から文庫版が刊行される運びとなりました。さらに多くの読者に本書が届くことになり、プロジェクトの担当教員としてこの上なく嬉しいかぎりです。

文庫としてあらたな装いを得たこの機会に、大阪大学ショセキカプロジェクトとはなんだったのか、学生が本づくりにかかわることはどのような意味をもっていたのかについて、振り返ってみたいと思います。

本書の大きな特徴に、学生が企画を立案し、執筆依頼を行っただけでなく、著者が提出した原稿に対して、読者の目線から徹底的に赤入れをしたことがあります。

編集過程では、各章の原稿について、理系・文系の学生が二人一組で担当し、内容を徹底的に読み込みました。たとえば理系の著者の書いた文章で、文系の学生が内容を理解できない箇所があったとします。そのとき、理系の学生は、もう一人の学生にその内容についていろいろな方向から説明をこころみます。しかし、なかなか伝わらないし、理解してもらえない。ときに他の学生も巻き込みながら、著者はなにを伝えようとしているのか、どうしたら著者の言いたいことが伝わるのかを模索していきます。試行錯誤を繰り返すなかで、文系の学生がようやく理解する瞬間が訪れます。その経験をもとに、著者に修正の提案を行います。章によっては、学生が著者に全面的な書き直しをお願いしたものもあります。そのような目にみえない学生たちの試行錯誤と、学生からの容赦ない赤入れや修正要求に誠実にこたえようとする著者たちの共同作業の成果が本書です。

本書のそのような一面は、学問とはどのようなものかという、本書がもっとも伝えたかったメッセージを象徴するものでもあります。

もっと知りたい、もっと探求せずにはいられない。学問は人類のそのような内的衝動に支えられています。そして、学問の場では、権威ではなく、主張のたしからしさだけが重要な価値をもっています。大学では、教員も学生も、本来、対等な存在です。もちろん専門的な知識や経験の面で、大学教員は多くのことを知っています。しかし、それはあくまで相対的な問題にすぎません。大学という「知の共同体」において、大学教員と学生とは、互いに切磋琢磨しあいながら、ともに知を探求する存在です。

かつてドイツの哲学者カール・ヤスパースは、1946年に出版された『大学の理念』という著作のなかで、「研究者と学生との共同体の中で真理を探究する」ことが大学の使命であると述べました。[*1] いまから70年以上前に書かれた文章であり、大学の使命は時代の変遷とともに変わりつつあります。しかし、そのような理念が、現代でも大学を支える重要な価値の一つであるとはいえるでしょう。

本書で、教員と学生が議論を重ねながらともに一冊の本をつくりあげていったプロセスは、大学のそのような理念を、ごく部分的にではあれ象徴するものになっていたのではないかと思います。

当初、プロジェクトが走り始めた段階で私たち担当教員と大阪大学出版会で考えていたのは、実際に大阪大学で開講されている授業をベースに、すぐれた授業をショセキカ（書籍化）することでした。

しかし、プロジェクトを進めていくなかで、一部の学生から、既存の授業を本にするのではなく、自分たちでゼロから企画をつくりたいという意見がでてきました。私たちが想定していたものとは異なっていたこともあり、はじめは戸惑いました。しかし、それでよい企画がでてくるのであればと、そのような路線の変更を受け入れることにしました。その数か月後に行われた企画コンペでは、既存の授業をもとにショセキカするという企画案と、学生たちがゼロから考えだした企画案が混在することになりました。そのなかでコン

＊1　カール・ヤスパース（福井一光訳）『大学の理念』理想社、1999年、11頁

ぺを見事に勝ち抜いたのが、本書のもとになった企画でした。

本書の編集プロセスにとどまらず、プロジェクトの方針や進め方をめぐって、私たちは学生たちと何度も白熱した議論を戦わせました。その結果として生まれたのが本書です。

本書は、そういう意味でも、学生たちと大阪大学の教員、そして大阪大学出版会の三者が、まさに三位一体となってつくりあげたものです。学生たちと徹底的に議論しながら、一緒になってプロジェクトをつくりあげていく。担当教員である筆者にとっても、本書をつくっていくプロセスは、大学という「知の共同体」の可能性を実感させてくれるなにごとにも代えがたい経験でした。

ここまで、教員と学生がともに知を探求していく「大学の理念」という観点から、本書の成立の経緯について振り返ってきました。

しかし、学問とは、大学の専有物ではありません。先ほども述べたように、もっと知りたい、もっと探求せずにはいられない、そんな人類の内的衝動に支えられて成立しているのが学問です。学問は本来、知を愛するすべての人々に対してひらかれたものです。本書はそのような学問の醍醐味を、「ドーナツの穴」をめぐって格闘する大阪大学の研究者たちの姿を通して感じ取ってほしいという思いのもとに作られました。

本書を手に取られた読者のみなさんは、「ドーナツを穴だけ残して食べる方法」をめぐる大阪大学の教員たちの回答に、この先生のこの文章は納得できないとか、この箇所は違うのではないかなど、いろいろな思いを抱かれたのではないかと思います。そのような感想が自然にでてくるところにこそ、本書の隠れた魅力があるのではないでしょうか。

学問にとって重要なのは、権威でも社会的立場でもなく、なにかを知ろうとする姿勢と、ものごとを徹底的に考え抜く態度です。大学の教員が書いている、なにかもっともらしいことを「勉強する」のではなく、それがだれの発言であろうと、吟味し、検証し、自力で考えようとすること。「ドーナツを穴だけ残して食べる方法」という問いは、そのような学問の本来のあり方について否が応でも考えさせられる、そんな問いだったのではないかという思いを強くしています。

文庫版の刊行にあたっては、「ドーナツを穴だけ残して食べる方法」という無茶な依頼をされた著者たちが、そのときに感じた戸惑いや試行錯誤のプロセスを、手を加えることなく伝えたい。そのような精神のもと、一部の語句修正等をのぞき、本文には手を加えていません。著者のプロフィールについても、単行本刊行当時のままとなっています。

この5年半のあいだに、プロジェクトを担った学生たちも、その多くが大学を巣立っていき、いまはいろいろな現場で活躍しています。大学院に進学した学生たちも、研究者の卵として、学問の世界で成果をあげはじめています。また、各章を執筆いただいた著者やコラムにご協力いただいた先生方も、本書の刊行時よりさらに活躍の幅を広げられています。現在は大阪大学を離れられた先生方も少なくありません。著者たちの現在の所属等については、巻末に著者リストとしてまとめてありますので、そちらをご覧ください。

文庫版の刊行にあたっては、著者のみなさん、コラムでご協力いただいた先生方に、あらためてご協力いただきました。また、大阪大学大学院経済学研究科の大竹文雄先生には、大変お忙しいなか、本書のために解説をお寄せいただきました。心から感謝します。

２０１９年7月

大阪大学ショセキカプロジェクト

大阪大学全学教育推進機構　准教授

中村　征樹

解説

「ドーナツを穴だけ残して食べる方法を考えてください。」あなたはこんな質問にどう答えるだろうか。

穴はそもそもドーナツの一部ではないのだから、それを残すこと事態が無理ではないのか。いや、ドーナツの穴というのは、穴の周りのドーナツが存在して初めて穴となるのだから、穴の周りのドーナツを残して食べればそれでいいのではないか。普通なら議論はこれで終わりそうなものだ。普通ではないことを考えるのが、大学教授と呼ばれる人間たちだ。こういう質問を学生たちから受けると、それぞれの学問の専門分野に応じて彼らは真剣に延々と議論を始める。

仕掛学を作り出した松村真宏氏は、「ドーナツの穴問題」は、ネットで議論されたことが元になっているのだからと、その発生源を詳しく調べ始めた。その上で、インターネットでのクチコミがどのように伝播していくかという自身の研究成果への紹介につなげていく。

一方、穴の周りのドーナツをどれだけ薄く残せるのかということを「切る」「削る」という工学的な側面から分析する人（高田孝氏）がいる。まず、ドーナツの材料を分析し、機械加工に適していないことを示す。その上で、手、口、はさみ、ナイフという人力によってどこまで削れるかを考える。ただ、そこで終わらないのが、工学部の先生だ。ドーナツを樹脂などで固定化してから旋盤、フライス盤での加工ならどこまで薄くできるかを検討する。さらには、レーザーを使うことまで考える。結果的には、人力と機械にそれほど違いがない、という結論だ。さすがに、真面目な工学の先生らしい。

いかにも大学教授らしい回答を寄せているのは、文学部の田中均氏と理学部の宮地秀樹氏だろう。美学を専門とする田中氏は、「ドーナツを食べればドーナツがなくなる」ということ自体に反論する。プラトンやハイデガーの議論をもとに、食べられるドーナツというのは本物のドーナツでない、とさんざん議論したあげく、食べられるドーナツについては「ドーナツは家である」と結論づける。

数学者の宮地氏に至っては、４次元空間を持ち出してくる。しかも、元の問題を「ある人がドーナツの穴に指を通してドーナツの穴を認識したまま、別の人がドーナツを食べることができるか」という問題に定義し直している。そして、4次元空間ならそれが可能だという論証をするのだ。そんなことを聞きたかったのかという気がしないわけではないが、同じ問いでも、答える人が違うとここまで違ってくるのだ。

以上は、本書の一部にすぎない。精神医学、歴史学、人類学、分子化学、法律学、経済学など様々な分野の専門家が、ドーナツという言葉をもとに、各分野のアプローチを一般向けに解説する。各章末にはブックガイドもあるので、興味をもった読者は深く調べることもできる。世界9カ国のドーナツ事情を紹介するコラムも章の間に挟まれている。

この本は、一般の人だけではなく、高校生にも有益だろう。高校生にとっては、勉強とは質問に対する正解を覚えることだ。既存の知識をきちんと獲得することは学問をする上での基本だ。じかし、研究の最前線や現実の社会ではそれだけではだめで、答えが分からない問題に対して解が求められている。つまり、問題を発見し定式化する能力と、それを解決する能力の両方が必要なのだ。そのためには、自分の専門分野を他分野の人に分かりやすく説明し、違う分野の人の意見にも触れることが大切だ。本書はそうした学問の現場を体感させてくれる。

本書を読む前と読んだ後で、「ドーナツを穴だけ残して食べる方法」についてのあなたの答えはどれだけ変わっただろうか。その変化を楽しんでもらいたい。

この本は、大阪大学の学生たちが中心になって作成したものだ。研究者にとっては、当たり前の議論の仕方も、一般の人にとっては、新鮮で多くの発見がある。そうしたことを見出し、伝えていけるのも本という媒体だ。本の可能性はまだまだあると思わせてくれる。

大竹文雄（大阪大学大学院経済学研究科教授）

ショセキカのあゆみ

第I期　プロジェクト始動
～基礎セミナー「本をつくる」

START!

学生×教員×大阪大学出版会で、本をつくろう！

プロジェクト始動(2012.4)

大阪大学出版会による出版業界・編集・営業についてのレクチャーを受け、販売方法や装丁についてグループごとにプレゼンを行う。

基礎セミナー「本をつくる」開講
(2012.10)

授業としての活動がスタート。出版業界(書店・取次・マスコミ等)からゲスト講師を招きレクチャーを受けた後、三班に分かれてそれぞれ企画案を作成。

中間発表
(2012.11)

発表での反省を踏まえ、班ごとに案の修正。

最終企画プレゼン(2012.11.27)

『ドーナツを穴だけ残して食べる方法』『教授、本気出します』の二案が出版委員会の選考へ進む。

出版委員会(2012.12)
1回目

いったん落選。企画案を『ドーナツを穴だけ残して食べる方法』に一本化して、更にブラッシュアップ。

出版委員会(2013.3) 2回目

『ドーナツを穴だけ残して食べる方法』選考通過！出版決定！

授業終了(2013.3)

ここからは有志の活動に。班分けを経て企画・広報・デザインの三班編成となる。

プロジェクト本格化〜出版　第Ⅱ期

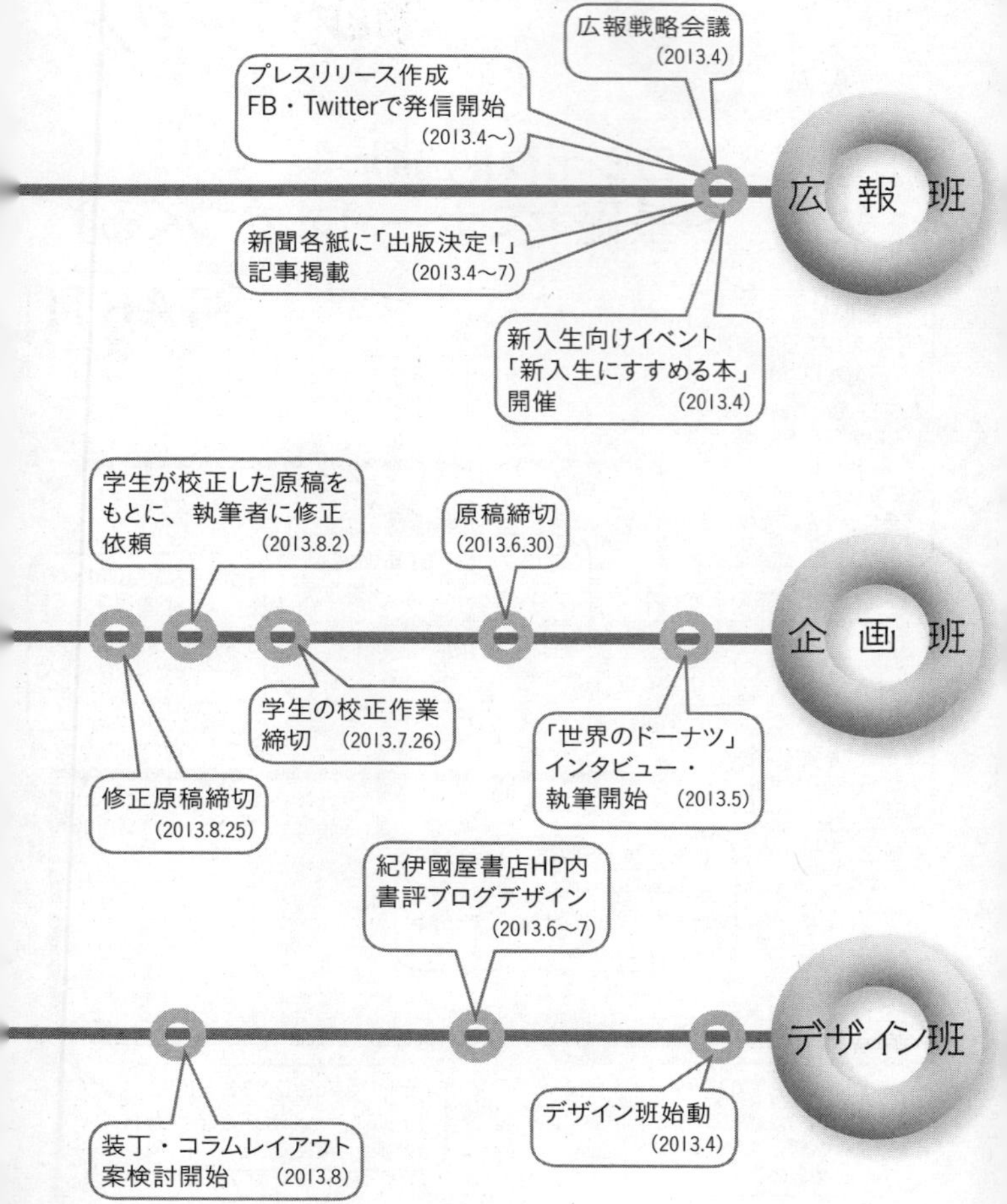

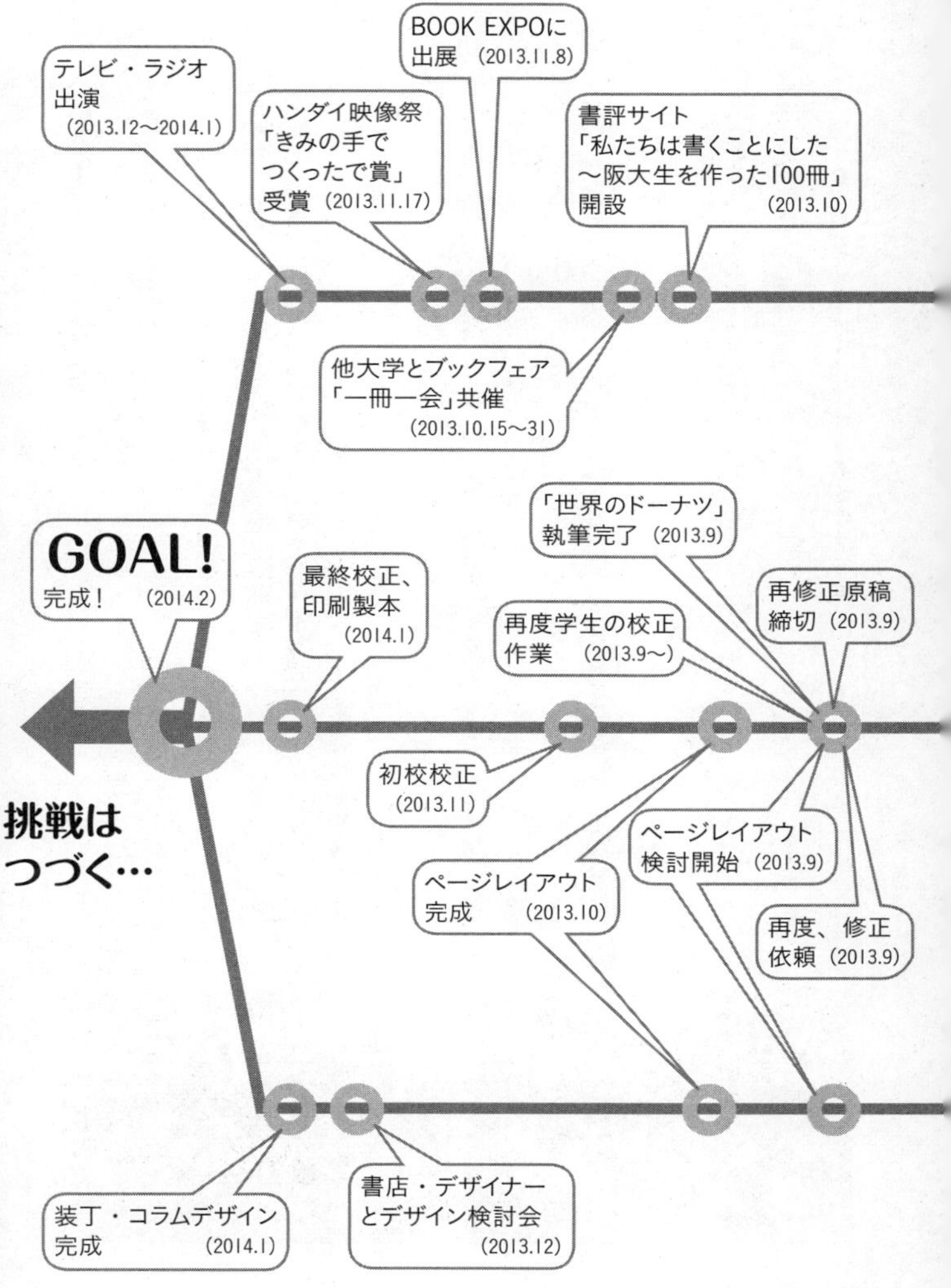

テレビ・ラジオ出演 (2013.12〜2014.1)
ハンダイ映像祭「きみの手でつくったで賞」受賞 (2013.11.17)
BOOK EXPOに出展 (2013.11.8)
書評サイト「私たちは書くことにした〜阪大生を作った100冊」開設 (2013.10)
他大学とブックフェア「一冊一会」共催 (2013.10.15〜31)
GOAL!
完成！ (2014.2)
最終校正、印刷製本 (2014.1)
「世界のドーナツ」執筆完了 (2013.9)
再度学生の校正作業 (2013.9〜)
再修正原稿締切 (2013.9)
初校校正 (2013.11)
ページレイアウト検討開始 (2013.9)
ページレイアウト完成 (2013.10)
再度、修正依頼 (2013.9)
挑戦はつづく…
装丁・コラムデザイン完成 (2014.1)
書店・デザイナーとデザイン検討会 (2013.12)

大阪大学ショセキカプロジェクト

教　員

松行　輝昌（大阪大学学際融合教育研究センター・准教授）

中村　征樹（大阪大学全学教育推進機構・准教授）

服部　憲児（京都大学大学院教育学研究科・准教授）

＊２０１３年９月まで、大阪大学全学教育推進機構・准教授

学　生

伊田　拓浪　梅木　遼　大成　晴華　曽根　千智　武田　真依

平野　雄大　矢嶋　逸美　保道　晴奈　山口　裕生　山下英里華

大阪大学出版会

土橋　由明　川上　展代

大阪大学２０１２年度後期基礎セミナー

「本をつくる」受講生一同

ショセキカプロジェクトキックオフ有志学生一同

『ドーナツを穴だけ残して食べる方法』著者・協力者リスト（2019年7月現在）

本編執筆者

中村　征樹	大阪大学全学教育推進機構・准教授
松村　真宏	大阪大学大学院経済学研究科・教授
高田　孝	日本原子力研究開発機構 高速炉サイクル研究開発センター／東京大学大学院工学系研究科・特任教授
田中　均	大阪大学COデザインセンター・准教授
宮地　秀樹	金沢大学理工学域数物科学類・教授
井上　洋一	大阪大学名誉教授
杉田　米行	大阪大学大学院言語文化研究科・教授
大村　敬一	放送大学・教授
木田　敏之	大阪大学大学院工学研究科応用化学専攻・教授
大久保　邦彦	大阪大学大学院国際公共政策研究科・教授
松行　輝昌	大阪大学共創機構 産学共創本部・特任准教授(常勤)
宮原　曉	大阪大学グローバルイニシアティブ・センター・教授
瀬戸山　晃一	京都府立医科大学大学院医学研究科・教授
松本　充郎	大阪大学大学院国際公共政策研究科・准教授

コラム　インタビュイー・協力者

思沁夫	大阪大学グローバルイニシアティブ・センター・特任准教授(常勤)
小磯　千尋	金沢星稜大学教養教育部・教授
依田　純和	大阪大学大学院言語文化研究科・准教授
井本　恭子	大阪大学大学院文学研究科・准教授
岡本　真理	大阪大学大学院言語文化研究科・教授
進藤　修一	大阪大学大学院言語文化研究科・教授
長谷川　信弥	大阪大学大学院言語文化研究科・教授
イサク・ザイナブ・カッス	大阪大学大学院言語文化研究科・特任講師(常勤)
小森　淳子	大阪大学大学院言語文化研究科・教授
南谷　かおり	りんくう総合医療センター・国際診療科部長／健康管理センター長
林田　雅至	大阪大学COデザインセンター・教授

解説執筆

伊田　拓浪	マーケティングリサーチ企業調査企画系部署
山下　英里華	大阪大学大学院生命機能研究科・大学院生
保道　晴奈	大阪大学大学院人間科学研究科・大学院生

日経ビジネス人文庫

ドーナツを穴《あな》だけ残《のこ》して
食《た》べる方法《ほうほう》

2019年 9 月 2 日 第1刷発行
2023年10月20日 第4刷

編者
大阪大学ショセキカプロジェクト
おおさかだいがくしょせきかぷろじぇくと

発行者
國分正哉
発 行
株式会社日経ＢＰ
日本経済新聞出版
発 売
株式会社日経ＢＰマーケティング
〒105-8308 東京都港区虎ノ門4-3-12
ブックデザイン
鈴木成一デザイン室
本文 DTP
マーリンクレイン
印刷・製本
TOPPAN

Printed in Japan ISBN978-4-532-19955-5

本書籍に関するお問い合わせ、ご連絡は下記にて承ります。
https://nkbp.jp/booksQA